高职院校师资队伍建设与管理研究

袁玉芹 李 扬 李雅鹏◎著

中国纺织出版社有限公司

图书在版编目(CIP)数据

高职院校师资队伍建设与管理研究／袁玉芹，李扬，李雅鹏著. -- 北京：中国纺织出版社有限公司，2023.9
ISBN 978-7-5229-1016-1

Ⅰ.①高… Ⅱ.①袁…②李…③李… Ⅲ.①高等职业教育—师资队伍建设—研究 Ⅳ.①G715

中国国家版本馆CIP数据核字（2023）第176398号

责任编辑：王 慧　　责任校对：高 涵　　责任印制：储志伟

中国纺织出版社有限公司出版发行
地址：北京市朝阳区百子湾东里A407号楼　邮政编码：100124
销售电话：010—67004422　传真：010—87155801
http://www.c-textilep.com
中国纺织出版社天猫旗舰店
官方微博 http://weibo.com/2119887771
三河市宏盛印务有限公司印刷　各地新华书店经销
2023年9月第1版第1次印刷
开本：787×1092　1/16　印张：10.75
字数：225千字　定价：98.00元

凡购本书，如有缺页、倒页、脱页，由本社图书营销中心调换

前言 PREFACE

随着我国国民经济的快速发展，社会对高素质劳动者和高端技能人才的需求日益旺盛，职业教育在其中发挥的作用也愈加重要。而职业教育要想持续发展，培养出经济社会发展需要的高端技能型人才，最为关键的在于师资整体能力和水平的提高。只有认识到这支队伍建设的重要性，并坚定改善的信心，勇于投入，才能真正地提高高职院校师资队伍的水平，从而发展高职教育。

目前，高职教育师资状况不适应职业教育发展已是不争的事实，我们要充分认识高职师资队伍建设的重要性和紧迫性。首先，教师是高职院校办学主体的力量，是教育教学改革主要的因素，是提高高职教育质量的决定性因素。大力加强师资队伍建设是高职院校一项长期具有战略意义的重点建设工作，是高职院校内涵建设的首要任务；其次，高职院校教育教学质量的高低，培养出的学生是否符合当前社会发展的要求，最重要的一个决定性因素就是师资水平。师资队伍的缺乏已经成为制约高职教育发展的主要因素。所以建设一支数量足够、素质优良、结构合理的职教师资队伍，乃是职业教育得以健康发展的根本保证。

全书首先对高职院校人才培养规格与师资队伍素质需求进行了概述，接着剖析了高职院校师资队伍建设现状并与国外的比较分析，然后从取消事业单位编制对高职院校师资队伍建设的影响，基于胜任力的高职院校师资队伍建设，高职院校"双师型"专业师资队伍建设，"双高计划"下高职院校师资队伍建设，"1+X"证书制度下高职院校教师队伍建设，校企合作深度融合背景下高职院校师资队伍建设，教育生态学视角下的高职师资队伍建设，高职院校教师队伍治理体系现代化建设等多个方面进行了较为系统深入的研究，希望能给就高职院校师资队伍建设与管理提供有价值的参考与借鉴。

总之，国家重视职教师资建设，对职业院校来说是非常有力的支持，我们应该抓住目前职业教育发展的大趋势、大契机，切实地加大我们职业院校教师资的培养、培训力度，使职业教育师资队伍素质得以进一步提高。

著者

2023 年 7 月

目 录
CONTENTS

第一章　绪论 ·· 1
　　第一节　研究背景 ··· 1
　　第二节　理论基础 ··· 2
　　第三节　国内外研究现状 ·· 7
　　第四节　研究的方法与思路 ··· 9

第二章　高职院校人才培养规格与师资队伍素质需求概述 ············ 11
　　第一节　高职院校人才培养目标的定义及特点 ·························· 11
　　第二节　高职院校师资队伍的特征与素质要求 ·························· 12
　　第三节　高职院校师资队伍建设的必要性和新特点 ···················· 15

第三章　高职院校师资队伍建设现状及与国外的比较分析 ············ 17
　　第一节　高等职业院校师资队伍建设的个案分析 ······················· 17
　　第二节　高等职业院校师资队伍建设存在的问题 ······················· 21
　　第三节　高等职业院校师资队伍建设问题的原因分析 ················· 22
　　第四节　我国高等职业院校与国外的师资队伍建设比较分析 ········ 23

第四章　取消事业单位编制对高职院校师资队伍建设的影响 ········· 29
　　第一节　取消事业单位编制对高职院校师资队伍建设的利弊分析 ··· 29
　　第二节　取消事业单位编制高职院校师资队伍建设的对策和建议 ··· 32

第五章　基于胜任力的高职院校师资队伍建设 ···························· 37
　　第一节　高职院校教师胜任力模型的构建 ································ 37
　　第二节　基于胜任力模型的师资队伍建设的具体措施 ················· 41

第六章 高职院校"双师型"专业师资队伍建设 …… 47
第一节 高职院校"双师型"专业师资队伍建设存在的问题 …… 47
第二节 我国高职院校"双师型"专业师资队伍建设问题的成因分析 …… 60
第三节 高职院校"双师型"专业师资队伍建设的发展策略 …… 67

第七章 "双高计划"下高职院校师资队伍建设 …… 81
第一节 "双高计划"下高职院校师资队伍建设存在的问题及成因 …… 81
第二节 "双高计划"下高职师资队伍建设的优化对策 …… 86

第八章 "1+X"证书制度下高职院校教师队伍建设 …… 93
第一节 "1+X"证书制度下高职院校师资队伍建设的困境 …… 93
第二节 高职院校"1+X"证书制度下教师队伍优化策略 …… 104

第九章 校企合作深度融合背景下高职院校师资队伍建设 …… 111
第一节 校企合作深度融合理论与高职院校师资队伍建设 …… 111
第二节 校企合作深度融合背景下高职院校师资队伍存在问题及实施建设策略的意义和特点 …… 115
第三节 校企合作深度融合背景下高职院校师资队伍的建设策略个案分析 …… 120

第十章 教育生态学视角下的高职师资队伍建设 …… 131
第一节 高等职业技术教育的特征与教师应具备的基本要求及其作用 …… 131
第二节 教育生态学对高职师资队伍建设的审视 …… 134
第三节 构建高职师资队伍建设和谐生态环境 …… 136

第十一章 高职院校教师队伍治理体系现代化建设 …… 141
第一节 高职院校教师队伍建设与管理的历史考察 …… 141
第二节 高职院校教师队伍治理体系现代化的理论命题 …… 145
第三节 高职院校教师队伍治理的现状检视 …… 148
第四节 高职院校教师队伍治理体系现代化的实现路径 …… 155

参考文献 …… 165

第一章 绪论

第一节 研究背景

高等职业教育作为促进高等教育可持续发展的重要内容已受到世界各国的高度关注。早在2005年全国职业教育工作会议上就提出"大力发展中国特色的职业教育"。教育部在《面向21世纪教育振兴行动计划》中明确指出，"积极发展高等职业教育，是提高国民科技文化素质发展、推迟就业以及发展国民经济的迫切要求"。大力发展高等职业教育，是我国根据经济产业结构调整的需求，为进一步完善高等教育体系确立的战略性举措，它对于培养大批高技能应用型人才，优化人才结构，促进人才合理分布，推动我国经济发展具有重要的理论和现实意义。可以说，高等职业教育在实现中国特色社会主义事业奋斗目标方面的重要性和历史使命已被社会大众广泛认同。

近十年来，我国高等职业教育获得快速发展，同世界多数国家一样在高等职业教育上不断加大办学投入，高等职业院校经过最初的规模扩张，已基本度过了"适应生存关"。但是，当前我国的高等教育包括高等职业教育还处于追赶世界先进教育模式的阶段，发展水平还跟不上社会经济发展的速度，与真正实现深化教育体制改革，全面推进素质教育，实现跨越式发展还有相当大的差距。这其中，一个重要因素是高等职业院校人才培养机制——师资队伍建设模式落后。简单承接于传统的普通高等教育师资队伍建设模式已明显无法满足高等职业教育面向地区经济发展，适应市场经济就业需要，培养生产一线需要的高技能实用型人才的办学要求，尤其是加强师资队伍建设，打造一支过硬的有特色和特殊才能的师资队伍是高等职业教育发展和研究的重要课题。

为此，我们必须认清形势，适应发展，对高等职业院校师资队伍的建设现状、问题进行调查研究，借鉴国外先进经验，确立解决我国当前高等职业院校师资队伍建设存在普遍问题的思路及对策，建立一支高水平、高素质的师资队伍，提升高职院校核心竞争力，真正办出中国特色的高等职业教育，以适应我国经济社会发展和社会主义现代化建设需要，实现中华民族的伟大复兴。

高等职业院校是"高等职业技术学院"的简称，即培养适应生产、建设、管理、服务第一线需要的，且德、智、体、美等方面全面发展的高等技术应用型人才的高等职业技术学院。20世纪90年代，随着我国深化改革开放、发展新型工业、调整产业结构的步伐不断加快，高等教育取得跨跃式发展，其中高等职业教育异军突起，高等职业院校办学规模快速扩大，初步满足了社会对高等技术应用型人才的需求。

当前，我国的高等职业院校进入竞争激烈的特色教育阶段，但仍落后于世界高等职业教育发展水平。在多种办学挑战中，高等职业院校人才体系建设是较为突出的。传统的"评职称、够学时、讲理论、终身制"的师资队伍建设模式已成为制约我国高等职业院校多元发展、实现办学效益最大化的瓶颈。在市场经济体制下，通过打造一支高水平、高素质的理论与实践并重的师资队伍，真正收到"双师型"教师队伍建设成效，成为高职院校提升核心竞争力，促使办学方向逐步向就业本位回归的有效手段之一。树立全新的、适应市场要求的师资队伍建设理念成为进行高等职业教育教学改革的途径之一。

本书希望通过对当前我国高等职业院校师资队伍建设现状及存在问题的调查、研究，并与国外先进的高等职业教育师资队伍建设理论进行比较，从而在理论上找出解决问题的对策；力求将工作中遇到的制约学校发展的问题从根源上进行梳理，以点带面，探求我国高等职业院校师资队伍具有实践可行性的建设思路。

第二节　理论基础

一、相关概念

（一）高等职业院校

"高等职业院校"是"高等职业技术学院"的简称，即从事高等职业技术教育，培养适应生产、建设、管理、服务第一线需要的高等技术应用型人才的院校。

在西方，高等职业院校包括职业教育学院与技术教育学院。职业教育学院是指培养一般熟练工人或半熟练工人的教育和培训的学院；较高层次的职业教育学院，通常称为技术教育学院，以培养一般的技术人员为主要目标；更高层次的职业教育学院，是以培养高级工程师或高级专业技术人员为目标的专业教育学院。

在我国，高等职业院校是实施高等职业教育的普通高校，是以普通高中毕业生和具有与高中同等学历的学生为招生对象，与普通高等教育并存于各层次学历教育中，培养德、智、体、美等方面全面发展的高级职业人才的教育与培训机构。

我国的高等职业院校主要有六类：职业大学、高等专科学校、独立设置的成人高等职业院校、高等职业技术学院、技术高等专科学校、本科院校下属的职业技术学院。

高等职业教育是按照职业分类，根据一定职业岗位（群）实际业务活动范围的要求，培养生产、建设、管理与服务的第一线实用型人才。这种教育更强调有针对性的职业技能能力培训，是以社会人才市场需求为导向的就业教育。鉴于此，当前我国高等职业院校科学的办学定位应是：立足市场经济，针对不同层次，发展特色职教；多种形式并举，增强市场意识，走产学结合的道路。

而目前我国高职院校在办学定位上仍存在以下问题：办学层次不清晰，没有明确的办学特色，人力资源开发不充分等，导致大部分从中等职业院校升格上来的高职院校核心竞争力不强，可持续发展动力严重不足。因此，高等职业院校必须坚持科学定位，主动适应经济和社会发展需要，明确办学方向，以就业为导向确定办学目标，利用自身的差异化优势找准学院在区域经济和行业发展中的位置，坚持培养"下得去、留得住、用得上"、实践能力强且具有良好职业道德的高技能人才，建设自己的教育品牌。

（二）师资队伍建设

随着当今高等职业院校逐步进入战略式发展、可持续发展新阶段，人力资源成为其办学活动的根本资源。高等职业院校师资队伍建设已经明确指向人力资源——对院校所拥有的能推动其持续发展并达成办学目标的教师进行的一系列管理活动，即对教师的各种活动予以计划、组织、指挥和控制，以充分发挥教师潜能，最终达成办学目标。

为适应高等职业教育面临的机遇与挑战并存的发展环境，满足市场化办学的基本要求，有学者将经济学的观点引入教育领域，提出了高等职业教育经营的理念。这里的经营有别于传统意义上的院校管理和办学，而是可以界定为"高等职业技术院校的办学者为了培养适销对路的高级应用型人才，实现学院办学效益的最大化，以学校整体为对象，多层次优化配置和整合校内外资源，对学校的发展战略、内部运行进行系统筹划与调控的一系列活动"。

由此，高等职业院校人力资源经营涉及的经营活动包括：院校教师招聘、"双师型"教师培养、兼职教师队伍建设、考核及分配制度改革等。其基本要求是结合高等职业院校师资的特殊性，建立科学的人力资源管理制度，在师资招聘时更注重企业工作经验，师资继续教育加强企业实践内容，师资评估与绩效考核体现高职教育特征，强调对师资队伍积极性的激发。

充分发挥人力资源的作用，努力创造条件吸引人才，建立适宜人才成长和发展的环境，培养人才、留住人才，是现代高等职业院校经营的成功之本。

（三）"双师型"教师

从国外高等职业教育取得的成绩看，"双师型"教师必须成为当前我国高等职业教育师资队伍建设的特色和重点。目前对于"双师型"教师的定义存在不同的看法。有的学者将"双师型"教师概括为两层含义：一是"双职称型"，即同时获得教师系列职称与中级以上技术职称或职业资格的教师；二是"双素质型"，即同时具备理论教学与实践教学素质的教师。

天津职业技术师范大学教育与人力资源管理研究所所长周明星对"双师型"教师的内涵有三种看法：一是"双证书论"，认为具有工程师、工艺师等技术职务的人员，取得教师资格并从事职业教育教学工作的人员即为"双师型"教师；二是"双能力论"，认为既能胜任理论教学，又能指导学生实践的教师就可看作"双师型"教师；三是"双融合论"，既强调教师持有"双证"，又强调教师具有"双能力"。

目前教育界对"双师型"教师较有理性的综合解释是从其应具备的基本素质和能力着手进行的。高等职业院校"双师型"教师应同时具备以下几个方面的素质和能力：

第一，有良好的职业道德，既具有教书育人的能力，又具有进行职业指导等素质和能力。

第二，具备与讲授专业相对应的行业、职业素质，包括基础理论知识和一线实践能力。针对这一点，有学者提出"双师型"教师应能按照市场调查、市场分析、行业分析、职业及职业岗位群分析，调整和改进培养目标、教学内容、教学方法、教学手段，注重学生行业、职业知识的传授和实践技能的培养，能进行专业开发和改造等。

第三，具备相当的经济素养，包括掌握较丰富的经济常识、熟悉并深刻领会"人力资本""知识资本"和质量观、效益观、产业观等经济理论，自觉按照竞争规律、价值规律等市场要求，善于将经济常识、规律等贯穿教育、教学全过程。

第四，具备相当的社会沟通、交往、组织和协调能力，既能协调好校园内部的多种工作关系，又能与企业和行业从业人员进行交流和沟通。

第五，具备相当的管理能力，包括班级、教学管理能力，企业、行业管理能力及指导学生参与企业、行业管理的能力。

第六，具备相应的适应能力和创新能力，要适应资讯、科技和经济等快速发展变化的时代要求，具备良好的创新精神，善于开展创造性教学活动。

总之，"双师型"教师绝非简单的仅指"双证书"与"双职称"教师。放眼未来，"双师型"教师还不是理想的高等职业教育教师，在专业理论知识和专业实践能力上呈现整合、全能态势，而不是一味强调双方面能力，才是"双师型"教师真正的内涵所在。

二、相关理论

（一）高等职业教育理论

高等职业教育属于职业教育，或者说是"高层次"的职业技术教育。对于高等职业教育概念的界定，国内外的普遍看法是经济和技术发展到一定阶段之后，职业教育高移而产生的一种教育。职业教育专指培养技术类人才的特定教育类型。从世界范围来看，职业教育的发展大体经历了兴起、制度确立、蓬勃发展三个阶段。无论在哪个阶段，职业教育发展的必要性和可能性都是因为工业革命开始，经济迅速发展，社会对劳动者提出了更高的要求，这里凸显了职业教育对于提高劳动力的素质进而提高劳动生产率和产品竞争力的最直接作用。

随着 20 世纪 60 年代世界职业教育进入发展黄金时期，职业教育衍生出的高等职业教育快速发展，如德国的高等专科学校、美国和加拿大的社区学院、英国的技术学院、日本的短期大学、澳大利亚的技术与继续教育学院（TAFE）、新加坡的技术专科学院等。高等职业教育自身形成的鲜明的办学特色促使高等职业教育日益赢得社会的广泛认可与欢迎，最终发展成为各国高等教育结构中不可缺少的一部分。

我国对高等职业教育的界定多倾向于其为高等教育的一种重要类型和组成部分，多数定义为，在高中阶段教育基础上，为适应某种职业岗位群或业务领域的需要而进行的知识、技能和态度的教育。进一步说，其定位是在完全中等教育的基础上培养出一批具有大学知识且有一定专业技术和技能的人才。在联合国教科文组织制定的"国际教育标准分类"中，高等职业教育的核心内涵包括教育对象、培养目标、学习年限、授予学历四个方面。

遵循我国高等职业教育"以服务为宗旨，以就业为导向，走产学研结合的发展道路"的办学思路，高等职业教育的办学定位可从以下四方面加以阐述。

我国高等职业教育办学的指导思想——"三个坚持"：

第一，坚持党的教育方针和社会主义办学方向，立足行业、面向全国，为地方经济和社会发展服务。

第二，坚持以就业为导向，以职业素质教育为核心，产学紧密结合，培养适应生产、建设、管理、服务第一线需要的德、智、体、美全面发展的高等技术应用型专门人才。

第三，坚持以职业教育为主体，树立质量第一观念，树立教学工作中心地位，形成灵活开放、结构合理的多层次、多形式的职业办学格局。

我国高等职业教育的正确定位：

高等职业教育是我国高等教育的重要组成部分，必须与本科教育"错位经营"，坚持以就业为导向，把满足劳动就业市场的需求作为发展动力，把培养学生就业和创业能力作为改革方向。

高等职业教育科学定位主要包括"四个层次"内容：

第一，人才定位，即培养什么样的人才。

第二，人才培养方式、方向多样，鼓励订单式培养。

第三，每所学院找准自己在整个高等教育和本地高等教育中的定位。

第四，科学确定学院在经济和社会发展中的作用，瞄准位置，持之以恒，办出特色，扭转目前高等职业教育过度强调"学科性"的倾向，扭转一些学院盲目攀高升格的倾向。

我国高等职业教育的基本属性和主要特征：

第一，就业性。高等职业教育的基本属性是它的职业针对性。

第二，大众性。高等职业教育主要培养第一线的技术、管理人员或高技术领域的技能型人才，而不是造就专家、管理人才，因而是大众性的高等教育。

第三，产业性。高等职业教育担负着对学生和社会的职业培训任务，产业性更强。

第四，社会性。高等职业教育的办学形式是学历职业教育与非学历培训的组合，即全日制的职前教育和非全日制的继续教育与职业培训相结合。

目前，我国的高等职业教育正在由规模的迅速扩大逐渐走向以提高教育质量和结构调整为主要任务的发展阶段。在社会主义市场经济条件下，推动高等职业院校发展的根本力量不是政府行政的力量，而是社会需求，可持续发展思路已将院校各项建设引向市场本位。

（二）人力资源管理理论

高等职业院校重点开展师资队伍建设的理论依据即人力资源管理理论。人力资源管理这个概念当前多被运用于企业管理，"企业只有一项真正的资源，就是人。"（现代管理学之父彼得·德鲁克）在企业管理范畴内，人力资源已经被视为企业发展动力的源泉，是企业可持续发展的根本保障。

当前，人力资源管理理念已经渗透到各种组织建设中，是保证组织科学发展的基础。

含义：人力资源管理就是指运用现代化的科学方法，对特定社会组织中与一定物力相结合的人力进行合理的培训、组织和调配，使人力、物力间的配合度达到最佳，同时对人的思想、心理和行为进行恰当的诱导、控制和协调，以充分发挥人的主观能动性，使人尽其才、事得其人、人事相宜，保证组织目标的实现。

人力资源管理的基本任务：吸引、激励、保留、开发人才为组织所用。具体是指把组织所需的人力资源吸引到组织中，通过激励机制将人才保留在组织内，既注重调动其工作积极性，又关注开发其潜能，从而获得人力资源的高效率利用。

加强人力资源管理的重要性：市场竞争加剧使得人力资源管理的重要性日益凸显。随着社会主义市场经济的快速发展，人力资源管理在组织管理中的作用变得日益重要。一个组织能否健康发展，在很大程度上取决于人员素质的高低，以及人力资源管理的有效与否。

首先，人力资源管理能够提高管理人员的管理能力。人力资源管理将人作为一种重要资源加以开发、利用，重点是开发人的潜能、激发人的活力，使人员能积极主动、创造性地开展工作。对于组织的管理人员来说，要求在管理工作中充分发挥承上启下、上通下达的纽带作用，帮助组织处理和协调好各种关系，包括合理地处理人与事的关系，确保人事匹配；恰当地解决人与人之间的关系，使其和睦相处；充分调动人员的积极性、创造性，使其努力为组织工作；对人员进行合理的培训，以提高其综合素质，保证组织利益的实现。

其次，人力资源管理能够提高人员的工作绩效。组织根据目标和人员情况，运用恰当的管理手段营造理想的组织氛围；为人员做好职业生涯设计，并通过不断培训，转变人员思想，提高人员队伍的素质，鼓励人员发挥创造性；进行岗位或职位调整，人尽其才，发挥个人特长，体现个人价值，从而提高人员的工作绩效，全面提高组织的工作效率。

再次，人力资源管理是组织发展的需要。组织管理目标由管理者制定、实施和控制，而管理目标的最终实现离不开工作一线人员的努力，这就要求组织人员必须具备相应的能力，掌握市场规律，贯彻管理者意图。因此，人是组织生存和发展的最根本要素。

最后，人力资源管理是组织确保核心竞争力的最重要要素。核心竞争力是市场经营活动中愈来愈重要的力量。人是组织拥有的重要资源，也是组织的核心竞争力所在。目前，人力资源管理逐渐被纳入组织发展战略规划中，成为组织谋求发展壮大的核心因素，这是保证人力资源管理与组织决策的实现达到合理平衡的要求。

因此，为保证真正实现科学发展，也为适应当今社会多学科理论交叉作用的管理背景，高等职业院校在师资队伍建设工作中引入人力资源管理概念是其必然选择。

第三节 国内外研究现状

一、国外研究现状

"由于各个国家的社会生产力水平不同，历史文化传统各异，各个国家的职业教育的产生并不同时，发展水平也不平衡。现代职业教育是现代大工业生产的产物。从世界范围来看，职业教育的发展大体经历了三个阶段：兴起阶段（18世纪后期到19世纪末）、制度的确立阶段（19世纪末到20世纪40年代）、蓬勃发展阶段（20世纪50年代至今）。"

国外的高等职业教育均是因经济和社会对人才的需求变化而建立和发展起来的。美国社区学院、英国的多种技术学院、德国的高等专科学校（现称科技大学）及职业学院都有很长的历史。西方发达国家高等职业教育开展得相对较早，在高等职业教育师资队伍建设方面早已积累了相当多的经验和教训，值得我们借鉴。例如真正提高准入标准，切实提高教师的综合素质，着力打造"双师型"教师队伍等。很明显，国外的职业教育发展时间远早于我国，发展速度远高于我国。

德国职业教育在世界享有盛誉。其在职业院校师资队伍建设方面的成功经验包括：

第一，严格教师资格获标制度，取得教师资格不仅有一套完整的培养培训体系，而且制定了严格的国家考试制度。

第二，强调教师的实践能力，大学毕业生要具备5年及以上的工作经验、经过为期2.5年的培训、参加国家考试取得职业教育教师资格后才能从业。

第三，重视教师的继续教育，各联邦州的法律均规定职业教育教师需要不断进修。

第四，重视兼职教师队伍的建设，从社会上大量选聘专业技术人员接受师范教育而成为兼职教师，作为解决专职教师数量不足的重要途径，已经收到明显成效。

第五，着重提升教师综合素质，着力打造"双师型"高等职业教育师资队伍，从专业理论知识和行业实践经验两方面提高教师素养，优化教学效果。

为了全面提高劳动者的素质，提高国家的综合竞争力，世界各国都加快了职业技术教育的改革和发展，提出职业技术教育面向可持续发展，通过高质量的教育和培训，持续不断地开发人力资源，增强劳动者的可持续发展能力，从而为社会和经济的可持续发展服务。其中一项重要因素是重视实践训练和实践性教学，使培养目标更具有可持续发展性，"职业培训应使两个完全不同的目标协调起来，为从事现有的工作做准备和培养一种对尚未想出来工作的适应能力"。

这就对高职院校的师资力量提出了更高的要求，不同的教师适用于不同的教学，相应的知识性和实践性的教学就需要理论与实践水平不同的教师来完成。扩大兼职教师队伍成为解决专职教师数量不足这一问题的直接手段。德国职业院校中的多数教学人员都是兼职人员。他们基本都是专科学校、高等专业学院、大学的教师以及实践领域的专业技术人员。在教学安排上，入门性质的教学任务由有经验的专科学校的教师担任，基础学科由从事科学研究的大学教师担任，应用性的教学任务由高等专业学院的教授担任，而专业学科的教学则选择在职业实践领域中具有丰富实践经验的专业技术人员担任。

在高等职业院校的师资队伍建设模式中，"双师型"师资队伍建设是重要内容，是高职院校人才培养质量的重要保证。当前在培养"双师型"职教师资方面，日本实行双专业学位职业资格制，通过产学合作模式培养；乌克兰实行双证书制，通过"4+1"模式培养。其启示在于：重视立法，建立相应的职业资格制度；明确培养目标，构建独特的课程设置体系；构建多样化师资培养体系。例如日本的"双师型"职教老师被称为"职业训练指导员"，是指具有技术专业和教育专业双学士学位的双专业教师，他们主要在职业高中、专修学校、短期大学及公共职业训练机构从事专业技能人才的培养工作。

二、国内研究现状

在我国，高等职业技术教育始于 20 世纪 80 年代。当前，我国高等职业教育研究领域中对高等职业教育可持续发展的研究日益得到重视，关注人才培养机制、核心竞争力、师资队伍建设的文献较多。

上海市经济管理学校校长沈汉达认为，我国高等职业教育进入快速发展阶段后，挑战与机遇并存。市场化办学成为高等职业教育发展的政策选择，进而引发高等职业教育"经营"的概念。《中国职业技术教育》一文指出，高等职业院校经营战略体现了办学者的经营理念，同时提供了经营实践的行动体系，其中包含了经营人才——全面、系统、科学建设师资队伍的理念，做好此项工作对于促进高职院校可持续发展有重要意义。

浙江育英职业技术学院黄春麟提出，在我国面向可持续发展的职业技术教育与培训尚属一个新的课题。我们应该看到，当前我国高等职业院校的办学思路、教学目标、技能训练、师资培养等均不能满足可持续发展的要求。袁野认为，我国高职院校中教师数量相对不足，平均学历较低，"双师型"教师的比例更加偏低，培养渠道不够通畅。还有许多研究文章中提到我国目前的"双师型"教师队伍建设与管理中还存在诸如师资来源不丰富，兼职教师队伍建设不足，缺乏相关的考核、培训、激励机制等一系列问题。科学、合理的高职院校师资队伍建设模式已经成为高职院校上规模、树品牌管理的重要推动力之一。

桂毅通过对国外发达国家"双师型"师资队伍建设的成功经验的比较分析，提出我国高职院校的发展需要加强内涵建设、着力提高办学质量，以鲜明的办学特色、过硬的人才培养质量赢得社会的认可和尊重，从而尽快树立高职教育的特色和品牌。而实现这个目标关键就是"双师型"教师队伍建设。

马静、刘辉认为高等职业教育发展多层次化是职业教育发展到特定阶段的必然结果。德国在高职教育多层次发展过程中采取了以市场需求为导向、以完善法律为保障、以质量监控为保证、以原有高职院校升格为基础的发展策略。其双元制职业教育模式、"双师型"

教师队伍建设培养了一批又一批高素质技术人才。文章介绍的德国职业院校所有教师均需经过系统的职业资格学习、培训、技能训练和严格的专业理论、实际操作考试。借鉴德国这种先进的管理理念和办学经验对我国高职教育的多层次发展有着深刻的意义。

国外领先的研究成果告诉我们，随着世界范围经济的发展和教育的改革，高等职业教育还有很大的变革空间。认清差距，迎头赶上，改变传统的师资队伍建设机制，树立以科学发展为基础的经营人才理念，是当前我国高等职业教育发展的必然选择。

第四节　研究的方法与思路

本选题采用的主要研究方法有：文献研究法、实证研究法、比较研究法等。

文献研究法是通过对国内外高等职业教育发展方向及高等职业院校师资队伍建设有着成功经验的相关文献的研究，有针对性、选择性地借鉴研究成果，为论文提供理论依据。

实证研究法是指从多维度以各地高职院校师资队伍建设为实例，总结发展现状，分析问题共性，提出相关解决对策。

比较研究法即通过对国内外高职院校办学差异和当前我国高等职业院校在师资队伍建设方面面临的不足等内容的分析，直面问题，总结不足，扩展思路，提出对策。

此外，运用网络查询方法查阅了大量的国内外相关网站关于本论文所论述问题的研究资料，了解了高等职业院校师资队伍建设研究的有关信息和最新动态。

第二章　高职院校人才培养规格与师资队伍素质需求概述

第一节　高职院校人才培养目标的定义及特点

一、高职院校人才培养目标的定义

高职院校人才培养的目标主要是指高职院校的办学目标。只有拥有正确的教学目标，才能够在日常办学活动中树立正确的教学思想。教育部《关于加强高等职业教育人才培养工作的意见》提出：高等职业教育要培养"拥护党的基本路线，适应生产、建设、管理、服务第一线需要的，德、智、体、美等方面全面发展的高等技术应用性专门人才；学生应在具有必备的基础知识和专业知识的基础上，重点掌握从事本专业领域实践工作的基本能力和基本技能，具有良好的职业道德和敬业精神。"

二、高职院校人才培养的特点

高职教育是我国高等教育的重要组成部分，在高等教育中具有举足轻重的作用。与普通高等教育相比，高职院校更注重实践应用能力，要求学生在面对很多技术问题时能够有非常高的专业水平和分析能力。其主要特点如下：

（一）人才培养具有职业性

职业教育的教学目标是根据社会的需求有针对性地培养出很强的技术技能型人才。在校企合作的背景下，高职院校在教学过程中与企业共同努力，以岗位需求为目标，培养出符合企业岗位要求的人才。从某种意义上讲，高等职业教育也是就业教育，它是对某一专业岗位（团体）的职业教育。它要求在教学过程中进行顶岗实践，快速投入企业的生产活动中，为企业带来经济收益，以此我们可以明确高职教育的显著特点就是人才培养具有很强的职业性。

（二）人才培养具有基层性

技术技能型人才与传统大学教育中的理论型人才有不同。它要求学生从高职院校毕业以后，不仅能掌握专业的理论知识，更要具备具有生产操作和组织能力。他们是一种理论够用、技术熟练的复合型人才。20世纪80年代初，在推进改革开放的进程中，特别是在改革开放较快的发达地区，应用型人才短缺是普遍存在的问题。可以说，满足地方经济建设的需要是高职院校的主要教学目标，所以他们的培养目标应该具有一定的基层性质。

（三）人才培养过程具有复杂性

尤其是在教学方式上，因为职业教育需要理论结合实践来进行教学，如实验、实践、设计、实践训练等，使学生能够掌握基本理论和基本知识的同时，还能够具有一定的专业技术能力。比如在财会类教学中，教师不仅要传授课本上的知识，还要锻炼学生的动手能力，做手工账，然后要求学生学会用财务软件做账，整个过程涉及诸多步骤。在具体的课程设置上，应该在聘用全职教师的同时从单位或者社会上招聘一些具有该专业实践经验的人员进行教学。教学过程中注重沟通，学生不是单纯被动地接受信息，而是作为教学活动的主体积极地寻求知识。课程设置上，通过使用现代化的教学基础设施，能够为学生提供更加信息化、现代化的教学方式，提高教学水平和效率。

（四）人才培养目标是动态的

随着信息技术的发展，很多关于知识技术型的企业新增了不少岗位需求，而随着社会的发展，一定会有些生产力落后的产业被淘汰，因此，社会对人才的需求不是一成不变的，而是不断更新和提高要求的。高职教育应该具有敏锐的市场观察力，能够及时跟上市场变化的脚步，为市场经济发展培养一批综合性人才，职业教育也正在从学校教育拓展到终身教育。高等职业教育培养方向的深度已从狭义的技能教学衍生到对学生全面素质的培养，从只要满足找工作的需要衍生到能够为社会发展提供人才。

综合以上特点不难看出，为适应社会、企业需要，高职院校在人才培养方面具有特殊性，这就使高职院校师资队伍具有新的特征与要求。

第二节 高职院校师资队伍的特征与素质要求

一、高职院校师资队伍的特征

高职教育人才培养目标的特性决定了教师的特征：高职教育首先是高等教育，它的生源主要来自于高中毕业生和中职院校。学生通过考试进入高职院校以后，要经过几年的系统学习才能获得大专学历，高职教育所培养的毕业生是能够理论联系实际的技术技能型人才，如生产一线的工匠、技术人员等。该类毕业生具有较强的专业能力和技术开发的综合实力。

教学内容不能单一化，要具有综合性。结合社会需要，高职教育教学内容的设置不仅要考虑专业理论知识的传授，还要传播文化课的一些知识；不仅要帮助学生获取专业理论，还要让学生掌握技术技能；不仅要教会学生学习理论知识，还要引导学生吸收新的科学技术、生产设备等。在正式上岗工作之前，还要进行职业道德和心理素质等方面的培训。

第一，高职教育的教学目标具有很强烈的现实性。这是由高职教育的目标决定的。随着生产力、科学技术的发展，职业技能和劳动分工的变化，产业结构需要不断调整，高职院校教师的教学任务也需要随之调整。因此，高等职业教育教学必须与现实紧密结合，体现其现实目标。

第二，高职院校一般都具有地方性质，所以其人才培养主要以该地区的经济建设为导向。由于我国各地区经济发展不平衡，导致各地高职院校发展模式没有指定的统一标准，而是要根据各个地区的经济发展特点来发展具有特色的教学模式，这就要求教师必须具备深厚的专业理论和熟练的专业技能，可根据当地专业岗位的具体需求来制定教学内容和课程计划。

第三，教学的地点应该多样化。高职教育教师很多都是具有实践经验的教师。如果他们只学习研究理论知识、教学方案，那么实践经验慢慢会被淡忘，而且随着社会的发展，如果他们之前的实践经验得不到更新就失去了教学意义，所以他们需要时常进行实地考察，及时了解岗位需求的变化情况，切实为社会培养综合型适用的技术技能型人才。

二、高职院校师资队伍的素质要求

对教师这一职业来说，素质非常重要，是能够指导他们更好地完成教学工作的关键因素。高职教育的教师既要具有普通高校教师的理论知识、教学技能等，还要具有一定的特殊性。具体而言，高等职业教育的特殊性是顺应时代要求所具有的，这就决定了高职院校教师素质的特殊性。

首先是高职院校师资队伍需要具备的普通素质（表 2.1）。高职教育的主要对象是青少年，所以高职院校的教师必须具有专业的教学素养和优秀的职业能力，这样在面对学生的时候才能够更好地传播知识，潜移默化地为学生的价值观带来正面的影响，所以高职院校教师除了要拥有扎实的专业知识和教学能力以外，还要有高尚的职业修养。

表 2.1 高职院校师资队伍需具备的普通素质

项目	具体分类	备注
专业知识	专业基础知识	专业基础知识是指学生必须具备的专业知识，能使其在就业的时候满足最基础岗位需求，承担岗位职责，有一定的专业性
	专业前沿知识	专业前沿知识是指各专业中关于最新的生产技术、思想理念、研究成果等方面的知识。教师具有行业前沿知识主要是为了在及时更新信息的基础上培养学生对行业新动态的关注力，让学生能够对行业新知识具有一定的敏感度，及时更新有关知识和技术
综合知识	综合科学文化知识	行业知识有区别，但科学文化知识是必须具备的基础。科学文化知识是非常丰富的，涉及的领域众多，是社会发展的思想基础和理论基础，比如自然科学知识能够促使人类了解和掌握客观存在的事物及其规律
理论知识	教学理论知识	教师除了自己具有很强的专业知识以外，应该对研究课程、教材、教学方法等具有一定的水平。因为只有这样，才能够更好地将专业能力有效地教给学生，促进教学水平提高，学生能够在课堂上积极主动地学习，提高学生的学习主动性

其次是高职院校师资队伍需要的其他素质。

一是教学能力。该方面体现在诸多环节，比如教学内容的规划、课程设置、与学生的沟通方式、管理学生的能力、课堂上的应变能力等。

二是创新素质。社会的发展对创新能力提出很高要求，因为随着科学技术的飞速发展，专业的生产技术更新速度非常快。高职院校的教师应该首先具有非常敏锐的市场观察能力，能够及时捕捉到行业中的新知识，然后学习、理解、传授。教师在面对不断变化的市场环境时，要具有非常强大的更新能力，不断地优化自己的知识储备和技能水平，培养创新能力，具有创新精神，在教学活动中积极引导学生创新精神的发展。

三是身心素质。身心素质指的是心理承受能力和身体健康素质，比如拥有丰富的情感和比较高的情商，能在教学活动中与学生建立良好的师生关系。

最后是高职院校师资队伍需要的特殊素质。

一是具有实践的经验和实际操作能力。高职院校主要是为社会培养具有专业性的技术技能型人才，所以教师也必须在扎实的理论基础上具有一定的实践经验。目前很多高职院校都为教师提供进入企业考察学习的机会，目的就是让教师具有很好的实践经验，加深对岗位职责的了解，以此丰富教学内容和教学活动。

二是过硬的操作技能。其中最重要的是专业技术能力，也就是专业技能的熟练程度。这是衡量教师是否具备专业职业素养的一个重要因素。随着现代科学技术的发展，生产、服务、管理等一线工作的科技含量不断提高，理论和实践应该建立有机联系，使生产活动不断地信息化、科学化。高职院校的教师必须具备专业技能，才能更好地胜任教学工作。

三是适应专业教学任务转移能力。高职教育的教育内容和基础科学知识更加具有专业性和技能性。高等职业技术教育所赋予的知识和技能的更新速度非常快，因此，教学内容应该随着有关专业的技术和知识的更新而不断调整。一般高职教育具有一定的地方特色，基本是为了满足该地区的人才需求，所以高职教师应该了解地方经济的发展情况，以市场为导向，发展能够满足地方经济增长需求的教学体系。所以对高职教师来说，具有非常专业的教学任务转移能力很重要，具有很强的应变能力，能顺利地从原来的教学内容向新的教学内容转变，进而能完美地完成教学任务。

四是职业课程开发能力。信息时代，瞬息万变，生产技术和相关信息更新速度快，产业发展前景不断变化，在这样的动态变化进程中必须面对新旧职业的更替交换，乃至社会上的职业结构的改变。新的变化带来的是新的需求，作为高职院校的教师，必须时刻关注市场需求的变化，与时俱进地设计出新的职业课程，并提供相关的学习资料。另外，高职教育的区域性特点将会增加教师设计职业课程的难度，因此，各专业教师需要能够根据地域、新职业特点自行编制本校的教学资料或教材。

五是社会活动和技术推广能力。我国的职业教育发展至今，总结以往的办学经验发现，高职教育的成功必须坚持产学结合的路线，学校要与市场上各个主体保持信息共享。因此，高职院校教师应具备调查研究的能力、信息分析的能力、技术推广应用的能力，并且能够有信心将教学过程中的新发现和新成果传播到社会，使之成为真正的生产力。

六是就业指导和创业教育的能力。对学生进行职业指导和创业教育这一观点的提出，既是从我国劳动力供大于求的实际情况考虑，也是从经济的快速发展背景下，社会经济和职业需求不断变化的方面来看待的，更是高职院校独特的教学目标决定的。从高职教育的功能进行分析，发现高职教育不仅是为了帮助学生获得一定的学历，更是为了培养他们的工作能力，为他们进入社会工作提供一个学习和过渡的平台。创造力是这个时代非常需要的能力，它能使我们的经济水平突飞猛进，现在的市场环境非常需要具有创新能力的人才，因此，高职院校的教师应该从自身做起，培养创新能力，向学生传递正确的创业理念，指导学生走上正确的就业之路和积累创业能力。

第三节 高职院校师资队伍建设的必要性和新特点

一、高职院校师资队伍建设的必要性

随着经济的高速发展，我国的产业结构进入了转型的重要时期，与其密不可分的高职教育也必然要随之调整。职业教育已经不仅仅是传统的学历教育了，更重要的是为经济发展培养具有专业技术技能的综合人才，而这样的人才培养必须紧贴经济发展的实际情况。现阶段，我国职业教育正处于校企合作的大环境下，为了加大人才培养力度，应该重视高职教育的教学水平。

一是加强高职院校师资队伍建设是企业发展的诉求。据有关数据显示，2014年我国劳动力受教育年限以中等教育为主，平均受教育年限为9.28年。其中，初中毕业的占比最高，为46.97%；其他劳动力受教育程度由多到少依次为小学、普通高中、中专、专科、本科及以上。有2.93%的劳动力没上过学。女性劳动力平均受教育年限比男性低0.7年。劳动力户口性质、所处区域不同，受教育程度也存在较大差异。非农业户口、居民户口劳动力的大专以上受教育程度和受教育年限均比农业户口劳动力高。自2012年7月以来，我国劳动力参加过至少5天以上专业技术培训的比例仅为9.13%，仅有11.75%的劳动力曾取得专业技术资格证书。由以上数据可以看出，我国现在专业技术人才是缺乏的，这必然会影响经济的发展。

科学技术是否能转化为生产力，以及转化为生产力后能被劳动者使用的程度完全是由技能掌握者决定的。职业院校作为最主要的企业人才供给侧，其培养出的员工技能能力的高低及转化知识能力的强弱，很大程度上取决于师资队伍的水平。因此，加强高职院校师资队伍建设是企业发展的诉求。

二是重视高职院校师资队伍建设是职业院校自身的发展需要。我国在20世纪80年代达到了新增人口数量的高峰期。1995年我国劳动力人口为7.31亿，到了2022年增长到8.76亿。随着我国社会主义市场经济体制逐步确立并日趋完善，劳动力的大幅增长与经济的快

速发展不相适应的矛盾越来越突出。这种矛盾简单地说就是：企业无人可用，而劳动力无法就业。造成这一局面的因素是多方面的，但这也从某种程度上反映了职业教育人才培养模式与社会发展的需求不符，人才培养效率低下的现状。

高职院校应加强校企合作，让高职院校的教师能够在实际教学中学习到现代企业所需求的技术，让企业的优秀人才和学校的优秀学生相互学习融合，促进校企的合作进步，使得企业和学校实现共赢。从学校师资队伍建设来看，校企合作能够使学校的师资队伍建设更加合理，推动学校在专业、年龄结构、职称结构等问题上的解决。以学生就业为导向，引导师资建设，让学生用所学的知识、能力和技能，成为符合实际生产、优质服务、高端管理的技术技能型人才。

二、现阶段高职院校师资队伍建设的新特点

在现阶段国家大力发展职业教育前提下，集中学校和企业的优势资源，为企业培育出企业需求的应用型技术人才，即企业的一线部门和教育机构之间相互合作，企业的生产经营过程和学校的教育教学活动紧密衔接，结合企业和学校之间的优势，学校将学生的教学环境由学校转向企业的实际操作中将两者相结合，培养出优秀的技术型人才。

师资来源具有多渠道性。目前国内高职师资渠道来源比较单一，许多高职教师是刚毕业的学生，他们的综合实践能力较弱。在校企合作的推动下，学校可以聘请企业中具有丰富实践经验的技术专家，进驻学校传授企业在运营中的理论技术和实践经验，这种合作会在很大程度上丰富高职院校的师资队伍来源渠道。

多方适应性。各省份大多会根据地方实际情况建立地方性的高职院校，办学和就业方向主要受地方经济方向思路影响。这就使职业教育有明确的就业方向、服务方向，直接对接经济建设。在校企合作的建设下，可以使得院校在教学中根据地方的需求，结合实际培养出高应用型的师资队伍，适应地方的经济发展需求。

以学生就业为导向。职业院校的教育最终目的是促成学生就业。如果学生单一地学习理论知识，缺少必要的动手实践操作，或者是具有较强的实践动手操作能力却不理解理论的重要性、不具有基本的职业道德，那终将不能理想就业。在校企合作的推动下，学校兼顾师资队伍建设和学生就业问题，在教学中以符合社会岗位需求为标准，提高实践和创造能力，以学生就业为导向来设计院校的专业教学内容，充分将理论与实践进行结合、转化。只有这样的师资队伍才能满足高职教育对专业教学的需求，才能将学生培养成适应社会发展的人才，满足社会生产力的需求。

第三章　高职院校师资队伍建设现状及与国外的比较分析

第一节　高等职业院校师资队伍建设的个案分析

笔者调研的湖南铁道职业技术学院始建于 1951 年，是一所以工科专业为主、文管经等专业共同发展的公办综合性高职院校。近年来，在职业教育高质量发展背景下，该校进行了一系列高职院校一流"双师型"教师队伍建设的探索与实践。

一、成果简介

近年来，该校致力于解决影响一流高职院校发展的关键问题——教师队伍建设。教师是教育的第一资源，是发展教育事业的关键所在。建设一流高职院校，核心是培养一流人才，关键要有一流教师队伍。湖南铁道职业技术学院作为首批国家示范高职院校一直走在高职教育发展前列，但在高等职业教育高质量发展、产业转型升级、科技革命的影响下，该校的教师队伍在一定程度上成为该校可持续创新发展的"瓶颈"和"短板"。自 2015 年以来，湖南省实施卓越职业院校建设计划，把教师队伍建设作为三大重点建设内容之一，该校经过广泛调研和发展大讨论，全校上下对建成一流师资队伍是提升该校核心竞争力的重要保障达成了共识，制订了师资队伍的建设方案并实施，从 2016 年起进行了长达 6 年的实践探索。

（一）理论指导，进行"双师型"教师队伍建设的创新实践

以基于战略的人力资源管理理论、岗位胜任力理论为指导，2015 年完成了该校师资队伍建设方案的制订与论证，2016 年 1 月至 2021 年 9 月，开展了长达近 6 年的实践及推广应用。针对该校师资队伍高层次人才缺乏等四个突出问题，确立"师德为先、能力为本、双师为要、标准先行、制度支撑、生涯成长"教师队伍建设理念，从建立"一三五六"的师德师风建设长效机制等八个方面开展教师队伍建设。引进、培养、柔性聘用高层次人才，建设教科研企一体事业平台，留住高层次人才；构建 7 维度 4 层级的教师道德素质模型、"413"岗位职业能力模型，明确教师准入等认定选拔标准，完善教师发展和管理标准体系；构建教师"四类三层五通道"培训体系；源头引进、在岗培养、专兼混编，不断优化师资队伍"双师"结构；顶层设计，创新驱动，深化人事制度改革，设计基于教师全生命周期

的成长成才制度，多部门联动共同制订相互支撑的制度体系，形成对教师激励合力；实施项目带动，使教师队伍建设和项目建设形成良性互动，促进教师个体和团队共同成长；营造校园文化氛围，以大爱情怀陪伴支撑教师的成长，切实提升教师队伍的获得感、幸福感和认同感，建立起良好的人才生态环境。

（二）成绩彰显，取得丰硕的教师队伍建设成果

该校完成市级、省级以上省部级教科研课题项目 4 项，在《光明日报》等公开报刊上发表论文 9 篇，师资队伍建设的整体水平得到了很大提升，涌现出一批标志性成果，拥有师资队伍方面国家级集体和个人级荣誉 10 项，省级成果、荣誉 134 项，教师参加省级以上教学能力大赛获奖 115 项，教师指导学生参加省级以上技能大赛 325 项，教师立项完成省级以上重点建设项目 97 项，教师完成科研课题项目大幅增加。该校累计开展各类培训 7 万人次。

（三）影响较大，引领高职院校师资队伍建设

国家级报刊《光明日报》2019 年 10 月刊登了该校的师资队伍设文章；《着力加强制度建设与培养培训，打造高水平"双师型"教师队伍》和陶艳老师分别入选教育部首批全国职业院校"双师型"教师队伍建设学校和个人典型案例，其经验在全国同行中推广。2021 年，该校专业教学团队的建设经验在有 200 所中高职学校参加的湖南省中、高职专业教学团队负责人培训班上做典型经验介绍，该校师德师风的建设经验在 25 个国培、省培培训班进行介绍；在江西省教育厅组织高职院校校长赴湖南考察到该校现场交流中，该校就师资队伍建设和人事制度改革进行了经验分享。该校的师资队伍建设经验在国内、省内得到同行的认可。《中国教育报》《湖南日报》等媒体对该校的"万人计划名师"部分教师进行了专题报道。师资队伍建设经验在国内、省内得到同行认可。

二、主要解决的教学问题及解决教学问题的方法

（一）主要解决的问题

该校高层次人才缺乏问题；该校教师队伍整体水平亟待提高的问题；教师队伍水平与该校高质量发展、产业和高职教育快速发展不完全适应的问题。

该校双师结构不尽合理问题；该校内部各部门政出多门，制度体系不能有效衔接、相互支撑，无法形成教师激励合力的问题。

（二）解决教学问题的方法

把师德师风作为评价师资队伍的第一要素，强化考核，筑牢立德树人根基，建立了"一三五六"的师德师风建设长效机制。

出台高层次人才引进与培养管理办法，采用引育并举、专兼结合、柔性引进的方式，解决高层次人才短缺问题。

一是大力引进高层次人才，政策到位。

二是加强培养校内高层次人才。

三是柔性引进高层次人才，不求所有，但求所用，采用协议形式聘请。

四是建设集人才培养、科学研究、技术创新、企业服务、学生创新创业等于一体的教学科研平台，为高水平技术技能人才搭建干事创业舞台，留住人才，有效解决高层次人才短缺问题。

构建教师7个维度4个层级的教师道德素质模型、"413"岗位职业能力模型，明确教师准入等认定选拔标准，完善教师发展和管理标准体系。

明确教师在不同职业生涯阶段的培训要求，构建"四类三层五通道"培训体系，开展全员培训。

多措并举，不断优化教师队伍"双师"结构。从源头上把好新进教师关，优先录用有企业工作经历的教师，落实新教师入校下企业顶岗一年制度，落实教师5年一周期的全员企业轮训制度，制定"双师型"教师认定、考核、聘用标准，其结果与职称评审、岗位聘任、评先评优关联运用。打通校企人员双向流动通道，建设高水平兼职教师队伍。

顶层设计，创新驱动，深化人事制度改革，该校人事、教务、科研、产学合作中心、发规、学工处等部门联合系统设计基于教师全生命周期的成长成才制度，制度体系相互衔接、互相支撑，为教师成长成才提供强有力的制度保障，对教师有效形成了激励合力，形成了富有活力的师资队伍建设机制。

实施项目带动，使教师队伍建设和项目建设形成良性互动，集中全校的优质资源，向项目团队重点倾斜，支撑其顺利成长发展，促进教师个体与团队共同成长。

营造校园文化氛围，以大爱情怀陪伴支撑教师的成长，即有引导的等待、用心的陪伴、坚实的支撑、坚定的相信、彼此严格，陪伴支撑教师的培育成长。切实提升教师队伍的获得感、幸福感和认同感，建立良好的人才生态环境。

三、实践创新点

（一）提出新理念

提出"师德为先、能力为本、双师为要、标准先行、制度支撑、生涯成长"师资队伍建设理念，系统构建教师发展和管理标准体系簇，形成高职师资队伍建设的基本规范。

遵从职业教育发展对高职师资队伍的建设要求，充分考虑该校战略发展目标需要，结合师资队伍建设现状和基础，基于教师的岗位胜任力构建了教师道德素质模型、"413"教师岗位职业能力模型，建立教师准入、"双师"认定、专业主任等选拔标准，形成了师资队伍建设的标准簇，涵盖了教学、科研等方面内容，标准纵向贯通、横向融通，凸显了校本特色，为创新师资队伍管理、提升师资队伍建设质量提供了有力保障。

（二）形成新体系

形成了贯通教师职业生涯的"四类三层五通道"培养培训体系。促进各级各类教师根据自身实际，进行个性化培养，定制化培训，实现快速成长。

根据教师发展的内在需求，实施全员培训制度，把培训贯穿教师职业生涯始终。明确教师在不同职业生涯阶段的培训要求，"按需施训"，系统构建初级、中级和高级"三级"培训体系，设置有针对性的分层次培训课程，全面提升教师的基本素养、教学能力、科研能力、社会服务能力，形成了"校本培训、国培省培、企业锻炼、国内访学、海外研修"五通道培训模式。为教师专业成长设计了一套可操作的框架，促进了教师可持续发展。

（三）提供强有力的制度保障

顶层设计，创新驱动，系统设计基于教师全生命周期的成长成才制度，为教师成长提供强有力的制度保障。

深化人事制度改革，围绕人才引进、人才培养、人才激励、人才管理、师德师风等方面，基于职业院校内部治理的基本逻辑，因应职业院校教师的现状和提升，着力推进教师评价机制改革，实行绩效的刚性约束，实施绩效工资分配改革，人事处、教务处、科研处、发规处等主要职能部门共同制订充满生机和富有活力的制度体系，创新人才工作机制，将激励方式有机结合起来，形成一系列有内在逻辑、相互支撑的整体制度安排，营造教师发展激励的良好生态环境，协同发挥好激励教师和教师团队成长发展的作用。

（四）实施项目带动

以大爱情怀陪伴支撑教师的成长，实施项目带动，使教师团队建设和项目建设形成良性互动。营造校园文化氛围，倡导大爱教育理念，陪伴支撑教师的成长。该校将各类团队建设与该校的各级各类教育教学改革项目、教学能力和技能竞赛、科研项目、湖南省十大育人项目等业务项目形成良性互动，即通过各具体项目的申报和实施，在项目建设中通过校企合作，组建项目团队、专业团队、课程团队、科研团队等，集中全校的优质资源，向项目团队重点倾斜，支撑其顺利成长发展，并带动该校专业师资团队质量全面提升，协同发挥好激励教师和教师团队成长发展的作用。

四、产生的效果

（一）提升了该校知名度和美誉度

该校在产教融合、校企合作开展专业建设、教师队伍建设以及人才培养方面取得重大进展，带动了该校办学水平的整体提升。2019年，该校立项中国特色高水平高职学校和专业群建设单位，立项全国党建标杆院系和标杆支部4个，湖南省"三全育人"综合改革试点高校，湖南省"文明标兵"校园，顺利通过湖南省卓越校验收。

（二）师资队伍建设经验在全国推广

《湖南日报》以《姚和芳获国务院特殊津贴——是我省职教领域唯一获此殊荣者》为题，专题报道了二级教授姚和芳。《中国教育报》以《张莹：从"拼命三娘"到"万人迷"》专题报道了全国"万人计划"教学名师张莹。湖南教育网对文照辉等技能大师工作室进行了报道，肯定了该校柔性引进企业技术技能大师的经验和做法。《三湘都市报》对该校教师为"一带一路"沿线国家开展铁路员工技能培训进行了报道，充分展示了教师的责任担当和技术水平。

（三）社会服务能力不断提升

该校优秀的教师团队为省内外高、中职院校及各类企业开展了国培、省培等培训班100多期，总数达7万人日，如湖南省高职优秀青年教师跟岗访学、湖南省中职专业带头人领军能力研修、中车集团轨道交通电气设备装调职业技能等级证书师资培训、蒙内铁路肯尼亚员工专业技能培训等。

第二节　高等职业院校师资队伍建设存在的问题

目前我国的高等职业教育水平远低于发达国家高等职业教育水平，其中较突出的是我国所培养的毕业生的基础知识与实践能力的均衡发展程度、适应经济发展与市场要求的程度均与国外差距很大。而这一问题的根源正在于国内外高等职业教育师资力量悬殊。以河北省机电工程技师学院为例，力求通过对其师资队伍建设现状的总结，以点带面，梳理出我国高等职业院校师资队伍建设领域中存在的共性问题，进而找到解决问题的思路。

通过以上的分析不难看出，现有的教师构成情况能够满足学校高等职业教育初步发展时期的教学要求，但在当今社会中距离实现可持续发展的要求还有较大差距。下面梳理一下其存在的主要问题。

一、教师结构不合理

教师资源存在学历起点较低，专业构成单一，高级职称比例偏低，没有兼职教师任职等问题，所以现有教师结构不够合理，无法满足全新的理论与实践并重的教学要求。

二、生师比不平衡

生师比失衡必然影响教育教学质量，学校已经出现教学资源严重紧张，课程编排矛盾凸显，教学课时无法满足教学要求的现象。

三、实践能力较低

教师的实践能力虽在近几年有所提高，但仍旧落后于办学要求。除了教师起点较低的因素外，其他影响因素还包括：招聘教师为大学毕业生的比例远高于从当地优秀企业引进的教师比例，专业与课程涉及未充分突出实践能力培养，评定职称有流于形式现象，扩招、生师比失衡带来的教学压力无法保证教师参加实践、培训等活动的时间等。因此，学校的"双师型"教师队伍建设受到较大影响，始终未从制度要求阶段进入成效建设阶段。

四、培训制度和考核机制不完善

对已经建立的质量管理体系的贯彻落实力度不足，未形成规范的培训制度及科学的考核制度。学校现有的培训制度局限性较大，仅仅为个别重点建设专业的重点培养教师安排培训机会，其他专业教师没有任何培训机会，导致各专业教师素质差距越来越大。在鼓励专职教师进行学历进修方面，资金支持、时间安排等均缺乏力度。落实培训项目往往是临时指派培训对象，培训时间常常因教学压力而被缩短。考核制度未针对高等职业教学相关要求进行更改，绩效考核制度没有落实，年度考核采取民主推选方式，职称评审主要决定于发表论文数量、完成授课任务因素，对实践能力的测评只占个别专业的很小比重。

五、教师队伍稳定性欠缺

学校教师工资待遇水平与当地同级别学校相比处于中等偏低的水平，薪酬改革始终未与绩效考核挂钩，激励作用较小，教师欠缺教学积极性。教师为提高收入在课外兼职，长期形成的课外不待岗制度是分散精力的重要因素，影响了正常教学质量。教师为求学深造而辞职及向其他行业跳槽的现象时有发生，教师队伍稳定性欠缺。

第三节 高等职业院校师资队伍建设问题的原因分析

目前，我国高等职业院校普遍在师资队伍建设方面存在一些问题，主要原因是高等职业教育整体没有在大规模扩张的同时提高办学质量，这与其发展背景紧密相关。盲目发展成为影响高等职业提高师资队伍建设质量和教育教学质量的主要因素。

一、规模扩张迅速

我国的高等职业教育作为高等教育的重要组成部分，随着高等学历教育的扩招进入了大众化发展阶段，在扩招中存在数量急速增加的现象。据统计，我国1999年独立设置的高等职业学校有161所，截至2022年6月，全国高职院校数达到了1522所，其中本科层次院校33所、专科层次院校1429所，公办院校占75.4%、民办院校占24.6%、高职学生总量占高校学生总量的54%。再加上中等职业院校开设大专班的学校，我国举办高等职业教育的学校已超过2000所。许多院校跟风发展职业教育，过分追求速度，资金投入只解决了基建建设、设备投入等教学资源硬件问题，忽略或无法保证教学资源软件特别是师资队伍的建设质量。

二、教学资源落后

当前我国独立设置的高等职业院校很多是由普通中等专业学校升格而成的，这些学校虽然有一定的职业教育办学经验和自身的办学特色，但在升格以后，只是简单利用原有的中专层次的教育资源承办高等职业教育，师资队伍、实训设备等均达不到规定标准，无法满足高等职业教育的高质量要求。

而许多综合性大学所办的二级职业技术学院，虽然师资队伍、实训设备等起点较高，但其办学模式容易被传统的高等教育质量观同化，常常偏离职业教育的方向，专业建设、师资培养、"双师型"教师匮乏等因素使其无法突出高等职业教育有针对性的职业技能能力培养的特点。

三、校企合作力度不够

校企合作一直是高等职业院校鲜明的特色之一，无论是专业建设、就业导向，还是教师培养、品牌立校，校企合作途径在职业教育中都是非常重要的。我国的高等职业教育中行业、企业参与办学的力量与国外相比严重不足，尤其是师资队伍建设方面。

首先是"双师型"教师培养。我国企业对培养高等职业院校"双师型"教师的积极性不高，主要有三个原因：一是市场竞争日益激烈，企业自身发展压力较大，没有精力投入大量的时间、物力、人力等培养高等职院校专业教师的实践能力；二是产品质量是企业的生命线，在无法确定顶岗实践教师操作水平高低的前提下，不愿冒着产品质量不稳定的风险为高等职业院校教师提供实践岗位；三是在社会整体对发展高等职业教育重要性认识不足的大背景下，企业对高等职业院校人才培养工作的社会责任认识不够。

其次是兼职教师队伍建设。高等职业院校兼职教师基本来自相关行业企业。但目前我国企业的专家或高级技术人才到高等职业院校任教的积极性不高，主要原因是：企业技术人员本职工作压力较大，很难投入额外的时间在学校常规教学时间到学校进行实践教学；部分行业的企业专家虽在生产岗位上技术过硬，但并不具备教师的基本素质，对把握教学的能力没有自信而不愿参与教学；我国目前尚未建立成熟的高等职业院校兼职教师资格培养体系，企业专家或高技术人才无法得到系统的教师资格培训，专职教师数量始终得不到补充。

第四节　我国高等职业院校与国外的师资队伍建设比较分析

国外的高等职业教育发展至今天，其高质量的教学活动离不开科学、严格、高效的师资队伍建设，有许多值得我国高等职业院校借鉴的成功经验。下面分别从准入制度、培训制度、考核评价制度、工资待遇方面进行阐述。

一、准入制度的差距

当前我国高等职业院校教师准入制度多呈现出在高等教育传统体制下把关不严，缺少统一的高学历、高职称、重实践聘用标准，师资来源主要为升格前的中等职业院校教师及大学毕业生，优秀的企业一线技术人员所占比例很小。对一万多名高职教师的抽样调查表明，由高校毕业后直接任教师的占67.1%，由高校调入的占8.7%，由企业调入的占22.2%，由科研机构调入的占2%。这些教师上岗前普遍缺乏应有的考核和培训。据不完全统计，当前我国高等职业教育师资队伍中，有博士学位的仅占0.4%，有硕士学位的占8.4%。相较之下，国外的高等职业院校教师聘用—准入制度非常严格，针对学历、职称、实践经验等制定的标准很高。

无论是日本制定的教师资格许可更新制法案，还是美国执行的严格的教师任职资格审定程序，国外成功的高等职业院校在教师的聘用—准入制度方面要求非常严格，具体体现在以下四个方面：

教师学历要求。国外多数高等职业院校都要求任职教师具备硕士及以上学位。德国规定，科技大学教师需具有博士学位，职业学院教师需具有硕士学位；法国规定，技术学院教师需具有博士学位；美国社区学院规定，专职教师需具有硕士以上学位，兼职教师需具有硕士学位；英国高职院校规定，教师最低需具有学士学位。对教师学历的高标准要求是国外高等职业院校高质量教学的第一重保证。

教师资格要求。国外多数高等职业院校对应聘教师的资格有严格的要求。在德国教育领域担任教师必须先取得教师资格证。在正规大学毕业后，通过第一次国家考试以取得教师实习资格；再经过不少于18个月的实习，通过第二次国家考试才能获得正式的教师资格证。对职业教育教师的资格要求更加严格，要取得高等职业教育教师资格，需在博士毕业后至少具备5年的企业工作经验。澳大利亚职业技术与继续教育学院对教师资格的要求也十分严格，青年教师至少要具有三至五年相关专业的行业工作经验；年龄在35岁以上的教师则要具有更长的工作经验，才能取得教师资格证书。高等职业院校的招聘标准包括任教者要取得所教授专业的硕士学位，教育专业的本科学历及经过师资培训取得的相关行业四级证书等。法国的高级技术员教师必须持有中等教育教师证或技术教师证。美国的社区学院要求教师在其所教授课程的相关行业有一年以上工作经验，具有一定的教学经验和实践工作经历者才能被聘为兼职教师。这种不仅仅关注资格证件，而是以取得资格证件过程中需具备丰富的职业实践经验为教师聘用标准的做法已经被国外高等职业院校广泛实践，这种做法无疑是成功的。

教师任职体制。国外高等职业院校的教师任职体制基本不是终身雇佣制，在职业生涯中贯穿始终的从业压力是教师严格要求自己，不断取得进步的动力。美国继续教育学院的教师任职执行公共雇佣制，不实行终身制。短期合同制教师如果连续两年不能通过终身制申请考察，将被学校解聘。日本规定教师资格证书的有效期为十年，未在证书到期前的规定时间接受资格更新讲习的教师不能继续从事教学工作。

年龄要求。国外高等职业学院普遍存在年轻教师少于中年教师的现象，教师年龄多为35岁以上。相关行业、企业的实践经验必须在较长时间内才能完成真实的积累，这与前面提到的聘用教师时要求具有丰富的职业实践经验紧密相关。

二、培训制度的差距

这里提到的培训制度是指国外高等职业院校执行的规范的职业素养培训及培养机制、专兼职结合的教师队伍建设制度。为适应高等职业院校以市场为导向、以就业为目标的办学定位，高等职业院校教师必须具有扎实的专业理论知识和较强的行业实践能力。实现这一目标除了在教师聘用环节严格把关外，对在职教师进行继续教育即建立完善的培训制度

第三章　高职院校师资队伍建设现状及与国外的比较分析

也是重要手段。国外的高等职业院校已经通过自身实践建立了科学、完善的培训制度并坚持落实，收到了很好的效果，办学成果显著。而我国高等职业院校在培训制度建设方面力度不够，效果不好，使得"双师型"教师数量严重不足，队伍建设速度缓慢。

职业素养培训及培养机制。国外的高等职业院校普遍重视对教师进行规范的职业素养培训及培养，日本设立专门的职业教育教师培养机构，通过学科理论与实践能力相结合的课程设计培养全能型教师；德国"双元制"模式产生职业教育中校企的深度合作，使得学校对不同类型的教师进行具有较强针对性、实践性的培训机制；澳大利亚TAFE学院鼓励并支持教师进修，参加各种新知识讲座和新技术培训，并要求教师通过所参加的专业协会活动不断获取专业新知识、新信息辅助教学活动。国外高等职业院校实行的培训及培养制度贯穿于教师入职前后，在教师的职业生涯中起到了非常重要的激励作用。德国、美国、加拿大等国家在教师取得教师资格证之前都会进行大量的培训，"美国的社区学院培训课程涉及教学法、成人教育、教学管理、教育实习、课程开发、测试与评价等。自1992年以来，英国有越来越多的高职院校向新教师提供岗前培训，并通过教师认定来开设由师资与教育发展协会认可的培训项目。1996年6月，英国成立教与学研究所，为开展师资培训提供认定工作"。

此外，国外高等职业学院非常重视对教师进行在职期间的规范的培训及培养。德国、美国、英国等国家的高等职业院校对教师的培养及培训的方式既注重规范性，又注重多样性，专业发展和在职进修相结合。德国各联邦州的法律规定职业教育教师需要不断进修，每年每位教师有五个工作日可脱产带薪参加继续教育，这五个工作日可以集中使用，也可分散使用，灵活性强。澳大利亚采取研讨班、论坛等方式，借助企业培训咨询委员会及其他专业培训机构开展教师在职培训，形式灵活多样，确保培训质量。美国社区学院为教师提供访问、学习机会，教师的继续教育和培训工作采取"弹性多元进修计划"。多元的进修方式包括上夜校，参加教师研讨会或讲习班，参观访问，参与课程编定或专业杂志出版工作，参加行业组织举办的地方、州或全国性的会议等活动，参加与教学有关的休假进修、出国进修等，鼓励教师利用假期到企业参加生产实践活动。加拿大采取教师培训与工资晋升相结合的方式激励教师主动接受正规的在岗相关培训。

专兼职教师队伍建设。国外成功的高等职业院校在重视专职教师的招聘、培训、培养、留用的基础上，也非常重视兼职教师队伍建设。世界范围内高等职业教育的迅猛发展给高职院校的师资力量储备带来了巨大压力，生师比不平衡严重影响了教学质量，部分专职教师实践经验欠缺使得培养高技术实践人才目标严重缩水。实践证明，选聘相关行业的专业技术人员作为高等职业教育兼职教师，是解决高等职业院校教师数量不足的有效途径。美国教育部的调查报告曾公布其社区学院专、兼职教师比例呈上升趋势，兼职教师占教师总数的三分之二。日本兼职教师占高等职业教育教师队伍的比重很大，短期大学兼职教师是专职教师的1.7倍。英国高职院校也越来越注重对兼职教师的聘用。德国维尔兹堡市DAG技术教育中心共有26名专职教师，聘用的兼职教师有100名；莫斯巴赫市职业大学有30

名专职教师，常年聘用400～500名兼职教师。德国高等职业院校的兼职教师以丰富的实践经验完成了应用性较强的授课，满足了办学需要，所以大量聘用兼职教师或从兼职教师中聘用专职教师的现象很普遍。

应该看到，对兼职教师队伍建设的重视及针对提高技术水平与职业素养而进行的培训及培养工作与"双师型"师资队伍建设的要求相一致。同时，具备扎实的专业理论素质与过硬的专业实践素质是现代高等职业院校教师取得教学成功的保证。

三、考核评价制度的差距

科学、合理、有效的管理制度帮助国外高等职业院校提高了竞争力，取得了经营的成功，其中科学且完善的考核评价机制即激励、约束机制是师资队伍建设的重要环节。国外高等职业院校的先进经验即具有一套成熟的教师考核评价制度。

工作职责安排。首先，国外高等职业院校教师的主要任务是理论教学与技能培养并重，这与普通高等教育院校教师多从事理论教学与研究有明显区别。基于此认识，成功的高职院校在工作职责的安排上更为科学、合理。例如美国社区学院的教师教学工作占全部工作时间的70%以上，而科研方面的任务相当少，占工作时间的5%还不到。此外，社区学院教师还做少量的管理、服务或咨询等工作。其次，国外高等职业院校普遍要求教师工作时间较高负荷，充分保证了理论与实践教学的平衡。例如法国高职院校教师每周授课时间需保证在15小时以上，大学下设的技术学院教师每年的实习教学时数需达到288小时。德国高等专科学校要求高等职业院校教师每周需完成18小时的授课。

教学能力评估。教学能力评估一直是各级学校保证及提高教学质量的必要手段。国外高等职业院校非常注重对教师教学工作的评估或评价。美国社区学院设立的教师评估制度主要从教学、科研等方面进行，其中科研能力评估以教师所作学术报告、学术著作的数量及参加学术活动的情况为内容，参与对象和评估内容广泛，注重行业参与性与知识前瞻性。澳大利亚对职业教育专职教师的评估，除了要求其必须具有丰富的专业理论知识外，还必须具有从事跨学科的教学能力以及运用现代教育信息、编写教学计划、讲授理论课、指导学生实践的能力。瑞典对职业教育教师的教学职责规定，除了按计划完成所教授科目的知识和技能的基本教学任务外，还包括其他非传统的职责。

职称评定体系。国外高等职业院校在教师考核制度中执行严格的职称管理，通过公平公正的职称级别评定真实体现考核对象的行业实践经验，使教师能够正确认识考核作用，并不以职称评定作为其职业生涯发展的唯一目标，而是积极参加实践活动，多方面积累实践经验，真正发挥了教师考核的长期、有效的激励作用。美国社区学院新聘用的专职教师必须经过期限不等的试用期后才能进行教授、副教授、助理教授和讲师四个级别的职称评定。法国高等职业院校教师的职称管理非常严格，教授级别职称由总理直接任命，讲师级别职称由教育部部长任命。英国高等职业院校的教师获得讲师级别职称一般需经过五年的预备期。各种管理手段都是为了保证职称取得的真实性和有效性。

四、工资待遇的差距

目前，我国高等职业院校依旧以劳动量标准进行工资分配，高等职业院校教师的工资待遇普遍低于普通高校教师的工资待遇，无法满足知识经济发展、院校特色办学的需要。而且，大部分院校无法保证定期划拨一定金额的教师培养经费及科研经费，影响了师资队伍稳定和师资素质提升。

国外的高等职业院校执行岗位聘任制工资待遇，教师大多享受与职业素养成正比的优厚的工资待遇，这种分配制度既与院校以知识生产、传播与应用为主要功能的规律相符合，也与发展知识经济、由工业经济向知识经济发展的社会发展总趋势相吻合，从而保证了师资队伍的稳定性。专业知识、技能过硬的老教师收入必定大幅超过职称较低、经验不足的年轻教师收入，聘用条件更高的专职教师收入必定高于兼职教师收入。美国的社区学院教师收入与公立大学教师收入的差距很小；法国的大学下设的技术学院教师收入远高于普通高职学校教师收入；日本的职业院校教师工资高于普通学校同级别教师甚至是公务员工资。国外的高等职业院校普遍为"双师型"教师提供更高的薪酬。这种客观、公平的薪酬体系成为职业院校"教师行业受到重视，师资队伍建设有效进行，教学水平不断提高，教学质量得到保证，办学特色鲜明"的良性循环体系的直接动力。

第四章 取消事业单位编制对高职院校师资队伍建设的影响

第一节 取消事业单位编制对高职院校师资队伍建设的利弊分析

一、取消事业单位编制给高职教师本身带来的机会与挑战分析

就高职教师对现有体制的评价进行调查研究发现，高职院校教师对薪酬标准、收入分配体系和现行的管理体制均不太认可。

总体来看，高职院校教师对取消编制给工作带来的机会与挑战并未持有明显倾向，20.2%的教师态度为中立，38%的教师不认为取消编制会带来机会和挑战，42%的教师认为取消编制会带来机会和挑战。

按照性别、年龄、职称和编制情况对"取消编制给工作带来的机会与挑战"进行方差分析发现，性别、年龄和职称对该题项均无显著影响，编制情况则对该题项存在显著影响。具体来说，编制内教师对取消编制给工作带来的机会与挑战并不具有明显倾向，而编制外教师则较为明确地认为取消编制会给工作带来机会与挑战。

在此基础上，对取消编制可能给工作带来的机会与挑战进行具体题项分析发现，高职教师对取消编制后给工作带来的机会与挑战最为认同的方面为"促进个人发展"，最不认同的方面为"提升教师整体的进取心"。

二、取消事业单位编制对高职教师个体产生的负面影响分析

总体来看，半数以上（55.8%）的高职教师认为取消编制会对工作产生负面影响，21.7%的教师态度为中立，仅有22.5%的教师认为取消编制不会对工作产生负面影响。

按照性别、年龄、职称和编制情况对"取消编制对工作产生的负面影响"进行方差分析发现，性别和职称对该题项无显著影响，年龄和编制情况则对该题项存在显著影响。具体来说，中青年教师大多担心取消编制对工作造成影响，而50岁以上的教师则持相反态度；编制内教师明确表达了取消编制对工作产生负面影响的担心，而编制外教师则没有此明确态度。

高职院校师资队伍建设与管理研究

在此基础上，对取消编制可能会对工作产生的负面影响进行具体题项分析发现，高职教师对取消编制后最为担心的负面影响依次为"退休金减少""归属感降低""竞争激烈""职业尊严和地位降低"和"工作不稳定"，最不担心的负面影响为"教育教学质量降低"。

调查数据显示，取消事业单位编制后，高职教师对学校发展最为认可和一致的建议依次为"进一步提高教师收入，以增强人才吸引力""进一步完善激励措施，保持教师工作动力"以及"完善考核评价机制"。

三、取消事业单位编制给高职院校师资队伍建设带来的益处分析

（一）办学权力下放，有利于增强人事自主权

按照国家分类推进事业单位改革配套文件精神，高职院校取消事业单位编制以后，政府将由传统的统一核定学校编制转变为监督和备案的管理方式。这种新型的编制管理方式将促使高职院校管理工作发生变革。

一是自主进行办学。当前，高职教育已经进入大众化时代，重点是培养企业和社会需要的技术技能型人才，这要求高职院校要有敏锐的"嗅觉"和市场洞察力，根据社会需求设置专业，选择人才培养方式，确定办学规模。

二是自主确定人员规模。高职院校将不再被动等待编制主管部门统一确定人员规模，而是可以根据自己的办学特色、招生规模和财务状况等自主确定人员规模并实施动态调整，在用人体制机制上打破编制壁垒。

三是教师招聘流程优化。取消编制以后，高职院校引进优秀教师时将不再需要主管部门和编制部门层层审批、反复沟通，而只需按要求自主实施，事后报备即可，教师招聘流程进一步优化，决策效率进一步提升。从调查的情况来看，调查对象普遍认为取消编制有利于增强学校的办学自主权和用人自由度。

（二）创新用人机制，有利于激发用人活力

一是提供战略支撑，有利于转变用人理念。高职院校的人事部门不再是简单地执行上级部门的人事规章制度和行政指令，被动完成一些行政事务性工作，而是要根据自身所处的地域、发展阶段和发展战略等，主动选择与自己人才培养模式相配套的人力资源战略和人事管理实践。人事部门将重点研究如何有效支持学校的发展战略和竞争优势，逐步增强对人的关注和管理效率的提升。

二是消除身份限制，真正实现岗位管理。目前高职院校均由人社部门统一进行岗位设置，但由于编制和岗位职数有限，很多已取得资格的教师聘不到相应的岗位上，较大地影响了教师工作的积极性。取消编制后，高职院校将根据工作需要设置岗位，因事设岗，平等竞争，择优聘任，聘约管理。建立与岗位、技能、绩效相应的考核评价机制和薪酬机制，实现岗变薪变，真正做到由岗位管理替代身份管理。

三是因地制宜，实施教师分类管理。编制取消以后，高职院校要更加注重科学配置教

师资源，建立新式分工协作体系，实行教师分类管理。比如，根据高职院校教学实际，教师岗位可以细分为理实一体（含理论课）教学岗、理实一体（含理论课）教学科研岗、实训课程教学岗和实训课程教学科研岗。根据教师所在的岗位类型提供相应的职业发展平台和晋升通道，设计相应的考核指标，选择合适的考核方式，而不是一把尺子量到底。

（三）引入竞争机制，有利于促进教师提升素养

取消编制以后，相当于废除了传统的"铁饭碗"，高职教师终身就业的稳定性将受到极大挑战，所面临的职场竞争和压力进一步加大，人才的自由流动性加强。从积极的一面来看，教师的退出机制打通了，有利于发挥人力资源管理中的"鲶鱼效应"，增强教师的危机感和紧迫感，激励教师不断加强学习，提升工作水平，提高工作质量。通过数据分析发现，对于取消编制后给工作带来机会与挑战，高职教师最为认同的方面是"促使其更加注重专业和个人发展"，最不认同的方面是"有利于提升教师整体的进取心"。这也提醒高职院校的人事管理者，应致力于为教师营造公平公正的教学科研竞争环境，让教师的收入真正与现实表现和工作实绩挂钩，才能将教师努力提升个人素养这一积极效应转变为促进学校发展的强大动力。

四、取消事业单位编制给高职院校师资队伍建设带来的挑战分析

取消编制，也会给高职院校师资队伍建设带来许多弊端，特别是高职院校师资管理和服务理念以及高职教师的选、用、育、留等诸多方面都面临不少挑战。

（一）对社会人才的吸引力不足

当前，对社会人才的吸引力方面，高职院校本身就没有优势。

一是整体薪酬缺乏吸引力。高职教师整体薪酬水平较低，对应聘者缺乏吸引力。教学工作、指导学生实践和职称评聘的压力较大，寒暑假还要参加企业顶岗锻炼或实地培训，付出和收入不成正比。

二是发展平台有限。高职教师能够申请到国家级、省部级研究项目或课题的机会较少，能够拿到社会服务项目的机会也不多，发展的平台有限。在现实中，有些应聘者宁愿选择一些整体实力稍差的本科院校，也不愿意去高职院校工作。

三是对高职院校的发展缺乏信心。由于对高职院校固有的成见，再加上不少高职院校是由原来的中专合并或升格而来的，办学经验和底蕴不足，制度建设和内部管理薄弱，有的学校所招生源质量不高，数量也不一定能够确保等，一些应聘者对高职教育的未来发展缺乏信心。因此，很多人去高职院校工作，更在意的是高职教师的事业单位编制和相对稳定的工作，如果事业编制取消了，高职院校对社会人才的吸引力会极大减弱。

（二）留住优秀人才的难度加大

随着机关事业单位的养老保险改革和事业编制的取消，高职教师不再仅仅停留在学校内部一级人才市场，除了内部的职称、职务晋升之外，还面对学校外部更为广阔自由的人才市场，教师进出单位的编制壁垒消除，人才可以自由流动，特别是属于知识型员工的高

职教师,择业空间更大,流动范围更广。在外部工作环境更好、待遇更高、制度更灵活等情形下,高职院校留住优秀和核心人才的难度加大。通过调查分析也发现,高职教师普遍认为"取消编制会让我的职业尊严和地位降低""会考虑选择第二职业"。

(三)教师的安全感和归属感降低

编制取消后,高职教师长期以来形成的体制内稳定性和荣耀感基本消失,教师的工作环境会发生重大改变,对教师的职业能力也会产生更大挑战。根据马斯洛的需求层次理论,高职教师中低层的安全和受尊重的需要将受到重大挑战。我们的调查分析也显示,高职教师对取消编制后最担心的负面影响依次为"退休金减少""归属感降低""竞争激烈""职业尊严和地位降低"。同时,教师会较少关注学院的整体发展,不愿意承担教学改革或课程建设任务,而是更加注重自身职业能力和个人终身就业能力的提升。

(四)对高职院校的师资管理产生巨大挑战

取消编制给高职院校带来了用人自主权,但同时也对高职院校人力资源管理团队提出了重大挑战。归纳起来,重点有四大挑战:

一是用人依据转变,由传统的依靠政策和制度约束,转变为依据《劳动法》《劳动合同法》等合同的契约精神,依靠约定的权利和责任进行管理。

二是用人方式转变,实行岗位聘任管理,各学校可结合工作需要因事设岗,岗变薪变。

三是竞争理念转变,原来是单位内部的一级人力资源市场,现在转变为外部公开竞争的人力资源市场,人才竞争理念要改变。

四是职能转变,要由事务性的人事管理上升为支撑高职院校的发展战略,主动为学校提供更多的人力资源产品和服务,以保证人力资源的保值增值。高职院校的人力资源管理者要适应这些挑战。

第二节 取消事业单位编制高职院校师资队伍建设的对策和建议

取消事业单位编制,会对高职院校师资队伍建设产生一定的积极和负面效应,高职院校要提前谋划,积极应对,才能减少政策实施对师资队伍建设产生的震荡。

一、注重顶层设计,夯实师资管理基础

(一)选优配强,建立专业的人力资源管理队伍

高职教师取消编制以后,传统的依靠编制的稳定性及编制附加值所带来的对人才的吸引力不复存在,高职院校不仅要与同行争夺人才,还要同企业和社会上的其他部门共同竞争人才,在这种态势下,高职院校要选优配强人力资源管理队伍,才能更好地服务于其师资队伍建设。一是高职院校的师资管理者,要朝着职业化与专业化的方向发展,尽快完成

从业余选手到职业选手的转变，既要适度掌握高职教育发展和教学规律，又要具备专业的人力资源管理知识和技能，未经培训、仅靠个人的经验管理人力资源的从业人员将失去发展空间。二是高职院校的人力资源工作者要有职业精神，必须懂得相关职业的游戏规则，既要掌握《事业单位人事工作条例》，还要熟悉《劳动法》《劳动合同法》等相关法律法规，为高职院校提供规范的人力资源管理服务打下良好基础。

（二）分类管理，精准服务多元化的教师队伍

教育部、财政部联合印发的《关于实施职业院校教师素质提高计划的意见》要求高职院校要着力培养一大批"双师型"教师，还要聘请在本行业享有较高声誉、具有丰富实践经验和特殊技能的"能工巧匠"作为兼职教师。高职院校面临专兼职并存、师资分类管理的崭新格局，高职院校人事部门要积极掌握兼职教师和非全日制用工的有关规定，在合法的框架内提高效率，减少劳动争议。特别是要根据高职院校的教学实际，将教师岗位进一步细分为理实一体（含理论课）教学岗、理实一体（含理论课）教学科研岗、实训课程教学岗和实训课程教学科研岗进行管理。实行分类管理后，对于不同岗位类别的教师设计不同的职业发展平台和晋升渠道，采取有针对性的考核评价方式。比如，建立学校教师任职资格体系制度，建立健全学校高层次人才引进办法、教师招聘办法、兼职教师选聘管理办法、绩效工资实施办法等相关制度办法，使得适人适岗，人岗匹配，进一步提高教师的使用效率。

（三）统筹谋划，注重师资队伍建设整体规划

新形势下，高职院校要主动适应多元化的社会需求，围绕人才市场传递出来的人才需求信息，有前瞻性地调整自己的人才培养类型和方式，根据办学需要灵活地调整自己的人才队伍结构和内部管理机制。这就要求高职院校人事部门根据学院发展战略和工作需要，通过"自上而下"或"自下而上"的方式，运用比率推算法、德尔菲法（专家调查法）等定量与定性相结合的方法，科学地进行师资的需求和供给分析，做好师资队伍建设规划，制定并适时调整师资战略以及与之相配的相关政策和制度，建设优质的师资队伍，逐渐形成动态的、灵活的人才流动与人员调整机制，为学校培养技术技能型人才、深化内涵建设和长远发展提供有力的人才支撑。

二、健全引才机制，改进教师招聘甄选

优秀的人才是需要争夺的，特别是编制取消以后，高职院校人事部门要迅速转变观念，积极采取有力措施，提升教师招聘甄选水平，把好师资入口关。

（一）加大招聘资源投入力度

招聘工作不仅是吸引优秀人才加盟的手段，还有一个重要的功能，就是展示高职学校形象和作风的窗口。当应聘者看到招聘工作人员精心的准备、专业的素养以及对人才的尊重时，首先就在心目中留下了良好的第一印象。俗话说，"良禽择木而栖"，应聘者也更乐于选择管理规范、作风优良的用人单位，这对吸引人才、提升招聘效果具有重大影响。

因此，高职院校一定要高度重视人才招聘工作，加大资源投入。

一是配备专业的招聘工作人员，组织招聘工作人员参加相关专业培训，帮助他们提升招聘工作技能。

二是给予适当的资金支持，充分保障招聘宣传、甄选、差旅等有关费用。

三是树立招聘就是营销的理念，由人事部门、宣传部门和用人单位一道，精心开展招聘宣传，通过打动人心的招聘广告、精美的宣传彩页和富有冲击力的宣传视频，吸引优秀人才前来应聘。

（二）完善招聘录用决策机制

高职院校要积极构建更加灵活务实的招聘录用决策机制，提高决策效率，让优秀人才没有"找下家"的机会。在实践中，比较实用的方法是，选择招聘的最佳时机（如每年的9～11月是应届毕业生开始求职的季节，也是招聘的旺季），由主管人事工作的领导带队，人事部门、用人部门、教务部门及有关专家组成招聘小组，专门利用1～2周的时间进行现场招聘。在招聘中要高效组织，现场筛选，及时通知符合条件人员参加专业知识测评、试讲和面试，在1～2天内完成所有甄选环节的工作，并立即与考察合格人员签订聘用合同或就业协议。如果主管人事工作的学校领导太忙，也可适当授权，由其他分管领导带队，经仔细甄选后，现场做出招聘录用决策，以免除应聘者赶赴招聘单位的不便及犹豫不决的不利影响，有效避免因招聘决策缓慢而致使优秀人才流失。

（三）改进招聘甄选技术和方法

在短短的几轮测试中就识别出组织需要的人才，这是相当困难的。高职院校在招聘时要进一步改进招聘甄选技术和方法，在人事部门严格资格审查的基础上，由管理部门专家、人事测评专家、二级学院（系部）主任和教研室主任等组成招聘小组，共同对应聘者进行胜任力测评，并根据具体的专业和岗位组合选择多种人才选拔手段。比如，可以通过专业知识测评、半结构化试讲、结构化面试、心理素质测评和无领导小组讨论等多种形式考查应聘者。必要的时候，可以与专业的人才测评机构合作，共同开发具有针对性的教师测评工具和方法，以切实提高人才甄选质量。

（四）健全约束机制，完善考核评价体系

考核是传递组织期望和要求的重要手段，如果运用得合理，可以有效调动工作人员的积极性。

一是高职院校要转变观念，树立绩效管理理念，进一步完善考核评价体系，通过绩效计划、绩效沟通、绩效评价、绩效反馈、绩效改进与提升等完整的管理流程，推动教师绩效提升。考核不仅仅是为了奖惩，更重要的是不断帮助教师提升绩效，通过长效激励约束机制，促进学校总体目标的实现。

二是要实行多样化的考核方式。根据高职教师的工作特点，进行多样化的考核。比如，通过教学督导、学生评教、教师听课，以及教案、课件评比或信息化教学大赛等方式，对教师的教育教学进行动态考核，引导教师不断提升教育教学质量，进而提升人才培

养水平。

三是科学设计考核指标体系。考核指标是传递学校期望的重要指针，因此要科学设计考核指标，还要根据不同的岗位类别分别设计相应的考核指标并适度量化。例如，笔者所调研的某高校就将教师考核项目划分到不同部门，并尽可能地细分为可观测、可衡量的考核指标，将考核结果与教师的评优评先和绩效工资挂钩，取得了较好的效果。

三、构建激励机制，激发教师内在活力

（一）构建灵活务实的聘任机制

编制取消以后，高职院校要根据学校工作发展需要，主动建立健全符合自身办学实际的岗位评聘机制，真正做到因事设岗、动态设置岗位职数，并按时间段进行调整。同时，合理配置人员，使岗位要求和人员素质相匹配，发挥人员的最大效用。

一是合理规划专兼职教师的发展通道，让教师有成长。注重职业技能证书和实际操作技能在高职教师评聘中的作用，建立"能上能下"的职称评聘机制，激发教师队伍活力。

二是打造公平的发展平台和良好的发展空间。指导教师做好职业生涯规划，给他们创造公平的竞争机会和"没有天花板"的发展平台，提供良好的工作环境和相对宽松的教学、科研和实践氛围，使他们在努力工作的同时实现自己的个人愿景。

（二）构建注重实绩的薪酬制度

一是在科学评价教师绩效的前提下，将绩效考核结果与教师的薪酬挂钩，构建既体现个人教育教学、科研工作绩效，也适度体现教师参与学校课程改革、教学改革、人才培养方式改革等方面绩效的薪酬制度，形成体现实绩的薪酬制度，不断激发教师的工作活力，构建教师工作动力机制。

二是进一步提升教师薪酬水平，在学校财力允许的范围内，自主灵活地设计薪酬制度，适当提高薪酬标准，为教师提供业内有竞争力的薪酬和福利待遇。

三是在校内分配中，适当向教师和关键岗位倾斜，建立与知识型员工、创新型人才相称的薪酬机制，同时配合市场薪酬调查结果，根据市场薪酬的变化及时调整薪酬水平，形成动态增长机制，以增强对教师的吸引力，应对取消编制所带来的挑战。

四是将经济性报酬与非经济性报酬有效结合。一方面，改善教职工福利。探索采用"自助餐式"福利的形式，让教职工可以根据自身的实际情况，各取所需，以提升福利的激励效果。另一方面，注重发挥非经济性报酬的激励作用。比如，根据教职工的能力和兴趣分配相应的工作，使得人岗匹配，适人适岗；积极创造专业培训、学术交流及晋升机会等，不断提升教职工的幸福指数，激发其工作热情。

（三）构建稳定骨干的长效机制

借鉴国外高职院校师资管理经验，对高职院校需要的"双师型"教师或核心人才，实行"预聘—长聘"制度。

一是建立高职教师任职资格体系。对教师岗位和工作性质进行深入分析，构建高职教

师素质模型，细化相应的考核指标和标准体系，形成高职教师准入制度。

二是建立合适的预聘期。参考国外高职院校的经验，对新进教师可以建立6年左右的预聘期，期满进行考核，考核合格后可以聘任为终身教员。

三是科学进行预聘期考核。由学校牵头绩效考核的部门或者另设专业的独立评价机构，对照教师任职资格的指标、标准体系，根据学校实际工作需要，进行专业筛选，选拔满足高职教师资格条件、符合学院发展需要的合适人才予以长期聘用，以消除优秀人才的顾虑，增强高职教师工作的稳定性，促进教师心无旁骛地从事教学与科研，打造优质的高职院校师资队伍。

第五章　基于胜任力的高职院校师资队伍建设

第一节　高职院校教师胜任力模型的构建

高职院校教师胜任力，是指高职院校教师个体所具备的，与实施成功教学有关的专业知识、专业技能和专业价值观。它隶属于高职校院校教师的个体特征，是高职院校教师成功教学的必要条件，也是高职院校教师教育机构的主要培养目标。

许多学者研究认为，现代高校必须全面承担时代赋予的教育责任、学术责任和服务责任。高校教师作为这些责任的实践者应认识到，新时期高校教师的职能和角色已发生了深刻变化，高校教师不再仅仅是知识的传授者，而更应该是学生学习的指导者、智力资源的开发者、未来发展的设计者、学生人生的榜样。高职院校教师也应如此。因此，新时期的高职院校教师应建立新的胜任素质观，这是时代发展对高职院校教师提出的新挑战。本文在综合国内外关于高校教师胜任力模型构建的相关文献，以及对国内专家学者调查研究的相关资料进行分析的基础上，结合行为事件访谈法，对高职院校教师胜任特征要素进行分析，总结出高职院校教师通用胜任力模型。

一、高职院校教师胜任力要素的获取

国内外的研究者对教师应具有的能力进行过许多探讨。例如，孟育群（1990）认为教师的基本教育能力应包括五个方面：认识能力、设计能力、传播能力；组织能力、交往能力。申继亮等人则把教师的教学能力分为四个方面：认知能力、操作能力、监控能力、动力系统。虽然每位研究者对教师的一般教学能力研究的侧重点不同，但是综合他们的观点会发现：专业知识、组织教材的能力、言语表达能力、组织教学能力以及教学媒体的应用能力都是一个教师顺利开展教育教学活动不可或缺的重要的能力因素。本研究在文献法的基础上，运用行为事件访谈法获取高职院校教师胜任力要素。

在运用行为事件访谈时，事先设计了访谈提纲，围绕"你认为一个优秀的高职院校教师应该具备哪些能力素质""请您谈谈在您的从职生涯中最成功的事例和失败的事例"或"给您留下印象最深的二、三事例"等问题进行交流，并根据访谈获取的答案进行追问，对谈话过程进行录音，然后整理出详尽的访谈报告，并据此提炼出高职院校教师胜任力特征要素，构建高职院校教师胜任力模型。

（一）访谈对象

为了保证访谈结果的客观性和代表性，同时考虑到现有的研究条件，笔者仅选择了湖北省两所高职院校的教师作为访谈对象，对该校30名教师和10名中层管理者进行了访谈。

（二）访谈工具

为了保证访谈的效果，事前设计了"访谈提纲"，并配有对访谈进行录音的录音机。

访谈提纲：

你认为一个优秀的高职院校教师应该具备哪些能力素质。

请您谈谈在您的从职生涯中最成功的事例和失败的事例或给您留下印象最深的二、三事例。

（三）访谈控制

在访谈前与被访谈者进行了必要的沟通，选择一个不会被干扰的时间和地点，并且坦诚地告知被访谈者此次访谈的目的和期望取得的结果，打消被访谈者的疑虑，并就使用录音设备征得对方的同意。

（四）结果分析

通过访谈，提炼出相应的胜任力特征要素，包括学历、职称、学科专业知识、教育理论知识、心理学知识、专业实践能力、实施课堂教学的能力、语言表达能力、信息采集能力、自我发展能力、指导能力、学习能力、创新能力、热爱教育事业、责任心、自信心、自我控制能力、诚实正直、关爱学生、身体适应能力、独立性。可以将上述胜任力要素分为两大部分：知识和技能要素群、个人要素群，并得出高职院校教师胜任力模型。

二、特征要素之知识和技能要素群分析

知识要素所包含的胜任力是指高校知识工作者所需具备的学历、职称、学科专业知识、教育理论知识、心理学知识等。技能要素是指高校知识工作者胜任教学和科研岗位所需的实际操作技能和施教能力。其定义和表现行为如表5.1所示。

表5.1 知识和技能要素定义及行为表现

胜任力要素		定义及表现行为
知识要素	学科知识要素	
	学历、职称	达到高等院校任职最低学历标准。通过初级教育、中级教育和高等教育获得从事高等教育工作所需要的基本理论知识，通常用学历来表示
	学科专业知识	精通所教专业的基础理论，掌握学科的基本概念、理论框架；熟练运用学科的探究方法分析处理问题；了解本学科的发展趋势与前沿信息
	支持知识要素	
	教育理论知识	熟悉课堂教学管理与知识学习的一般原则与策略；熟练运用学科知识所需的专门教学方法与教学策略；注重教学经验积累，形成个人的教学风格
	心理学知识	了解学生的心理发展特点，帮助学生掌握知识和技能，发展学生的能力和创意，激发学生的动机和兴趣

续表

胜任力要素			定义及表现行为
技能要素	专业技能	专业实践能力	了解现场岗位规范、技术性能；能够指导学生实习、实践；能够顶岗工作；能够现场解决实际问题
		信息采集能力	通过各种渠道、应用各种方法有效采集本专业的最新科技信息，掌握同行业发展情况并预测其发展走势；借鉴他人成果，避免不必要的重复劳动，促进科研项目的进展，提高科研质量
		自我发展能力	对自己的职业发展有很大的兴趣，有计划地优化自己的绩效，确立发展提高的目标，并富有效率地持续学习与发展
		创新能力	具有多维的思考能力、丰富的想象力，对新事物敏感，善于发现、分析新情况，提出新思路，解决新问题，结合实际创造性地进行科研或教学工作
	组织教学的能力	语言表达能力	包括口头表达能力和书面表达能力。表现为能够清晰准确地表达思想，有条理、逻辑性强，文字生动流畅、言简意赅，准确反映思想及水平
		使用教学媒体的能力	除了具有使用传统教学媒体（如教科书、黑板、挂图等）的能力外，还必须具有使用现代教学媒体的能力（如幻灯片、投影仪、计算机等）
		沟通能力	要善于调动学生的积极性，提高课堂的参与度；具有制造良好的课堂气氛，防止不良气氛的能力

三、特征要素之个体要素群分析结构

所谓个体要素是指一个人内在的特质。它是指个人的态度、自我形象、社会动机、内在驱动力、品质、价值观、个性等，这些素质潜在胜任力深藏于心，是不易被别人发现和比较的，这种个性特征决定了一个人获取或使用某种特定技能或知识的潜力，是左右个人行为和影响个人工作绩效的主要内因。个体要素群包括的具体胜任力要素及其定义和表现行为如表 5.2 所示。

表 5.2 个体要素定义及行为表现

胜任力要素		定义及行为表现
个体要素	热爱教育事业	热爱教育事业，立志从事教育工作，忠诚于人民的教育事业。热爱教学，热爱学生，对教育事业尽职尽责
	责任心	评价一个人责任心和诚实的程度。表现为对学生认真负责，诚实可靠，道德观念强；对工作有计划，有效率，一丝不苟，勇于承担责任
	自信心	评价一个人自我价值、自我接纳与独立思考和行动的程度。表现为自信、自我评价高，相信自己有才能并对他人有吸引力
	自我控制能力	评价一个人自我控制的程度。表现为自我克制力强，有耐心、沉着、冷静，能控制自己的情绪
	诚实正直	诚实正直是教师道德品质的重要因素，一个诚实正直的人，才能做到言行一致、表里如一，才能赢得学生的尊重，才能为人师表，成为学生的榜样

续表

胜任力要素		定义及行为表现
个体要素	关爱学生	包括多与学生沟通交流，善于捕捉、发现、了解，善于分析和探究学生的深层心理动机，找出问题症结，抓住教育引导学生的最佳契机，从根本上解决问题
	身体适应能力	是指身体胜任工作的健康状况。表现为身体健康，出勤记录良好，并在上课之余胜任紧张的科研工作，在外地做科研及指导学生学习时身体状况能快速适应环境
	独立性	评价一个人融于周围群体及参与集体活动的倾向性。表现为工作有主见，必要时能够独立解决问题，做出自己的选择和决定，不迷信权威，不盲目服从传统观念、社会偏见，不怕压力；能够不断地寻找新方法来推动科研或技术工作；能够积极探索新途径来完成工作任务

四、高职院校教师胜任力模型

根据以上分析，可构建如下高职院校教师胜任力模型（见图5.1和表5.3）。

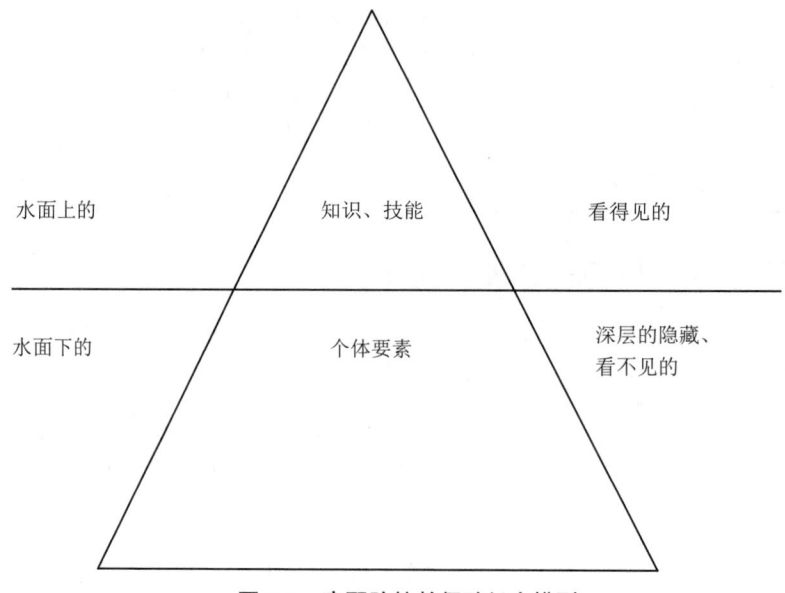

图 5.1　高职院校教师胜任力模型

表 5.3　高职院校教师胜任力模型

胜任力结构	胜任力要素
知识和技能素质结构	学历、职称程度、学科专业知识、教育理论知识、心理学知识、专业实践能力、信息采集能力、自我发展能力、创新能力、语言表达能力、使用教学媒体的能力、沟通能力
个体要素	热爱教育事业、责任心、自信心、自我控制能力、诚实正直、关爱学生、身体适应能力、独立性

五、模型的分析

浮在"水面上"的知识与技能属于表层的、外显的要素，是"力"的资源，易于发现与评价；而沉在"水面下"的个体要素属于"心"的资源，这些素质深藏于心，是不易被别人发现和比较的，这种个性特征决定了一个人获取或使用某种特定技能或知识的潜力，是左右个人行为和影响个人工作绩效的主要内因。

胜任力模型可以揭示绩效优秀者与绩效一般者之间的差异，从以上高职院校教师胜任力模型可以看出，一个绩效优秀的高职院校教师，除了应具备相应的知识和技能，还应具备一些个体素质。知识、技能等明显、突出，并且容易衡量，但真正决定一个人的成功机会的，是隐藏在水面下的因素，它们难以捕捉，不易测量，可是如果不去挖掘这些因素，无异于舍本逐末。因此，高职院校教师胜任力模型的建立对高职院校教师个人、学校、管理机构都有潜在的应用价值。对高职院校组织而言，建立起适合本组织的高职院校教师胜任力模型，有助于真正实现人力资源开发与管理的科学化，建立基于胜任力的人力资源开发与管理新机制，实现在人力资源开发与管理过程中，甄选有条件，开发有依据，评价有标尺；对高职院校教师个人而言，胜任力模型为其指明了努力方向，使其明白自己应具有怎样的胜任力，并激励高职院校教师结合胜任力模型，针对自己的差距，有计划有目标地学习和成长，更好地提高自己的胜任力水平，促进个人职业发展。

第二节　基于胜任力模型的师资队伍建设的具体措施

一、基于胜任力的高职院校教师招聘与引进

教师选拔包括两方面，一是指将外部具有高校需要的胜任力的人招聘进来并安置在合适的位置上；二是指学校内部教师按其具备的胜任力进行合理的岗位配置。无论是外部招聘的教师选拔，还是内部的教师配置，都需要对候选人进行测试和评价。基于胜任力的师资管理中，在进行教师选择测评时，依据的是该工作岗位的优异表现或绩效，以及能取得此优异表现或绩效的教师所具备的胜任力特征和行为。它既要考察处于胜任力特征结构中表层的知识和技能，又要考察位于胜任力特征结构中决定人的态度和价值观的社会角色和自我概念；而且更重视处于胜任力特征结构最底层的核心动机和人格特质。因为一个教师是否具备胜任高职院校教师岗位所必需的人格特质和动机，对其工作表现或绩效影响极大，或者说，直接关系着他能否胜任高校教师岗位。基于胜任力的人员选拔，挑选的是具备胜任力和能够取得优异绩效的人，而不仅仅是能做这些工作的人。因此，必须注意人的知识、技能以及更为核心的人的动机、人格特质等，只有具有与学校使命、学校文化一致的人格特质和动机的人，才可能与学校建立劳动契约和心理契约双重纽带的战略合作伙伴关系，才可能被充分激励而具有持久的奋斗精神，才能将学校的核心价值观、共同愿望落实到自己日常行为过程中，造就卓越的学校和教师团队。

（一）将基于胜任力的心理测评技术引入高职院校教师招聘中

越来越多的企业将心理测评用于员工的招聘管理中。很多企业都想避免这样的情况：

在花费了数月之后发现，雇佣的新员工貌似能干，实际上缺乏成功所需要的品质。心理测评应用于基于胜任力的招聘管理的关键之处就在于如何将它与胜任力结合起来。心理测验是代表各类心理测量工具的总称，也就是经过标准化测验编制程序而完成的、用以测量心理特质的工具的总称。根据心理测验的功能进行分类，包括能力测评和人格测评等。能力测评是用来测量能力方面的心理特质的工具；人格测试则是用来测量性格或者人格方面的心理特质的工具。作为心理测试的一大类别，能力测试在基于胜任力的招聘管理流程中的应用空间是有限的，大多数人认为人格测试是有价值的，因为有足够多的证据显示，人格测试至少能够弥补能力测评的不足之处。依据测验编制与实施测试方法的不同，人格测试、性格测验的类型分为问卷测验、投射测验、情景测验、客户测量法。其中，问卷测验可以分为人格自陈量表和评定量表两类。目前应用广泛的人格自陈量表有明尼苏达多项人格测验（简称 MMPI，主要用于测量个体的人格特征）、卡特尔 16 种人格因素问卷（简称 16PF，主要用于对人格的整体进行评价）、艾克森人格问卷（简称 EPQ）。

基于胜任力的心理测试一般安排在结构化行为面试之前。根据心理测试报告结果来决定是否进行进一步的甄选。一方面，可以过滤掉一些个性上明显不符合要求的申请者；另一方面，可以在面试中加强对候选人在某些胜任能力上的分析和探究。

（二）在招聘引进新教师时，根据实际情况提出要求

放弃盲目追求高学位、高职称的一刀切做法，改为针对不同的专业、不同的课程提出不同的学历、职称要求及能力要求。比如，任教西方经济学的教师必须具有博士以上学位，任教人力资源管理的教师必须具有硕士以上学位，任教进出口单证实务的教师必须具有本科以上学历等。这种要求必须由教学单位组织专业教师在制定教学计划时提出，由人事部门在招聘教师时严格把关。这样的学历、职称要求更实际有效，避免了执行过程中的随意性，更能代表学生的实际利益，也符合高职院校建设结构合理的教师队伍之长远发展目标。

（三）重视"柔性"引进，加大兼职教师聘任力度

无论是从高职教育的培养目标和专业设置的变化，还是从高职专业教师短缺的现状考虑，高职院校兼职教师都应成为高职院校教师建设的重要组成部分。由于兼职教师多为企事业单位的专家、高级技术人员和能工巧匠，具有较丰富的实践经验和较高的实践能力，他们在高职院校的发展和教学中将发挥特殊的作用，有利于解决因为高职院校起步较晚、规模小、资金不足、待遇低等原因招不进来、招进来又留不住高级人才的问题，可以满足高职院校对人才的需求；及时带来生产工作中的新技术、新信息，使学生及时了解掌握生产第一线的最新动态和技术；教学理论联系实践，有利于提高教育质量；加强实践教学，有利于提高学生的技术应用能力和创新能力，有利于培养出受生产第一线欢迎的毕业生。

在国外的高职院校中，兼职教师占了很大的比例，如在美国的社区学院中兼职教师占教师总人数的 63.9%，加拿大占 88%，德国大部分教师都是兼职，有的高职类技术性强的学校甚至没有专职教师。高职院校应该根据自身情况和实际需要，加大对兼职教师的聘

任力度，制定必要可行的兼职教师聘任制度。

二、基于胜任力的高职院校教师培训

基于胜任力模型设计的培训，是对教师进行特定职位的关键胜任力特征的培养，培训的目的是增强教师取得高绩效的能力、适应未来环境的能力和胜任力发展潜能。

（一）根据教师自身实际与胜任力模型的差距设计和实施培训，提高教师参与培训的热情和主动性

当员工对其现有状态有了清楚的认识和通过胜任力模型了解到获得成功的条件时，他们在培训和学习上就能更好地做出决策，从被动学习、盲目学习转换为自主学习和有选择性的学习。制定由下而上的教师培训计划，让教师参与培训计划和培训项目的设计与制定，以提高教师参加培训的热情与主动性。通过这种方式制订的培训计划，真正体现了对教师在专业发展上的尊重，能让教师主动地把参加专业培训看作自己的基本任务与职责。

（二）加大对培训的投入，以落实培训计划及确保"双师型"培训的实际效果

"双师型"教师是在职业教育重理论、轻实践的背景下，为了强调实践性教学环节的重要性，促使理论教学和实践教学正确定位和有机结合而提出来的。其基本的内涵有两点：

一是认为教师既能从事理论教学，也能从事实践教学。

二是认为教师既是教师，也是专业技术人员。"双师型"教师是目前高等职业教育研究中的一种提法，是高职院校师资发展的主流，也是衡量高职教育教师资格的新标准。因此，"双师型"教师的培养尤为重要。与传统的培训相比，基于胜任力的高职院校教师培训更应加大对教师培训的资金投入，提高教师在科研、进修、实践等方面的经费，以保证制订的培训计划得以落实。在培训时间与地点的安排上也要适当照顾教师的需要。同时，对于教师通过培训所取得的成果，应该在对教师的评价与激励措施中有所体现，要确保通过培训后教师在知识技能和经济收益上都得到较大收获。比如，教师在培训中获得的证书作为教师年终考核和职称晋升的重要依据，对在专业素质培训中表现突出的教师进行表彰奖励等。

（三）基于胜任力的培训体系注重动机、态度和价值观等隐性特质的培训与开发

传统的培训主要是针对岗位知识和技能的培训，使得成员更好地胜任当前工作。研究表明，知识和技能只是对胜任者基础素质的要求，它不能把表现优异者与表现平平者区别开来。而态度、动机和价值观等隐性特质才是区分表现优异者与表现平平者的关键因素。

三、基于胜任力的高职院校教师评价

由于高职院校教师工作的复杂性和角色定位的多样性，在进行基于胜任力的高职院校教师评价时应当采取以下方法和步骤：

（一）根据工作性质和内容的差别对高校教师进行职位分析

简单地说，不能把主要从事高职院校管理工作的、主要从事教学工作的和主要从事研

究开发的教师放在一起,用同一种方法、同一个测验来评价。职位分析的目的就是要清楚地确定不同职位的工作内容和不同职位对任职者的不同要求,职位分析的结果是对每个具体职位的"工作描述"和"职位要求"进行详尽的刻画,这一结果是进行下一个步骤的基础。目前进行职位分析时一般借鉴工业管理领域的"职位分析问卷",这种问卷概括了完成工作过程的特征要素,如:知识、技能、潜质、工作环境、人际关系、报酬办法、时间、特点等。将职位按工作特征要素进行分析,再根据"职位分析问卷"给出的记分标准,可确定职位在各个要素上的得分,即达到职位量化分析的目的。

(二)确定每个职位的胜任力特征模型

胜任力特征模型是指担任某一特定的任务角色所需要具备的胜任力特征的总和。当前,构建胜任力特征模型的最有效方法是 MeClelland 结合关键事件法和主题统觉测验而提出来的行为事件访谈法,是一种开放式的行为回顾式探索技术,对被访谈者回答设计问题的内容进行分析,确定被访谈者所表现出来的胜任力特征。再通过对比担任某一职位角色的卓越成就者和表现平平者所体现出的胜任力特征差异,确定该职位角色的胜任力特征模型。

(三)设计测量胜任力要素所需的、与职位相关的模拟测验

胜任力特征模型包含诸多特征要素,这些要素有一定的层次结构。在测量时这些要素按层次被列为不同级别的指标并被给定相应的权重。现代教育技术的发展,使得对实际教学情境的模拟成为可能。模拟测验打破了传统的简单笔试和面试的方法,以教学技能的测量为例,传统的笔试和面试是在教师有准备的情况下对固定的智力问题和常规程序的回答,因此只能对一般性智力因素和"应然状态"进行测量。而运用幻灯片、微格教室、计算机等多媒体技术模拟课堂教学情境,让被测者即时做出反应,这样测量的结果就接近被测者在实践中的做法(实然状态),同时难度相近的测量也保证了测验的信度。

(四)结合模型里的要求正确进行结果分析

评价专家组的分数得出以后,便可进行汇总计算,通常采取的方法是运用统计学中的"模糊综合评判法",根据各级指标的不同权重逐级计算,直到得出测评的最后结果。基于胜任力的高职院校教师评价研究可以应用于高职院校教师管理的各个方面,如新教师的招聘、教师资格的评定、专业技术职称的评审、岗聘岗评中的绩效考核,还可以指导教师培训、教师职业发展规划等。因此,基于胜任力的高校教师评价研究有着广阔的发展前景。

四、基于胜任力的高职院校教师激励

(一)建立健全激励机制,重视教师心理需求

激励就是激发人的动机,通过激发,使人始终维持兴奋状态。希望作为一种精神力量,是使人们产生这种兴奋状态的一个重要原因。事实证明,如果没有激励,就无所谓希望。教师的希望在于通过内在的辛勤劳动显现出来的专业水平受人重视,个性内涵得到尊重。作为管理者,要从思想上认同他们是学校最重要的人力资本,在管理过程中要把为他们构

建一个向社会证实自己价值、追求生活意义、实现梦想的平台作为目的。

第一，开辟各种情感沟通渠道，主动倾听教师的心声，满足教师的心理需求，及时解决教师面临的各种困难，使教师认同学校文化管理理念，精神上找到"归属感"。

第二，对于不同的需求，采取不同的激励方式。例如工作了几年的中青年教师需要的更多是继续教育、增加新知识、拓宽知识面等，而一些高职称教师则更期待个人价值的实现、社会地位的认可。高职院校教师需要宽松有利的工作环境、和谐合作的人际关系、自由发挥的个人空间，才能专心工作和进行科学研究，才能充分展示自己的才华，真正达到"人尽其才，才尽其用"的境界。总之，人在不同时期、不同岗位，有不同的希望和目标，作为管理者，要采取不同的激励手段，不断调整和完善激励机制，才能最大程度地发挥教师的效能，充分调动教师的积极性和创造性。

（二）改革薪酬激励机制，建立公平的分配制度

薪酬激励机制是现代人力资源开发和管理的核心机制，充分体现了满足人的基本需求的原则。虽然调动教师工作积极性的方法很多，但是，合理的薪酬是留住人才、吸引人才、激励人才发挥作用最直接的动力和最有效的杠杆。因此，形成重实绩、重贡献的薪酬分配制度是激发教师内在工作动力的关键。

一是要根据社会经济发展以及高职院校的特点，不断改革薪酬分配体系，不断探究科学、合理、公平、符合高职院校实际的薪酬体系，也就是结合自己学校的实际，摒弃"大锅饭"和平均主义分配倾向，分配必须与岗位、能力、业绩紧密挂钩，坚持向"双师型"教师、优秀拔尖人才、学术带头人倾斜。为了充分调动教师努力工作的积极性，形成良好的激励机制，应改革传统的基于资历或职位的薪酬体制。由于高职院校职能的多样性，教师工作的复杂性，所以在制定薪酬体制时，要充分考虑和尊重教师职业的特点，具体考虑不同的教师（如"双师型"教师、专职教师、兼职教师）对学校贡献的大小，高绩效的普通工作者可以享受到与管理者同样甚至更高的薪酬。

二是引进竞争机制。薪酬水平高低决定了其竞争力的大小。科学、合理地引入竞争机制，促使教师在竞争中不断挖掘个人潜力，能力不断得到提高。同时，要考虑教师与其他高校、其他社会行业的人员的薪酬水平的高低对比，采取具有一定竞争力的薪酬策略，留住人才，避免人才外流。

（三）处理好正负激励的关系

现代人力资源管理有关正、负激励关系的理论与实践，要求高职院校的管理者在激励教师时，不能再像对待工厂的工人一样以纪律约束为主，动辄加以处罚，而应该以物质、精神上的鼓励为主。同时，除了加强薪酬、福利、职位提升、培训发展等激励措施外，还应该加强对教师的人文关怀，让教师有一个舒适、宽松的工作与发展环境。只有这样，才能让教师感受到自己的主人公地位，也才能使教师以主人公的姿态积极主动地参与到院校的建设中。

在高等教育大众化的今天，高职院校如何提升自身的核心竞争力，在竞争中求生存、

求发展，师资队伍建设是关键之关键。教学质量是高职院校生命力的根基，而高水平的教学质量来自于高质量的高职院校师资队伍。应该将高职院校师资队伍建设提升到高职院校战略发展的高度来认识，构建起规范化的师资队伍建设管理机制并付诸实施。本章研究分析了当前高职院校师资队伍建设中存在的问题及形成原因，为了更好地解决这些问题，通过行为事件访谈法和文献法获取了高职院校教师胜任力要素，并建构了高职院校教师胜任力模型，最后以胜任力模型为基础，提出了高职院校师资队伍建设的措施。希望通过构建高职院校教师胜任力模型，为高职院校师资队伍建设提供目标和标准，为高职院校教师的职业发展提供指导和通道，引导高职院校教师对自己的价值观、需要、兴趣、个性和才能做出正确评价，并对照胜任力模型要求，确立正确的职业定位，分阶段确定职业发展目标以及实现目标的措施，从而使高职院校教师队伍质量水平得到提升，发挥教师最大的潜能，促使高职教育步入良性循环的发展轨道。

第六章　高职院校"双师型"专业师资队伍建设

第一节　高职院校"双师型"专业师资队伍建设存在的问题

一、我国高职院校专业师资队伍的发展概况

高等职业教育不同于普通教育和一般职业教育。无论是办学思想还是办学模式都理应区别于其他教育，而其专业师资队伍的建设发展也自然有特殊性。因此，在讨论高等职业院校专业师资队伍建设的问题时，有必要先明确高等职业教育的特殊性，厘清高等职业院校专业师资队伍建设的发展脉络。

（一）高等职业院校专业师资队伍的建设历程

我国高等职业教育正式起步于20世纪80年代初，迄今仅有约三十年的发展历史，与发达国家相比，起步晚、底子薄，而其专业师资队伍的建设也一直紧随着高等职业教育的发展不断深入。回顾过去，我国高等职业教育专业师资队伍建设的发展历程大致可以分为三个阶段，即适应摸索阶段（1980—1990年）、稳定改革阶段（1991—1997年）、内涵发展阶段（1998年至今）。

1. 适应摸索阶段

（1）被动适应（1980—1984年）

改革开放以后，我国社会主义建设进入了前所未有的高速发展期，生产力发展迅速，科技化水平提升，国际化程度也大为提高，各行各业对人才的需求尤其是第一线应用型、技术型人才的需求大幅提高。针对客观存在的人才供求矛盾日益突出的情况，1980年，原国家教委批准了在经济发达的南京、常州、厦门、武汉等地的13所短期职业大学挂牌招生。1982年，全国人大五届五次会议进一步指出："要试办一批花钱省，见效快，可收学费，学生尽可能走读，毕业生择优录用的专科学校和职业大学。"我国"实行走读，酌收学费，不包分配，择优录取"的短期职业大学开始迅速发展起来。这是我国最早具有高等职业教育性质的学校，更是我国高等职业教育发展史上的里程碑。

在我国高等职业教育发展的起步阶段，虽然高职院校因时而设、应运而生，但是不可回避的诸多难题仍旧存在。师资来源的问题首当其冲。为保证学校工作的正常运转，我国政府部门直接干预，从各方面抽调了基本符合教学要求的专业技术人员担当高等职业

院校的教师，这支特殊的具有高等职业教育性质的教师队伍在当时被动地满足了高等职业院校教学的需要。

（2）筹建摸索（1985—1990年）

1985年5月27日中共中央颁布的《关于教育体制改革的决定》首次正式提出"高等职业技术教育"的概念，提出"高中毕业生一部分升入普通大学，一部分接受高等职业技术教育""积极发展高等职业技术院校""逐步建立起一个从初级到高级、行业配套、结构合理又能与普通教育相互沟通的职业技术教育体系"。高职教育开始受到国家政府等多方的高度重视。

1986年原国家教委成立了高职教育领导协调小组，深入各高职院校进行调研。为了进一步指导我国职业教育的发展，原国家教委随后又成立职业技术教育委员会，颁发《关于加强职业技术学校师资队伍建设的几点意见》，强调加强师资队伍的建设是办好职业技术教育的一项战略性措施，并明确指出"随着职业技术学校的大量发展，师资严重不足和质量不高的问题十分突出"，因此，一方面要"调动各方面的力量，采取切实措施，保证职业技术教育师资有稳定来源"，国家教委"在研究生的培养和分配方面对职业技术师范院校、师资培训中心的师资队伍建设给予支持"，各类普通高等院校帮助解决理论课教师缺失的问题，"有关大专院校要有计划地设置职业技术师范班、专业或系，纳入高校招生计划，为职业技术学校培养师资"；另一方面，要利用广播、函授、电视等多种方式，经由高等师范院校、教育学院和综合大学以及有条件的其他高等学校等多种渠道培训在职教师，鼓励校际之间的教师互相兼课，提倡"聘请有丰富实践经验又有教学能力的专业技术人员到校兼课"。同时，要求高等职业院校的教师具备本科以上学历。这为高职教师明确了未来发展方向，为高等职业院校专业师资队伍建设提供了政策支持。

总的来说，在这一阶段，我国高等职业院校专业师资队伍建设工作主要集中解决来源问题，强调要适应新时期的发展要求，积极调动各方面资源，不断开辟新渠道，谋求高等职业教育专业师资的稳定来源。这些适应摸索工作为尽快建立一支数量足够、质量合格、结构合理的高职专业师资队伍奠定了基础，有力地推进了我国高等职业教育的发展。

2. 稳定改革阶段

1991年，原国家教委印发了《关于加强普通高等专科教育工作的意见》，主张一部分短期职业大学应办成"以培养高级技艺性人才为目标的高等职业教育"，一部分则根据需要可以明确为普通高等专科学校；强调从事职业教育的教师"应具有较高的学术水平和较丰富的专业实践经验，当前专科教师队伍建设的重点是要提高教师的专业实践能力"。同时，原国家教委计划根据有关条例制定切实可行的职务评聘措施，适当调整各类职务的比例，进一步研究适合专科学校特点的教师职务评审组织和办法。

为进一步推动我国高职教育事业持续、稳定和健康发展，1993年，国务院颁布《中国教育改革和发展纲要》，对高等职业教育实行"三改一补"方针。同年，《教师法》颁布，1995年《教师资格条例》颁布，这两项法律、法规为维护教师的合法权益和高职专业师资队伍整体素质的提高提供了法律保障和政策依据。1996年5月15日，国家颁布《中华人民共和国职业教育法》，从法律上确立了我国的高等职业教育的基本框架，这标志着我国职业教育事业步入了依法治教的新阶段。此后，国家还制定政策鼓励探索民办高职教育的办学模式。

1997年，原国家教委经多次研究，在《关于高等职业学校设置问题的几点意见》中进一步提出高等职业学校在师资队伍上必须具备以下条件，即"副高级专业技术职务以上的专任教师人数应当不低于本校专任教师总数的15%；每个专业至少配备副高级专业技术职务以上的专任教师2人，中级专业技术职务以上的本专业非教师职称系列的或'双师型'专任教师2人；各门主要专业技能课程至少配备相关专业中级技术职务以上的专任教师2人"。在同年召开的全国职教师资队伍建设工作座谈会上，建立"双师型"师资队伍被列为职教师资工作重点，要求"至2010年，'双师型'教师占教师总数的比例应不少于60%"。

这一阶段，一系列的方针政策极大地推动了我国高职专业教师队伍的发展。我国理论界和广大教育工作者借鉴国外经验、结合国情，对我国高等职业教育逐步有了深入探讨，对高职专业教师的特殊性、基本要求也有了比较明确的认识。继而，"双师型"教师的观念也开始进入教育界的视野。无论是教育行政部门，还是相关高等职业院校，都对"双师型"专业师资队伍进行了积极探索。许多学校在探索中积累了经验，而且这些经验经实践证明都是行之有效的。但不容忽视的是，多数高职院校动作不大，处于观望状态，高职院校的"双师型"专业师资队伍尚未形成，实质性的"双师"素养培养开展困难。

总之，这一时期我国高职专业师资队伍建设的重点已经转移到了提高教师质量上，各级教育行政部门、各院校更加深刻地认识到高等职业教育要培养出高级应用型人才，教师必须首先要具备扎实的基础理论和较强的实践动手能力，因而加强专业师资队伍建设必然成为提升高职人才培养质量的关键环节。

3. 内涵发展阶段

（1）"双师型"师资队伍建设目标确立（1998—2000年）

1998年教育部针对我国高职教育提出了"多渠道、多规格、多模式发展高职教育，通过教学改革，真正办出高职教育的特色"的建设思路，并向20个省市拨出了11万个招生名额，推动我国高职教育进入了大发展阶段。同年12月教育部颁布的《面向21世纪教育振兴行动计划》决定实施"跨世纪园丁工程"，即于1999年、2000年，在全国选培10万名中小学及职业学校骨干教师；强调大力加强"双师"型教师队伍建设；"依托普通高等学校和高等职业技术学院，重点建设50个职业教育专业教师和实习指导教师培养培训基地"。之后，在地方部门和相关高校的支持下，教育部最终确定了52个全国重点建设职业教育师资培训基地，并依托大型企业建立了6个专业教师技能培训示范基地，为构建高职师资培养培训网络体系奠定了良好发展基础。

1999年6月，中共中央国务院颁布的《关于深化教育改革全面推进素质教育的决定》

提出，要"注重吸收企业优秀工程技术和管理人员到职业学校任教，加快建设兼有教师资格和其他专业技术职务的'双师型'教师队伍"。这是"双师型"教师的基本特征首次明确出现在国家正式文件中，它为我国高职专业师资队伍建设指明了奋斗目标，为"双师型"专业师资队伍建设工作提供了政策保障和支持。

（2）"双师型"师资队伍战略地位提升（2001年至今）

2001年11月，全国高职高专师资队伍建设工作研讨会于天津召开，为进一步扩大高职高专教育师资培养培训网络体系，教育部委托若干有条件的省市建设相关师资培养培训基地，并决定在各地遴选30个左右办学条件好、教学质量高、特色鲜明的院校，建立专业培训点。

由于我国高职师资队伍总体上"结构不尽合理、实践能力偏弱、培养渠道相对贫乏"等情况尚未能从根本上得到改观，2002年国务院颁布《关于大力推进职业教育改革与发展的决定》、教育部办公厅颁布《关于加强高等职业（高专）院校师资队伍建设的意见》，力争在"十五"期间初步建立起"适应社会主义市场经济体制，与市场需求和劳动就业紧密结合，结构合理、灵活开放、特色鲜明、自主发展的现代职业教育体系"，力求通过培训、进修、引进、外聘、到企事业单位进行专业实践和考察等措施提高专任教师的业务水平，加强兼职教师队伍和"双师型"教师队伍建设，从而建设"一支师德高尚、教育观念新、改革意识强、具有较高教学水平和较强实践能力、专兼结合的教师队伍"。

2004年教育部将教师队伍建设工作纳入高职高专院校人才培养工作水平评估指标体系，将师生比结构、专任教师结构、兼职教师数量与结构等作为评估的重要指标。2005年国务院做出的《关于大力发展职业教育的决定》再次强调要实施职业院校教师素质提高计划，地方财政要继续支持其师资培养培训基地建设和师资培训工作。2006年，教育部和中国教科文组织全委会秘书处合作，申请了联合国教科文组织职业教育中心的"中国高等职业教育联合革新计划——高职教师教育与培训"项目，进一步以高职专业教师的素质培养为切入点，将高职教育专业师资队伍的发展重点放到加强内涵质量上。2008年，为全面检查培养培训基地建设情况，教育部职业教育与成人教育司着手全国重点建设高职教师培养培训基地评估工作，探索建立科学有效的基地工作评价机制，以进一步优化高职教师培养培训资源配置。

不难发现，在内涵发展阶段，教育行政部门和高职院校重点关注专业师资的科学发展问题，以服务为宗旨、以就业为导向，注重质量提高、重视内涵建设，多方探索高等职业教育的发展新模式，实践专业师资队伍建设的新途径。作为高职教育具有战略意义的基础工程，高职专业师资队伍建设是一项长期、复杂的社会系统工程，有待不断探索、实践和发展。当前我国高等职业教育面临困难较多，这一系列的政策支持和发展举措将不断推进我国高等职业院校深入持久地强化专业师资队伍内涵建设，尽快建成一支结构合理、高素质、高水平、具有中国高职教育特色的专业师资队伍。

（二）高等职业院校专业教师的特殊性

高等职业教育是我国高等教育的重要组成部分，它以职业岗位教育为中心，区别于"以学术目的为主"的学科性普通高等教育，承担着培养生产、管理、服务一线应用型人才的重要任务，具有不可替代的作用。特殊的教育面临特殊的要求，就高等职业教育整体而言，有如下特征：

1. 职业性

第四次全国职业教育工作会议明确指出，职业教育首先是就业教育。这就决定了我国的高等职业教育是以职业为导向的，它要求培养的学生毕业时就已是职业岗位的合格就业人员，一上岗就能顺利履行职业岗位的职责。因此，高等职业院校必须以能力本位为价值取向，以培养特定的职业能力为目的，在人才培养过程中突出"职业性"，针对专业特点，把职业素质能力教育贯穿培养的全过程，使毕业生不仅扎实掌握职业岗位所需的知识，还要具备较强的操作技能、组织能力和处理突发事件的应变能力，以促成学生的职业成长和职业发展。

2. 市场性

高等职业教育的培养目标主要是针对生产、管理、经营和服务这四大类职业岗位，且毕业生多面向地方就业，直接为地方经济建设服务，具有显著的区域性特征。因此，高等职业教育不同于普通高等教育的按学科设置专业，而是按照技术领域或岗位群设置专业，以社会需求为第一原则，以人才市场的有效需求为方向标，充分依托地方行业和企事业系统办学，以求得人才培养过程与社会市场需求变化的动态吻合。

3. 实践性

高等职业教育的培养目标决定了衡量其人才培养成功与否的关键标尺是毕业生岗位工作能力的高低。因此，传统的知识传授形式、课程设置不能满足高职教育的要求。高等职业教育的课程设置是以职业岗位的能力结构体系为核心进行组织的，其专业教学中以技能的习得为实际目标，以职业技能强化训练为重中之重，强调与职业现场生产活动相结合，强调"学""做"结合，在"做"中"学"。

4. 社会性

高等职业教育的职业性、实践性决定了高职院校必须与社会企事业单位紧密联系，为学生走出校门，进入社会生活和职业环境进行现场学习搭建平台。一方面，学生需要在真实的职业环境中得到技能训练，接受职业氛围的熏陶，从而实现学习与就业的顺利衔接；另一方面，高等职业教育的特殊办学要求，使实训基地成为其不可或缺的基本办学条件。在经费普遍短缺和生产设备更新周期越来越短的情况下，高职院校想要凭借一己之力建立专业的、先进的实训基地几乎不可能。这就必然需要与社会携手合作，广泛开辟校外实训基地，实现社会参与教学。

总之，高等职业教育体系的培养目标、人才规格及教育过程均有鲜明的独特性。这也从根本上决定了高等职业院校专业教师的特殊性。他们不仅要具备一名普通教师应具备的基本素质，还要扎实掌握职业专业知识和技能、职业指导的基本理论和方法、职业教育心理学知识，具备理论与实践的教育转换能力、社会活动能力、创新适应能力、课程开发能力和教育实践研究能力等。换言之，他们应该既懂得职业教育，又熟悉一线岗位；既会教授理论，又能指导实践；既善于钻研实际技术问题，又有较高的社会活动能力。这一系列的素质要求无疑对我国高等职业院校专业师资队伍建设提出了更新更高的要求。

（三）高等职业院校专业师资队伍的发展现状

经过三十多年的教育改革和实践，我国高等职业院校专业师资队伍从无到有、从弱到强，一定程度上取得了可喜的成绩。

1. 队伍现状

（1）队伍规模不断壮大

全国职业学校专任教师规模从2012年的111万人增加到2021年的129万人，增幅达17%，为职业教育高质量发展提供有力支撑。这期间，"双师型"教师及兼职教师更得到了普遍的重视，例如，仅2021年首批28所国家示范性高等职业院校就聘请5394位行业企业技术骨干和能工巧匠担任兼职教师，兼职教师所占比例大幅提升。

（2）队伍结构日益改善

近年来，我国高职院校专业师资队伍正处于结构有所改善的阶段，各高职院校通过以老带新、参加生产实践、举办业务培训等形式督促和指导专业教师过好教学关、实践关和育人关，鼓励教师通过自学、在职进修、委培、产学研合作等渠道提升自身的学历和学术水平，既培养了高素质"双师型"教师，也发展了一批骨干教师和学术带头人。

（3）师资满意度和稳定性得到提高

随着我国对高等职业教育投资的不断加大，高等职业院校的软硬件建设扎实推进，成效显著，继而专业教师对工作条件、工作强度、教育体制、社会地位、人际关系、领导管理、工作成就、进修提升、自我实现等方面的满意度逐步提高。有关调查表明，高职专业教师对办公软环境的满意度最高，其后依次是人际关系、领导行为、学校制度、晋升与发展和薪酬。基于此，专业师资队伍的稳定性较以往也有了一定的提升。

2. 战略地位更加突出

作为办好高职教育的根本，专业师资队伍是提高高职教育教学质量的保证，更是发展高等职业教育事业的基本建设，可谓是改革发展的重中之重，受到越来越多的关注。近年来，《关于大力推进职业教育改革与发展的决定》《关于加强高等职业（高专）院校师资队伍建设的意见》等政策文件更是多次强调要以建立"双师型"师资队伍为重点，建设有职教特色的高素质的教师队伍，并在技术层面上进一步明确了"双师型"专业师资队伍的建设渠道和建设措施，为高等职业院校专业师资队伍建设提供了科学引导和政策保障。这真正确立了专业师资队伍建设在高等职业教育人才培养过程中的重要战略地位。

3. 建设目标更加明确

新世纪的教师"不仅是有知识、有学问的人，而且是有道德、有理想、有专业追求的人；不仅是高起点的人，而且是终生学习、不断自我更新的人；不仅是学科的专家，而且是教育的专家，具有像医生、律师一样的专业不可替代性"。我国高等职业教育的发展需要高质量的专业教育师资，这就需要推进高职专业教师的专业化发展。实践证明，培养和发展"双师型"教师应当并已经成为我国高等职业院校专业教师走专业化发展之路的最佳途径。这要求高等职业院校专业师资队伍以达到评估优秀为目标，在数量与结构上，生师比要小于等于16：1，青年教师中研究生学历或硕士及以上学位比例达到35%，高级职称比例达到30%以上，专业基础课和专业课中双师素质教师比例达到70%，兼职教师一般具有中级以上职称，其中拥有高级职称的占30%以上，且兼职教师数占专业课与实践指导教师合计数之比达20%以上；在质量与建设上，要有省级以上优秀教学成果或地市级以上鉴定的科技成果，要有较高水平的专业带头人，并形成教学与科研骨干队伍和梯队结构，要有行之有效、措施得力的师资队伍建设规划，从而努力打造一支具有较高教学水平和丰富实践经验的"双师型"专业师资队伍。

4. 制度现状

（1）师资培养培训蓬勃发展

近年来，各高等职业院校以师德教育为中心议题，以教学业务技能培训为关键环节，有目的有计划地组织教育和学习，深化学校精神文明建设，提高专业师资素质，建设起了一支符合我国国情、适应高等职业教育发展的专业师资队伍。尤其是在师资培养培训体制建设方面，我国已经初步建立了以全国重点建设职教师资培养培训基地为龙头、以省级培养培训基地为主体的师资培养培训网络。至2019年，各国家级重点建设职教师资培养培训基地有66个，覆盖28个省、市、自治区。

（2）师资晋升制度日趋完善

客观、公正、透明的职称评审工作对教师做好教学、科研和管理工作具有权威的导向性和指导性。伴随我国职称评审工作改革的力度不断加大，职称评审在高层次、高水平人才培养中的引领作用发挥得更加充分，有力地推动了高等职业院校专业师资队伍建设。例如，放宽晋升年龄，改善高等职业院校教师高级职称人员不足的状况，促使专业师资队伍实现年轻化、优质化发展；要求高职高专院校专业基础课、专业课教师任职期内原则上须有到行业、企业挂职锻炼、合作研发或指导学生实习的实践经历，累计达6个月以上才能申报专业技术资格；实行阳光评审，通过校内公示、教育部门网站公示等方式，接受社会各界监督，提高职称评审工作的社会认同度，提升专业教师的素质水平等。

（3）师资待遇水平日渐提升

优厚的教师待遇是社会优秀人才以积极姿态投身教育的动力和保障。改革开放以来，我国高等职业院校分配制度依次经历了供给制、以按劳分配为原则的工资制、教学工作量制度和结构工资制等形式，不同程度地以劳动量为标准实施分配。近年，根据《关于深化高等院校人事制度改革的实施意见》（人发〔2000〕59号）精神，各高校积极探索适合本单位特点的多种分配形式和办法，在国家政策指导下，根据"效率优先，兼顾公平""生产要素参与分配"的原则，探索建立以岗定薪、按劳取酬、优劳优酬、以岗位工资为主要内容的校内分配办法。将教职工的工资收入与岗位职责、工作业绩、实际贡献以及知识、技术、成果转化中产生的社会效益和经济效益等直接挂钩，向优秀人才和关键岗位倾斜，充分发挥工资的激励功能。与此同时，中央政府逐年提高教育财政的拨款比例，地方政府逐步提高财政拨款额度，各高等职业院校通过各种形式不断增强自我积累、自我发展能力，从而加快高职高专院校的教育设施建设步伐，较大程度上提高教师的福利待遇。

二、高职院校"双师型"专业师资队伍建设存在的问题

虽然近30年来，我国高等职业院校专业师资队伍建设不论在数量发展上还是在质量提升上都倾注了大量的人力、物力和财力，取得了显著的成绩。其中，"双师型"师资队伍建设也被明确为我国高等职业院校专业师资的建设目标和发展方向，获得了较多关注和较大发展。然而，在收集分析了安徽、江西、云南、湖北、湖南等地区近年来的调查资料之后，审视当前我国高职专业师资队伍建设状况，我们不无遗憾地发现，高职院校的"双师型"专业师资队伍仍未满足当前技术应用型人才培养和高等职业教育发展的现实需求，在观念、结构、培养和管理等方面还存在一些问题亟待解决。

（一）高职院校"双师型"专业师资队伍建设的观念有待更新

俗话说："观念一变天地宽。"观念是行动的先导，是活动的灵魂。只有在科学的教育理念指导下，高职"双师型"专业师资队伍建设才能符合发展规律，实现科学发展。当前在队伍建设中客观存在的一些不合时宜的观念已经成为我国高职院校"双师型"专业师资队伍发展壮大的"拦路石"。

首先，一些高等职业院校对"双师型"教师的基础性问题认识不足。早在1998年，我国《面向21世纪教育振兴行动计划》就提出要建设"双师型"教师队伍，但由于对"双师"的界定不同、认识不同，所以不同的学校在进行"双师型"师资队伍建设时设立的目标不同。有的学校认为"双师"即"双证"，鼓励教师多考证，甚至出现基础课教师也考行业技能证的现象；有的学校认为"双师"即"双能"，一味忙于安排教师参加教育部培养培训基地的培训，到企业参加顶岗实践，将培训作为"双师型"师资队伍建设的关键；还有的学校视"双师"为"双元"，即通过发展兼职教师队伍来丰富专业教师队伍，甚至将从校外聘请的公共课教师也纳入兼职教师之列，以形成专任教师与兼职教师共同组成的"双师型"师资队伍等，如此说法层出不穷，莫衷一是。这种对高职"双师"认识的模糊性已经直接干扰到师资队伍的建设，造成了各高职院校专业师资整体水平和"双师型"教师个体水平的参差不齐。

其次，部分高职院校专业教师的教育理念故步自封。我国现有高等职业院校是经过"三改一补"而来的，一部分专业教师是由原来的中等职业教育学校或成人学校跨入高等职业教育的行列，他们仍旧沿袭中职教育、成人教育的观念、模式，对高等职业教育的认识不足，不能准确把握高职教育的内在规律，不能及时适应现代高职教育的发展理念，陷

入了自身发展的思维困境；还有一部分专业教师"重知识理论，轻实践工艺"的传统思维根深蒂固，他们认为教师的本职工作是教学，没有必要走进车间，参加一线生产实践，即便在学校的硬性要求下参加实践，也多是走形式，谈不上真正地提高能力。这些教育理念显然不能适应高等职业教育的发展，跟不上时代的步伐，不利于高职专业师资队伍的建设和发展。

（二）高职院校"双师型"专业师资队伍建设的结构有待优化

专业师资队伍结构的合理与否关系到高等职业院校的长远建设和发展。为了高等职业教育的持续发展，高等职业院校必须把建设一支结构合理的"双师型"专业师资队伍放在重要的位置上。就目前而言，我国"双师型"专业师资队伍的年龄结构、职称结构、学历结构等方面都未满足大力发展高等职业教育的现实需求，有待进一步优化。

1. 生师比例明显过大

从1998年到2022年，我国高职高专的招生数从54万增长到557万人，在校生人数也由117万增长到1480万。2005年年底我国高职院校共921所，2006年增加到981所，2021年增加到1486所，高职教育的学校数逐年攀升，实现了我国教育改革发展的"一个突破"。相对于高等职业教育规模的迅速扩张，高职专任教师数量虽有稳步增长，但仍显得相对不足。

而相较之下，高职师资中，"双师型"师资数量缺口更大，生师比较高，问题更为突出。教育部《高职高专人才培养工作水平评估方案》明确要求专业基础课和专业课中双师素质教师比例达到50%才算合格，达到70%以上即为优秀。但调查显示，河北省近年来升格的3所高职院校具有双师素质的教师占专任教师的29%，陕西省8所中专转制类高职院校的双师素质教师占专任教师总数的22%，云南省抽样调查的10所高职院校的双师素质教师占专任教师的比例为26.7%，安徽省合肥市5所高等职业学院的双师型教师比例为22.86%。

与此同时，作为"双师型"专业师资队伍特色组成部分的兼职教师数量也显著不足。在德国，职业学院的专职教师占35%～50%，其余大部分是来自企业的兼职教师，他们既有深厚的理论功底，也有丰富的实践经验，是应用性课程的主要教授者。然而，我国高等职业教育仍以专职教师为主体，兼职教师的比例尚且达不到《高职高专人才培养工作水平评估方案》中规定的合格要求，即兼职教师数占专业课与实践指导教师合计数之比达到10%，更谈不上达到优秀（20%以上）标准，无法与发达国家（50%～70%）相比。

现实表明，我国"双师型"教师的数量远远没有达到教育部的要求，未能满足高职教育的现实需求，数量缺口问题日趋突出，生师比例问题亟待解决。

2. 年龄结构不尽合理

年龄结构是指师资队伍中不同年龄段的教师数量的构成情况。它的合理与否反映了该师资队伍的活力、发展后劲及梯队建设的基本状况。当前许多高职院校专业教师队伍出现两头重现象，一是年轻教师比例过大，二是聘请的退休专家比例过高，往往严重缺乏年龄层次在 40～55 岁能够担当教学与科研重任的骨干教师或学科带头人。"双师型"教师亦是如此。

2022 年在对安徽省 5 所高等职业院校师资队伍建设情况的抽样调研中，关于"双师型"师资年龄结构问题就有这样的记录，如图 6.1 所示。

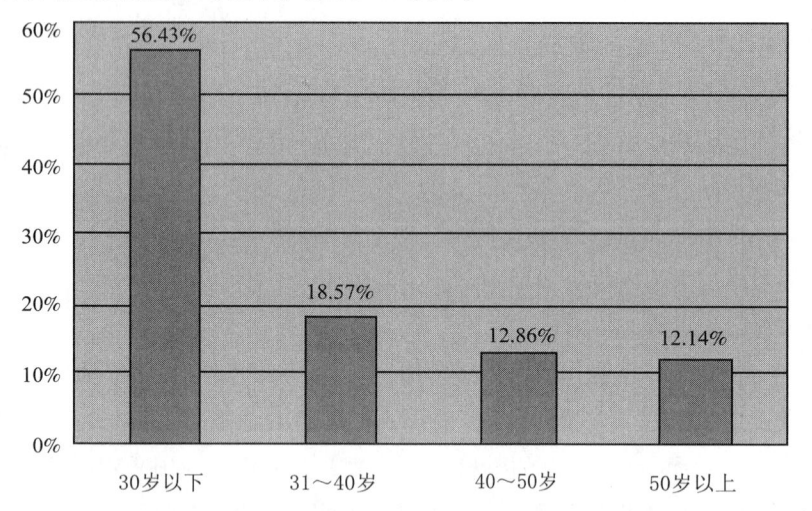

图 6.1　安徽省 5 所高职院校的师资队伍的年龄结构

3. 职称结构严重失衡

职称结构是师资队伍中不同层次专业技术职务的教师数量的构成情况。2022 年，我国普通本科院校专任教师中高级职称的比例为 42.6%，而高职院校中高级职称的比例则不足 30%。以云南省为例，在云南"双师型"教师评定标准及管理机制研究课题组抽样调查的 15 所高职院校中，"双师型"教师具有副高及以上职称的教师仅占 19.44%，初级职称和无职称者占 50.35%。高级和初级比例的严重失调使得高职院校的教学质量和执教水平都难以得到保证，高等职业教育培养高质量专门应用人才的需求也难以得到满足。

4. 学历层次普遍不高

高层次人才的数量和质量是衡量师资队伍整体素质的一项重要指标。教育部在《关于加强高职（高专）院校师资队伍建设的意见》中提出，获得研究生学历或硕士以上学位的教师应基本达到专任教师总数的 35%。但现有资料显示，云南省 10 所高职院校的"双师型"教师中，专科学历教师不多（4.47%），本科学历教师最多（74.12%），但研究生或硕士学位及以上的教师明显偏少（21.41%）。在 2021 年安徽省的一组调查数据中，"双师型"师资中具有大学本科学历占专任教师的 85%，具有硕士及以上学历的教师仅占 7.14%，距离教育部规定的合格（15%）和优秀（35%）标准尚有较大差距。而与发达国家的高职教育教师学历要求相比，我国高职师资的学历结构问题更进一步凸显出来。例如，德国的职业学院教师均需达到硕士学位；英国要求其专职教师要达到硕士以上学位；在日本，在职教师多为硕士及博士，其学历要求均明显高于我国。可见，提升我国高等职业院校专业师资队伍的学历水平势在必行。

5. 高职院校"双师型"专业师资队伍建设的培养有待加强

教师的成长和培养是建设一支高素质教师队伍的关键,直接关系到学校未来的发展。我国高等职业院校"双师型"专业师资培养起步较晚,当前的师资培养在职前培养、继续教育、培养资源等诸多方面的状况一定程度上尚未适应高职教师专业化水平提升和高等职业教育快速发展的现实需求。

职前培养机制尚未建立。教师的培养是一种制度化的活动。不同教育类型的教师有不同的培养特点,不同发展阶段的教师的培养也各有差异。在德国,高等职业教育的专业师资培养拥有一套完整的培养培训体系,而且有严格的国家考试制度进行入口把关。就职前的培养可以分为两个阶段:第一阶段是进入大学教育阶段,学习 4~5 年,选择一个主修专业和副修专业。学习内容包括职业技术学专业课程、普通文化课程以及社会科学、专业教育理论、教学实践课程,三部分的课时比例约为 2∶1∶1,总计约 2300 学时。这一阶段结束后,学生必须参加第一次国家考试,考试由各大学的考试委员会主持,内容包括职业教育专业(包括专业教学法)、普通教育副专业、考试资格论文、教育学(包括职业教育学)、心理学等。考试合格者方能进入第二阶段,即取得见习教师资格进入为期 2 年的教育实习阶段,又称为教育准备阶段。这一阶段,实习生不仅要继续参加大学研讨班活动,每周用 1 天时间去教育学院学习教育学、心理学等方面的课程,还要在指定的职业学校实习,完成相关教学任务。实习结束后,学生参加第二次国家考试,主要考核专业知识和教育教学能力、教育学、心理学、专业教学法、学校法以及公务员法等方面的内容。只有通过了第二次国家考试者方能获得教师资格证书,走上教学岗位。如此严格的培养过程,为德国职业教育打造了优质的专业师资队伍,奠定了教育教学高质量的稳固基础。而一直以来,我国高等职业教育的专业教师多为各类高校毕业生、企业技术人员等,来源多元化,且均为"半路出家",与"双师"素质标准差距较大,问题较多。应该说,我国专门化、特色化的"双师型"教师的职前培养机制尚未建立起来,缺乏规范完整的师资培养计划,缺乏职业教育方向的师范教育。而这一职前培养机制的缺失严重阻碍了高职专业教师的专业化进程,使得"双师型"教师的职前培养缺乏最有效的渠道。

6. 继续教育机会远不充分

"双师型"教师的培养要求职业性、应用性,是一个长期习得的过程,需要提供充分的继续教育。仍以德国为例,德国以法律的形式规定,职业教师参加进修培训是一种必须履行的义务,即职业教师参加工作后,还必须进行被称为"第三阶段的师资培训"的继续教育,这种教育有规范的激励措施、具体的操作办法和系统的进修内容。然而,在我国,针对"双师型"教师是否有机会参与在职继续教育的调查结果并不乐观。"双师型"教师中,认为学校在培养或引进"双师型"教师后对其进行继续培养与培训的情况持乐观态度的仅占 13.43%,且与非"双师型"教师相比,认为培养培训机会"多很多"的仅占 4.95%、"略多"的占 9.54%。学校经常选拔"双师型"教师参加培训的只占 20.84%,尚有 20.24%的学校从未选拔教师参加各类培训。

从上述情况可以看出，目前高职院校"双师型"教师的继续教育工作并未做到位，培养培训机会远不充分。

7. 培养培训资源有待挖掘

充足的培养培训资源是"双师型"教师的培养培训顺利展开的基本物质基础。目前，我国"双师型"教师的培养培训资源较为有限。首先，教材资源匮乏，难以满足教师素质提升的现实需求。一方面，现有教材多为上级部门统一规定，不能适应"双师型"教师的多样化需求；另一方面，一些学校尝试性的自编教材特色不够鲜明，实践性和实效性也很有限。其次，现有的基地设备资源陈旧老化，培训项目滞后，不能满足"双师型"教师实时进行职业技能实训的迫切要求。最后，在经费资源上，随着高等职业教育生源规模的不断扩张，基础设施不断告急，高等职业院校的教育经费已无暇顾及"双师型"教师的高额培训。这些资源的紧缺，使得"双师型"教师的培养培训质量远远得不到保证，更妄谈满足"双师型"教师保持先进性和竞争力、实现专业化发展的需求。

（三）高职院校"双师型"专业师资队伍建设的制度有待健全

随着学习实践科学发展观的深入，实施科学管理、人本管理，构建高效开放、充满活力的现代大学管理制度，已经成为推进大学事业科学发展的关键环节。在高等职业院校"双师型"专业师资队伍建设中，现有管理方面仍不可避免地存在一些与高等职业教育办学目标和高等职业院校专业教师全面发展、专业发展不和谐的音符。

1. 师资管理体制不科学

诸多关于高职院校"双师型"专业师资队伍管理状况的调查资料显示，学校管理缺乏人性化的问题最为突出。一些院校至今仍旧实行"罚款式管理"，以罚款为手段来管理和控制"双师型"教师的行为规范。重庆城市管理职业学院某专业课教师提出："对教师的管理不仅要有严格的规章制度，还应体现为对教师个性的理解和尊重，为教师提供实现自我价值的机会，满足教师的成就感。只有充分信任和尊重他们，创设民主、和谐、宽松的教学氛围，为教师提供一个创造性发挥教育智慧的空间，才能最终实现教学管理的目标，才能使教学工作生机勃勃。"构建科学合理的"双师型"师资管理体制不是一蹴就的事情，是一个不断调整和补充的过程。但这种人性化的诉求是教师的心声，是调动教师发展积极性和主动性的根本，更是高等职业教育管理亟待解决的重要问题。

2. 兼职教师管理不规范

聘请兼职教师是提升高等职业教育教学质量、优化高等职业院校"双师型"专业师资队伍结构的重要途径。一直以来，"聘什么人为兼职教师""怎么聘""按什么比例聘"等问题受到广泛关注和探讨，然而"聘进来怎么管"的问题却被忽略。如今，重聘任、轻管理的问题逐渐暴露，并在一定程度上影响了兼职教师在推动高等职业教育发展中的积极作用的充分发挥。一方面，院校对兼职教师的聘任方式过于灵活，不受固定编制约束，没有全面的考核评审，往往只考察其实践能力，而对其教育教学等能力的把关不严或不予重视；另一方面，兼职教师本身薪酬待遇高，且不脱离原工作单位，在没有具体管理规范约束下，多数兼职教师对教学工作重视不够，时间和精力安排有限，教育教学质量难以得到保证。

3. 职称评审政策不配套

有效合理的高职职称评审制度能够以竞争的形式促成师资资源的优化配置，为高职教育的高质量提供坚实的保障。当前，我国职称评审以理论教学、理论研究为考量重点，以研究水平和能力为考察指标，侧重于理论研究成果的达标，忽视了"双师型"教师的自身特色，即重应用性和技术性，在导向上有所偏差。在这一职称评定体系的"指挥棒"下，"双师型"教师不仅要承担繁重的教学任务，还要投入大量精力开展学术研究、完成论文和专著，往往无暇顾及专业实践活动和个人的专业发展。长此以往，不仅科研业绩成为"双师型"教师职称提升的瓶颈，影响其自身的职业发展，而且将出现"双师型"教师"能讲不能做"的尴尬现象，不利于学生知识和技能的习得，也不利于高等职业教育办学质量的全面提升。

4. 绩效评价制度不完善

绩效评价是合理配置人力资源的基础，是衡量各岗位人员能否胜任的标尺，也是实施激励措施的必要环节。而目前我国高职教育在对"双师型"教师胜任力的衡量评价上存在一定的缺陷。

其一，评价目的不明确。部分院校在评价时流于形式，主抓年终评价，并以此作为评奖评优的唯一依据。如此为了评价而评价，必然影响对教师整体评价的全面性和客观性。

其二，评价指标一刀切。"双师型"教师与非"双师型"教师、专任教师与兼职教师等所属类别不同，其评价的指标也应有所区别，但现有评价指标实行"大一统"，对不同类别教师的考核体系无差别，有失公平公正。

其三，评价形式单一化。高等职业院校实施教师评价多是坚持定量评价和定性评价相结合的模式，其中定量评价即学术成果等硬性指标基本固定，而定性评价主观性强，易受人为因素干扰，多成为考察教师与同事、学生之间人缘状况的"晴雨表"。

其四，评价结果无反馈。当前，诸多高等职业院校对"双师型"教师的评价成为事实性的"暗箱操作"，评价结果得不到及时反馈，受评教师无从知晓自身的弱势与不足。这直接导致评价在帮助教师提升绩效、素质、能力等方面的机制与作用得不到充分发挥。

5. 师资流动机制不健全

人才流动是人才在地区、行业、岗位等方面的变动。合理的人才流动是一个地区、一个行业、一个单位发展的动力和活力所在。同样，这种流动也是高等职业教育和高等职业院校发展的必要手段和措施。但调查资料显示，湖南省某高职院校来从2018年至2022年短短四年时间里，有10名双师素质教师相继调入主管局机关或省直公司，有5名教师调至其他学校，还有6名教师停薪留职或辞职自办实体。高职"双师型"专业师资队伍的人才流动已经远不在合理范畴内，说其流失状况严重也不为过。综观之，高素质"双师型"教师流失有其共通之处，即流失状况严重的多是经济欠发达地区的教师，多是中青年骨干教师，多为计算机、通信等与经济发展密切相关的热门专业教师，而且教师基本流向经济发达地区或经济效益更加优越的企事业单位。

除此之外，高等职业院校"双师型"师资队伍中还存在潜在的、隐性的师资流失。这部分流失是指那些在校担任教职的同时尚有副业的"双师型"教师，他们往往将部分甚至是主要精力集中于非正式渠道进行的授课、提供咨询服务等能够增加经济收入的兼职活动中。实践证明，这一问题已经成为高等职业教育发展路上的"绊脚石"，必须予以重视。

第二节 我国高职院校"双师型"专业师资队伍建设问题的成因分析

唯物辩证法关于事物发展动因的基本观点告诉我们：外因是事物发展的必要条件，内因是事物发展的根本原因。为什么我国高职院校"双师型"专业师资队伍建设存在诸多问题？这同样是其相关外在因素和内在因素共同作用的结果。简言之，从外因上看，可从社会系统、教育系统等方面来考量；从内因上看，主要是学校系统、教师个体等方面的因素。

一、社会系统因素

高职院校"双师型"专业师资队伍的发展是处于社会大系统中的活动过程，其必然受到社会上各种因素的影响和制约，譬如社会地位、社会环境、政府政策等。

（一）"双师型"师资的严重流失

社会地位多与社会职业联系在一起，是指一个群体在社会中所界定的社会位置，或者是在一个社会等级体系或分层线系统中的等级位置。联合国教科文组织认为，教师的社会地位是指社会按照教师任务的重要性和对教师能力的评价而给予的社会地位或敬意，以及所给予的工资、报酬及其他物质条件，其中，收入的高低常常被人们视为衡量社会地位高低的标准。然而，"双师型"教师的实际收入情况并不尽如人意。一方面，与普通高等教育教师相比，"双师型"教师的收入水平不高。虽然高等职业教育与普通高等教育同属高等教育领域，但"双师型"教师的工资水平远低于普通高等教育教师的工资水平，且这一差距日趋显著。另一方面，与高职院校的非"双师型"教师相比，"双师型"教师的收入待遇并没有更高。收入水平相差无几、教学负担过重承受昭示着"双师型"教师的付出不仅得不到应有的回报，其工作中的发展性和创造性也得不到应有的发挥和肯定。

试问，倘若高职教师们社会地位低、收入低，尚且处于生存状态，他们怎么甘愿去做"孺子牛"？怎么有能力去追求专业发展？面对一些金融、计算机、机械等热门行业的企事业单位前来"高薪挖角""蓄意招贤"，我们的"双师型"专业师资队伍又怎么可能稳定、和谐？

（二）日益加剧的职业压力导致"双师型"教师的职业倦怠

压力感是现代社会生活的普遍特征。不同的职业群体都有不同的压力感。这种压力感的存在，在一定程度上影响一个职业的吸引力，影响从业者的精神面貌。从近年来各种职业压力的调查结果来看，我国教师面临的职业压力在社会职业群体的压力排行榜上居高不下，且位次呈不断上升趋势。例如，在2022年中科院心理所对31875名不同职业人士职业压力水平的调查中，教职员工以75分的压力分数位居职业压力榜第3位。2022年1月，在《大众生活报》的职业压力排行榜上，教师位居第2位。而对高职"双师型"教师来说，其压力又区别于一般教师的升学、成绩排名等硬性指标的压力，他们更多面对的是如何跟上知识更新的速度，如何实现理论与实践的高效对接等专业发展压力，以及自身多样化角色的适应压力等多重挑战。可以说，随着社会对高职教育的关注度和期望值的不断提升，"双师型"专业教师作为高等职业教育质量提升的关键所在，职业压力日趋加剧，职业幸福感不断降低。长此以往，这"容易使教师对自身价值的怀疑与否定而产生心理失衡，最终导致以情绪衰竭、人格分解和低个人成就感为显著特征的可怕的职业倦怠感的形成"。

（三）重道轻器的传统思想分散"双师型"教师的职业认同

受到"学而优则仕""重道轻器""重知轻能"等传统思想的影响，我国重理论轻"稼穑百工之艺"的思维观念根深蒂固。孟子曰："劳心者治人，劳力者治于人，治人者食人，治于人者食于人。"从事生产、服务和劳动一线的工作远不在抱有"崇尚读书、轻视劳动"等陈旧观念的人们所崇尚的范畴。继而，这种思想自然地被牵连到当下的职业教育中。虽然高等职业教育已被纳入高等教育体系，但是其社会认可度并不高，社会上仍长期存在鄙薄职业教育的观念，职业教育即"次等教育"的观念深入人心。这不仅表现在高职的生源是高考招生层次中的第四或第五批次，学习能力相对较弱，还体现在其毕业生的技术能力不被认可，总被认为逊色于同专业普通高等院校学生。社会对高等职业教育的如此偏见导致了高职院校的人才吸引力不强，无形间也影响了"双师型"教师的职业认同感，加重了他们的自卑心理，导致"双师型"师资队伍"向心力"不足。而且部分中青年教师在进行个人职业生涯规划时不甘心于长期从事职业教育，纷纷等待时机"改弦易辙"的现象更是不胜枚举。这无疑已经成为我国高职"双师型"专业师资队伍建设与发展的一大"结症"。

（四）扶持不足的政府政策制约"双师型"教师的专业发展

政府是社会系统的重要组成部分，是行使国家权威和职能的组织机构，政府政策是国家意志的贯彻与实施。其中，教育政策则是从宏观上驾驭我国一切教育事业的权威规范。就当下而言，现行的教育政策在一定程度上与高等职业教育的发展并不匹配，导向作用未得到充分发挥，经费政策的支持力度尚显不够。

1. 教育政策的导向作用发挥不足

教育政策为教育事业的发展提出了明确的目标，为实现教育目标规定了行为规范和行为准则，对人们的行为和事物的发展具有导向作用。毋庸置疑，近年来，在大力发展高等职业教育等政策的积极引导下，我国的高等职业教育获得了前所未有的跨越式发展。但与此同时，这些教育政策的导向作用并没有得到充分发挥，在一定程度上也给"双师型"教师的引进与成长带来了一些问题。

首先，在我国高职师资建设的政策文件中，学历达标多被视为首要发展目标，这就导致部分高职院校盲目追求高学历，高职专业教师也以学历进修为首选目标，为了获得高学历而学习，教师培养培训的目的被狭隘化，极大地影响了专业教师双师素养的养成与发展。

其次，诸多政策规划均以量化达标为衡量标尺，而部分量化指标的设定也使得高职院校和专业教师一味追求"证书"绝对数量上的增长，将"双师"等同于"双证"，将对教师职业体验和实际专业技能的考察搁置一边。这样不仅不能从根本上解决高职教育对专业课教师素质能力的本职需求，也极大地阻碍了"双师型"专业师资队伍的内涵建设。

最后，我国高职教育政策与其他行业政策之间缺乏互通性，政策弹性不大，想要实现不同行业间职务的转换存在一定困难。通常"双师型"教师参加到其他行业的工作中比较容易，而企事业单位中的优秀从业人员想要进入高职院校任教并获得"双师型"教师资格则存在相当大的难度。这不免制约了高等职业院校兼职教师队伍的发展。

2. 经费政策的支持力度尚显不够

改革开放以来，我国的经济始终保持高速发展，国民生产总值逐年攀高，综合国力显著增强，各项事业发展生机勃勃。教育事业也享有着极大的发展机遇。诚然，政府部门在思想上重视，在经济上支持，教育经费投入年年大幅度增长。但高等职业教育仍然存在经费短缺问题。以广东省为例，2020年广东的教育经费总额为5386.96亿元，与此同时，职业教育的投入经费总额为652.36亿元，比较之下不难发现，职业教育占整个教育经费的比例偏低。

另外，与普通高等院校相比，高等职业教育的教育经费少，生均培养经费高，硬件设施要求高、需求大，缺乏稳定的科研经费，其资金不足甚至不能满足培养学生成为应用型人才的基本需求，就更加妄谈对"双师型"专业师资队伍建设的投资。一些院校受地方财力的制约，急缺的热门专业和新开发专业教师难以聘请，即便是职教职工的工资支出，大部分要靠学费收入的支撑。这在极大程度上导致了高职"双师型"教师待遇低、数量不足、培养经费短缺、培训提升机会少、大量流失等问题的接踵而至。

二、教育系统因素

高等职业教育改革滞后、制度不健全、现有培养体系不完善等自身系统的不完备是引发高职院校"双师型"师资队伍建设问题的重要因素。

（一）高等职业教育改革步伐略显滞后

"三改一补"是我国大力发展高等职业教育的重要方针政策，但实际上作为担当高等职业教育主角的普通高等专科学校积极性并不高，他们更多地寄希望于"专升本"，而本应作为补充的中等专科院校却成为时下高等职业教育的办学主力。这些中等专科学校的师资队伍的结构和质量都与高职教育的"双师型"师资要求存在较大差距，根本无法满足高等职业教育培养生产、服务一线的应用型、技术型、复合型人才的要求。而且，当前的高等职业教育与生产实践脱节严重，理论上要求的教学内容与社会需要和生产实际紧密相连并未在实际教学中得以体现。

（二）高等职业教育制度建设有待健全

高职教育体系自身的制度不健全体现在"双师型"教师的职业准入制度、资格认证制度、职称评聘和评价制度、奖惩激励制度等多个方面。

第一，严格的职业准入制度尚未健全。在我国，要成为"双师型"教师，一般以大学本科为起始学历，应聘到高职院校后，对照教育部高教司在高职高专教育教学工作评价体系的三个基本条件，达到其中之一即可如愿。而在德国，一体化的培养体系、严格的国家考试制度使得其职业学校教师的起点较高。相比之下，我国高职院校"双师型"教师的准入"门槛"太低，根本不能体现其专业化程度。而且由于社会对高职教育的轻视，更多本科以上学历的大学毕业生并不愿意去高等职业院校工作，往往是没有选择之下才屈就之。因此，优秀的大学毕业生很少能够加入"双师型"专业师资队伍中。这使得"双师型"师资队伍水平在起点上远不及其他类型教育，也不能与国外的高职专业师资队伍水平相提并论。

第二，规范的资格认证制度尚未建立。目前，我国的教师资格证书包括幼儿园教师资格、小学教师资格、初级中学教师资格、高级中学教师资格、中等职业学校教师资格、中等职业学校实习指导教师资格和高等学校教师资格7种资格证书。尚没有专门的"双师型"教师资格证书。现有的"双师型"教师多是以教师资格证书和职业资格证书为依据，没有具体规范性的统一认定。当然，"双师"即"双证"的认识不免过于片面，但即使是一些"双师型"教师已经获取相关职业资格证书，其资格证书与实际能力的等值性也值得商榷。在职业资格证书制度尚不完善、覆盖面小的今天，许多资格证书的学习培训形式化严重，证书发放草率，走过场现象严重，许多教师也是为拿证而拿证，甚至出现买卖资格证书的情况。这严重影响了"双师型"教师的培养工作，阻碍了"双师型"教师实践性知识和专业化技能的发展。尽快制定出科学严密的"双师型"教师资格认证制度，从制度上正确引导和规范教师专业化发展迫在眉睫。

第三，科学的职称评聘和评价制度尚未完善。"双师型"教师是一种新型的教师类型，发展时间较短，还没有形成具有特色性、针对性的职称评聘和教师评价体系。而且限于客观原因，我国现有政策制定、专业规划和培训总是以普通高等院校教师为优先，职业院校教师的相关制度内容多参照普通高等教育或成人高校的相关制度标准，而"双师型"教师更是被划入高等职业教师中，很少被考虑到其独特性，自然也缺少了相应的独立的职称评聘和评价制度。这无疑不利于有效实现"双师型"教师的双师价值，不利于体现客观、公平和公正的评价原则，不利于充分调动"双师型"教师的积极主动性。

第四，有效的奖惩激励制度尚未形成。马斯洛的需要层次理论认为：满足人的不同层次的需要是激发人们动机的主要因素。因此，要凝聚"双师型"专业师资队伍的向心力，要发挥"双师型"教师的能动性，就要针对其不同的需求采取不同的激励措施，形成科学的激励机制。我国"双师型"专业师资队伍建设目前尚缺乏有效的激励机制，缺乏以满足教师的合理要求为切入点的多种激励方式。一方面，"双师型"教师经济收入水平低，报酬不合理，连基本的生存发展需求都得不到满足，工作积极性极大受挫；另一方面，学校在培养"双师型"教师的过程中，没有能够将其作为特殊人才予以一定激励，不论是在评优、评先、职称晋升上还是在收入分配上，对"双师型"教师都没有些许的倾斜，有了这种平均主义现象的存在，教师自我生成"双师型"教师、实现自我专业化发展的动力不足亦在情理之中。

（三）"双师型"教师培养体系亟待完善

现阶段，我国高职院校专业师资队伍主要由普通高校的毕业生、校内原有教师、部分企业技术型人才等组成。其中，现有普通高校尚无职业教育方向的师范教育，原有教师的培养以校本培训为主，辅以校外培训班的培训，企业人才更未接受过专门的职业教师教育。可见，现有的高职院校专业教师都是非专门机构培养出来的，他们若要发展成为"双师型"教师，或多或少都存在一些问题。

首先，普通高校培养的毕业生基础知识和基本理论掌握扎实，但是他们没有或很少经过专业实践的锻炼，实践技能和经验不足，因而他们在实际教学中常以知识传授为主，不能理论联系实际，在教学管理上也常常仿效普通大学的做法，专业化程度不尽如人意。

其次，高职院校内部培养教师也存在弊端。一方面，高职院校毕业生具有一定的职业技能可考虑留校，但其学历不达标，教育教学技能得不到保证；另一方面，教师队伍的培训多侧重学历培训和理论培训，培训渠道有限，培训项目固定，缺乏系统化、规范化管理。虽然国家建立了一大批职教师资培养培训基地，但由于经费短缺等原因，教师得到的培训机会少，实验实训设备简陋，培训效果不尽理想。

由此，"双师型"教师的生成与发展及师资队伍建设困难重重，亟待建设起一套专门的适合高等职业教育特色要求的"双师型"专业师资培养体系，为"双师型"专业师资队伍建设奠定基础。

（四）"双师型"教师生涯发展需要重视

高等职业院校"双师型"教师当前面临的一个亟待解决的重要问题就是自身的职业生涯发展。面对高等职业教育的未知前景、职称评定等方面的巨大压力，"双师型"教师不免对学校的生源、办学和未来发展心存隐忧，对自己的职业生涯发展显得无所适从。为此，他们往往自我提高动力不足，职业倦怠现象越发普遍，各种"跳槽"现象也频频发生。如果在其教师教育过程中融入生涯教育，在配套的新教师入职培训、职后培训等教师的专业定位辅导方面给予制度保障，使高职"双师型"教师职业有明朗的特色化的发展路径，那么他们就能够根据个人特征做到明确目标、科学规划，其工作积极性和主动性会有所提升，职业幸福感亦将不断上升。然而，我国高职院校是经过"三改一补"的改革重组而来的，有一部分是本科院校的二级职业技术学院，还有一部分是中等职业技术学院升格而来，真正具有高等职业教育特色的职业生涯发展制度建设基本处于起步阶段，有待不断地探索和发展。

三、学校系统因素

学校是教师工作的环境，是其从事教育教学活动的主要场所。它与师资队伍的建设和发展必然有着密切联系。归纳起来，高职院校"双师型"专业师资队伍建设问题在学校系统方面的影响因素包括校长观念、管理价值观和基地建设三个方面。

（一）校长观念滞后未能充分发挥引领作用

俗话说："一个好校长，就是一所好学校。"校长既是学校发展的掌舵人，又是教师队伍建设发展的引领者，其在学校建设和发展中的作用和地位不言而喻。校长的管理理念、管理风格都会对教师队伍的发展和教师个人的职业生涯发展产生影响。也正是由于我国高等职业院校的部分校长对"双师型"专业师资队伍建设的重要性认识不足，对其基础性问题把握不清，直接影响其引领作用的发挥，在一定程度上造成了"双师型"专业师资队伍发展缓慢、发展后劲不足等一系列问题的出现。

其一，一些校长急功近利，将功夫做在短时间能见效益的硬件建设上，不断扩张在校学生数量，忙于圈地、盖楼、搞基建、搞行政，忽视了校园文化营造、师资队伍建设等软件建设，轻视了教师的专业化发展、可持续发展。

其二，部分校长在考虑专业教师队伍建设问题时，多从行政管理角度出发，注重教师的教学能力、考核评优、职称评聘等使用方面，而忽视了教师素养的提升，教师专业化的发展。因此，他们对专业教师进行专业脱产进修、培训并不热衷，甚至因为经费紧张而减少专业教师的培训机会。

其三，部分校长不能科学地着眼于学校实际，对学校的"双师型"师资队伍建设没有宏观的规划与考量，常常紧随教育部下达的师资队伍建设指标，"头痛医头，脚痛医脚"，盲目引进，疯狂追求数量达标，做足"表面文章"。

（二）传统管理价值观难以适应科学的管理制度

在学校环境中，一个公平、民主的学校管理体系对推进"双师型"专业师资队伍建设、促进"双师型"教师专业化发展有重要的积极影响。作为学校的各级领导，理应以学生和教师为本，从学校的实际情况出发，科学建立各种管理制度，完善管理方法和评价体系，使教师置身于和谐的校园环境中。然而，我国高职院校的一些领导秉承传统的控制取向的管理价值观，"倾向于严格的科层管理，试图将教师的工作标准化，用外部的标准和权威来控制教师的工作，这种取向在本质上与教师的专业自主不相容，会严重阻抑教师的专业发展"。如果这些管理价值观得不到及时调整和更新，那么带给"双师型"教师的无疑是一个不利于他们专业发展、不利于凝聚专业师资队伍向心力的工作环境。"双师型"教师会对身处这样一个不民主、不公平、不切实际的集体感到不满意，教师之间难以和睦相处、团结协作，他们的潜能也难以充分发挥，发展机会有限，甚至他们的内心永远不会有学校教育教学工作带来的心理满足感，学校教学生活的幸福指数必然降低，而高素质"双师型"专业师资队伍的建设就更加无从谈起。

（三）基地建设学校化难以实现专业技能提升

高职院校"双师型"教师的职后培训对其专业素养的提升至关重要。所谓"培训"，那就要有"训"。对于"双师型"教师来说，"训"就应该要到生产服务一线的现场去，没有实际动手操作，那么一切实践性知识都只是停留在理论层面。因此，教师的顶岗锻炼这一提升专业技能水平的极佳选择变得炙手可热。但是，我国建立的各级各类职业教育师资培训网络中，学校仍然是主体，很少有社会企事业单位参与其中。究其原因，一方面是由于校企合作协议的达成需要院校付出大量的时间、精力和经费，另一方面是因为院校重金培养的"双师型"教师被企业挖角的状况屡屡出现，一些高等职业院校宁可只做些表面功夫，也不再愿意为企业作嫁衣裳。长此以往，学校与企业关系日渐疏远，基地建设学校化色彩也愈加浓重。当然，这其中也不排除许多企业不愿意接受"双师型"教师前去受训等因素。

四、教师个体因素

"没有教师生命质量的提升，就很难有高的教育质量；没有教师精神的解放，就很难有学生精神的解放；没有教师的主动发展，就很难有学生的主动发展；没有教师的教育创造，就很难有学生的创造精神。""双师型"教师个体的教育信念、从业动机、自我发展的需要和意识对高等职业教育的质量和教师自身的职业发展都有重要的影响。

（一）个体的教育信念有待深化

信念是一个人世界观与道德观的有机结合，是一个人精神面貌的重要因素，它意味着一个人将准备按照什么样的准则和概念去行动。教育信念是"教师在对教育工作本质理解的基础上形成的关于教育的观念和理性信念"。它不仅关系到教师的日常教育教学行为，而且对教师自身的学习和成长也有重大影响。可以说，正确的教育信念源自教师个体对教师职业的理性认识。长期以来，由于高职教育受到社会歧视，"双师型"教师对其职业性质的认识存在一定偏差，如"高职招收的是二流学生，接受的也是二流教师""高职教师充其量只能作为职业生涯的跳板，没有大发展"，等等。这些认识偏差使得相当数量的"双师型"教师没有形成正确的教育信念，没有体验到从事高职教育工作的意义和价值，进而影响到他们工作的主观态度和积极性，延缓了"双师型"专业师资队伍的专业化建设进程。

（二）个体的从业动机有待商榷

动机是指激发或维持个体的行动，并使行动朝向一定目标的心理倾向或内部动力。教师个体的从业动机是教师专业活动和行为的动力系统，是直接关系教师去留的重要因素。一般地，从业动机可分为谋生型、兴趣型和理想型。教师从业动机的类型不同，其职业理想、对教师职业的热爱程度、工作的积极性也不同。其中，谋生型教师从生计出发，以被动和消极的眼光看待自己的职业，他们对教师职业的选择只是不得已而为之，不积极进取，也不过于敷衍，只求达到学校规定的考核标准。兴趣型教师选择教师职业是出于对教育事业的兴趣，以对教育事业和学生的热爱来对待自己的事业，他们不否认作为人的基本生存需求，但也不安于此，他们有更高的人生追求，能够满怀热情地投入工作，在平凡的职业中找到自己的位置，快乐地付出，欣慰地享受成果。理想型教师则是怀着干事业、干成事业和干成大事业的理想而来的，他们会为了教育事业奉献自己的全部智慧、心血和汗水。当前，我国高职"双师型"教师中有一大批教师的从业动机属于谋生型，他们仅将现有职业作为职业生涯发展的跳板。而理想型"双师"教师稀缺，真正愿意为高等职业教育奉献所有的寥寥无几。这一事实不免让人对高职院校"双师型"专业师资队伍的发展有些许担忧，这样的从业动机何以保障教师的专业发展？何以维持"双师型"专业师资队伍建设的稳步发展？

（三）个体自我发展的需要和意识有待提高

自我发展需要是实现发展的前提。教师较强的自我发展意识能够将教师的专业发展提高到自觉的水平。具有较强自我发展需要和意识的教师，知道自己目前的专业发展优势和缺陷何在，知道自己的发展目标何在，知道自己现在需要什么、应该做什么，能够自觉为自己制订出专业发展计划，并在专业发展的过程中不断调整发展计划，使其不断完善。倘若高职"双师型"教师有了自我发展的需要和意识，那么他们将主动参与到自我发展、自我提升的过程中。反之，如果没有自我发展的需要和意识，就没有主动参与，就没有教师自身发展的可能。可以说，自我发展需要和意识是教师实现个人发展和提升的推进器。遗憾的是，现实中高职院校"双师型"教师没有这种需要和意识的依旧存在，甚至一些置身于专业提升和发展活动中的教师的自我发展需要和意识是由外界的考核、评审所强加的，真正出于自我需要的少之少。

第三节 高职院校"双师型"专业师资队伍建设的发展策略

古人云："庸将误器，器可他求；庸妇误衣，衣可别制；庸师误子弟，子弟何复胚夫？"面对当前高等职业院校"双师型"专业师资队伍中存在的问题，加强建设、完善发展已然成为确保我国高等职业教育人才培养质量，推进高等职业教育深化发展的当务之急。

教育部发布的《关于加强高职高专教育人才培养工作的意见》中提出，高职高专要"建立一支人员精干、素质优良、结构合理、专兼结合、特色鲜明、相对稳定的教师队伍"。根据这一要求，结合当前我国高等职业教育发展现状，汲取发达国家高等职业院校（职业院校）专业师资队伍建设的宝贵经验，本研究尝试着对我国高职院校"双师型"专业师资队伍建设提出一些发展思路和对策。

一、以更新观念为先导，明确指导思想

师资队伍建设是学校最基本的教学建设，加强"双师型"专业师资队伍建设，首先要

更新观念、明确指导思想。不论是院校还是教师,能否积极参与"双师型"专业师资队伍建设、积极促进教师专业发展,关键看其观念是否得当,指导思想是否科学。

(一)强调专业发展,转变传统歧视观念

我国著名教育家顾明远先生曾说,"社会职业有一条铁的规律,即只有专业化,才有社会地位,才能受到社会的尊重。如果一种职业是人人可担任的,则在社会上是没有地位的。教师如果没有社会地位,教师的职业不被社会尊重,那么这个社会的教育大厦就会倒塌,这个社会也不会进步。"实现高等职业院校"双师型"教师专业化发展是提高高职专业教师社会地位和职业声望的根本之道。只有坚持"双师型"教师的专业化发展,才能凸显"双师型"教师职业的专业水准和专业技术含量,才能吸引更多优秀人才加入高职专业师资队伍,才能提高我国高等职业教育的质量和水平,打造高质量的职业教育品牌。

党的二十大报告指出:"统筹职业教育、高等教育、继续教育协同创新,推进职普融通、产教融合、科教融汇,优化职业教育类型定位。"这一新部署新要求,是"实施科教兴国战略,强化现代化建设人才支撑"的重点举措,对开拓职业教育、高等教育、继续教育可持续发展新局面,书写教育多方位服务社会主义现代化建设新篇章,具有非常重要的导向意义。因此,必须解决人力资源开发不充分、职业技术型人员不足的问题。所以我们必须转变传统"重知轻能"的思想,消除对高等职业教育的歧视,用终身教育的思想、全面发展的理论深化对高等职业教育的认识,明晰本质,丰富内涵,坚定不移地走专业化发展之路。

同时,政府部门也要为高职教育的发展创建良好的外部环境。一方面,通过媒体、会议、政策等渠道宣传高等职业教育在我国国民教育体系中的重要地位,扩大优秀的高技能应用型人才的典型示范效应,将高职教育的相关政策落到实处,广泛树立"能力重于学历"的观念,弘扬"三百六十行,行行出状元"的职业风尚,为高职教育的发展营造良好的舆论氛围;另一方面,各级政府应从经济发展的现实需求出发,将发展职业教育纳入当地经济发展规划中,建立健全各项政策制度,合理配置教育资源,逐步提高生产一线技能人才尤其是高技能人才的经济收入,尽快破除鄙视高等职业教育的陈腐观念,引领高等职业教育步入良性发展轨道。

(二)突出能力本位,加快队伍建设进程

能力本位是当代中国发展的核心文化理念,是一种人生价值取向。传统思维中,人才总是与学历、文凭紧密相连。人们常说,如今是学历社会。此种说法不无道理,在传统思维的惯性心理影响下,现实中的就业招聘、职称评定、福利待遇等各个方面都与学历紧密挂钩。然而学历和文凭只能代表曾在何处受过何种教育、学过何种课程、专业知识掌握如何。在高等教育大众化的今天,这种一纸文凭的价值将会不断贬值,整个社会正逐步完成从资格概念到能力概念的转变。高等职业教育培养的是高级技能型人才,坚持能力本位价值观,以专业技能的传授为重,更应该将以能力为导向的原则贯彻到高等职业教育的方方面面。因此,在"双师型"专业师资队伍建设中,要牢固树立能力本位的思想,确立岗位

能力教育与培养的核心地位，以专业技能为考量的准绳，以能力为评聘的关键，在强调教师应提高学历的同时，要更加注重通晓行业技术标准和熟练技术操作。

当然，要真正将能力本位的思想纳入高等职业教育体系需要一段相当长的时期。在这一过程中，高等职业院校师资队伍建设必须坚持"三结合"和"三并重"。所谓"三结合"，即校本培养与校外引进相结合、专职教师与兼职教师相结合、学校与企业相结合；所谓"三并重"，是指学历提升与专业培训并重、理论与实践并重、教学能力与专业技能并重。只有做到这两个坚持，我国高等职业院校的"双师型"专业师资队伍建设才能实现能力本位，才能真正步入科学、健康、可持续发展的快车道。

（三）秉承以人为本，实现科学全面发展

具体来说，"双师型"专业师资队伍建设要以满足教师个体现状与发展的需求为出发点，以教师基本素质培养为重点，努力突出六个"性"：①突出导向性，重视职业道德和综合职业能力的培养；②突出计划性，视高职院校师资队伍建设为一个长期、系统的工程，建设过程中要有整体规划，对高职教师的发展也要有计划有安排，"哪疼医哪"着实不是明智之举；③突出主体性，以教师的个体特征和发展需求为出发点，培养培训的形式、内容、途径等应尊重教师的个人意愿与实际，确保教师的话语权；④突出实践性，以职业实践为发展关键，注重对教师专业技能的培训；⑤突出多样性，重视教师的个性发展；⑥突出层次性，注重学科带头人、骨干教师等的培养，着力师资队伍的梯队建设。

二、以内涵发展为突破，加强制度建设

要加快高职院校"双师型"专业师资队伍建设，制度的顶层设置至关重要。因此，必须出台一系列具有高等职业教育特色、适合高等职业院校自身发展、有利于"双师型"专业师资建设的政策文件，完善高职师资队伍的制度建设，为"双师型"专业师资队伍建设提供政策支持和保障。

（一）明确"双师型"教师内涵，找准双师角色定位

"双师型"专业师资队伍建设是高职院校专业师资提升素质水平、彰显高职特色的重要方向，是提升高职教育教学质量的必然要求。准确理解和把握"双师型"教师的内涵，对构建"双师型"教师资格认证体系、创新培养模式、优化队伍素质与结构都有十分重要的意义。

那么如何界定"双师型"教师这一概念呢？目前学术界对此看法不一，综合起来有"双职称说""双能说""双证说""双证+双能说""双师素质说""一证一职说"以及"双元说"这七种。经辨析，本研究认为，"双师型"教师是指具有一定的专业学历和实践工作背景，集理论课教学与实际操作训练素养于一身的复合型高职专业师资。具体地说，这一概念包括以下三方面含义：

首先，"双师型"教师是一种复合型人才，不是叠加型人才。所谓"叠加型"人才，即是身份的一种罗列，表现在"双师型"教师上，就是教师和工程师两种身份的叠加，是

教师资格证和专业技术职务证书的相加,这是低层次的人才素养形式。"双师型"教师应是更高层次的人才,是教育教学素养和实践操作指导素养的复合与综合。

其次,以系统论的观点来认识,"双师型"教师的素质是一个结构性的有机整体,是其必备的内外品质的综合。它不仅包括职业道德素质、知识素质、教育教学能力、教学研究能力、创新素质等一般性教师素质,更重要的是还应具备熟练的专业职业技能、丰富的实践经历经验、理论与实践相结合及教育转换能力、职业指导与创业教育能力、课程开发能力等特殊性素质。

最后,兼职教师是"双师型"专业师资队伍的重要组成部分。换言之,"双师型"教师不仅包括高职院校的专任教师,还包括从校外企业、行业聘请的兼职教师。

(二)建立资格认证制度,提升双师社会地位

职业资格是职业人员能力和水平的象征,是社会职业成熟程度的重要标志,更是职业社会地位和社会认可度的必然要求。我国《职业教育法》规定:"实施职业教育应当根据实际需要,同国家制定的职业分类和职业等级标准相适应,实行学历文凭、培训证书和职业资格证书制度。"事实上,我国"双师型"教师至今尚未有严格规范的职业准入、职业资格证书制度。这与职业教育较为发达国家相比,差距明显。在德国,职业教育教师是一种专业化程度极高的职业,其职业教育教师资格证书必须经由长达7~8年的专业培养、通过两次国家级考试方能获得;在美国,"职业技术教育教师证书制"要求职业教育教师必须取得学士学位,并在相关职业领域工作1~2年;韩国的职业教育教师资格证书则分为三个等级,每一等级都有具体的认定标准,具有较强的操作性和规范性,其认证制度更严格。为此,我国结合高职教育专业师资现状,借鉴国外先进经验,建立和规范"双师型"教师资格认证制度势在必行。

首先,搭建"双师型"教师职业技能水平鉴定平台。为把好"双师型"专业师资队伍的入口关,可由相关教育行政主管部门共同组织发起,成立职业技能鉴定委员会,采取考试等形式对"双师型"教师应具备的综合能力素质进行客观的测量、考核和鉴定。考核过程中,应坚持两大原则:一是综合考察原则,即基于职业技能水平的考核活动应涉及学历、思想政治理论与实践、教育学、心理学、职业教育学等基本科目,以及职业专业技能水平、社会实际工作经历、应用技术研究成果等多方面的考察,从而对参考人员作出综合客观的评价与鉴定;二是分层量化原则,即职业技能鉴定委员会可在组织专家、学者、各高职院校资深教师,充分论证,广泛征求意见,深入探讨研究的基础上,制定"双师型"教师技能水平认证体系,通过量化标准对"双师型"教师进行定层定等,并发放相应等级证书。这些证书不仅将作为各高职院校"双师型"教师岗位聘用的必备条件,还将与教师自身的职称晋升直接挂钩。

其次,运行"双师型"教师资格证书制度。为提升"双师型"教师的社会地位和社会认可度,确保高等职业教育教学质量,相关行政主管部门应结合我国高职"双师型"专业师资队伍的建设现况,积极探索和运行"双师型"教师资格证书制度。出台《高等职业院

校专业教师的任职规定》《高等职业院校"双师型"教师考核办法》《高等职业院校"双师型"教师资格认证制度》等制度和措施，完善"双师型"教师从业资格的认定制度，实现"双师型"教师持证上岗。

最后，建立"双师型"教师资格水平监控保障机制。要提升高等职业院校教师的专业素质和职业地位，仅有相关资格认定制度是远远不够的，还需要建立"双师型"教师资格水平监控保障机制，定期对已获得职业资格证书的教师进行考评考察，以充分保障职业资格证书与教师从业能力的等值性，保证职业资格证书在岗位聘用、职务聘任、职称晋升和工资待遇等方面的基础作用，增强其社会认可度，从而真正有利于高职院校"双师型"教师的职业成长，有利于高等职业院校师资队伍的专业建设，有利于高等职业教育的深化发展。

（三）构建职称晋升标准，确保正确发展导向

实践证明，普通高等教育重理论科研的职称晋升机制并不适合高等职业教育"双师型"教师的评审。高等职业教育与普通高等教育是两种不同类型的教育，其教师职称评定标准理应有所区别。因此，高等职业教育应单独构建体现高职教师工作特色、适应"双师型"教师发展的职称晋升标准。一方面，要降低理论科研水平的考核比重，将技术实践能力、经历和开发应用能力纳入评审体系，并作为重要考评指标，强调教师专业技能水平的提升，突出学生职业能力的培养；另一方面，在"双师型"教师内部，根据"双师型"教师资格的等级分布评定职称，且可与普通院校的职称划分相对应。总之，高等职业教育独立的职称评定制度要使高职教师的一切职务评聘工作有利于高职教师的专业化发展，有利于"双师型"专业师资队伍的建设，从而确保高职院校"双师型"教师的正确导向。

（四）打造人才激励体系，吸引优质师资人才

激励机制的打造是"双师型"专业师资队伍建设的保障，对增强"双师型"教师职业吸引力、提高"双师型"教师职业地位有着举足轻重的作用。高等职业院校要走以政策吸引人、以政策留人的发展路线，在管理条例、考核评聘、职称晋升、岗位津贴、住房保障等方面向"双师型"教师倾斜，给予特殊政策。德国职业教育发展的重要经验告诉我们，充分提高高等职业院校"双师型"教师的地位和待遇是增强其职业吸引力，使高职教师职业成为人们向往之职业的社会条件。在德国，职业学校教师是国家公职人员，与政府官员享有同等的社会地位，能够免缴劳动保险费，不受解雇威胁，其工资待遇最高的可达到大学教授的工资水平，是一般工人工资的1.5～2倍，这还不包括其享受的各种补贴，以及在夜校或企业担任兼职的收入。这样的薪酬待遇使得德国的职业教育教师成为热门职业，充分保证了职业教育教师的整体数量和质量的最优化。而我国高职教育要想形成如此好的发展局面还有很漫长的路要走，当务之急是要建立起科学的薪酬管理体系，以吸引和稳定"双师型"专业师资人才。该体系的构建可遵循按劳分配与按能分配相结合的分配原则，重技能、重实绩、重贡献，在整体水平有所提升的基础上，奖优奖先进，真正使"双师型"教师的付出与回报相称，以此增强行业吸引力，凝聚职业向心力，促使更多的高职教师自

觉自愿地以"双师型"教师为努力方向,以成长为"双师型"教师而感到满足与自豪。

(五)健全绩效考评模式,激发队伍内在活力

根据《教师法》和《国家高等教育法》的相关规定,高等学校必须对其教师进行考核,并将考核结果作为聘任、晋升、奖惩的重要依据。可以说,这样的考核评价与每位教师的职业生涯发展都息息相关。为了促进"双师型"教师和专业师资队伍的整体水平实现全面、协调、可持续发展与提高,建立健全高职"双师型"教师考核评价体系显得尤为关键。

其一,要形成符合"双师型"教师特色的考核评价体系。以教学为重,以"双师"素质为亮点,充分体现高职教育的实践性、应用性。

其二,要以自我评价为基础。按照严格的计划,定期或不定期地全面对自身的教学和素质发展等方面进行检查,查漏补缺,以此避免管理人员碍于情面而影响评价的真实性,回避管理人员听课等造成教师紧张的心理因素,真正做到对自己的发展状况了如指掌。

其三,要以学生评价为主体。学生是教师教学活动的直接受动者。学生评教应是"双师型"教师评价体系的核心部分。在评价过程中可多组织学生参加座谈,然后形成对教师的综合评价意见,避免部分教师对学生的否定意见不予接受。

其四,要以行业评价为参照。就如澳大利亚的行业培训顾问委员会每年都对学校的教学质量进行定期评估一样,要借用行业专家的眼光和评审标准对"双师型"教师的专业水准、实践技能水平进行综合考察。

其五,要及时给予评价结果反馈。在综合所有考核评价结果的基础上,院校应及时给予教师反馈,帮助教师认清问题,明确发展目标,适时调整和完善个人职业发展规划。

三、以强化专业技能为重点,健全培养机制

面对现代化科学技术的迅猛发展,高职教育的教育教学要紧跟时代步伐,要实现现代化,实现高职教师的专业化发展,以能力提升为本位,建立健全高职"双师型"教师培养体制,加强其培养培训就显得尤为重要。

(一)规范培养规划,完善师资培养管理体系

我国对高职"双师型"教师的培养仍缺乏整体规划,没有形成规范化的培养制度。德国的职业教育教师专业化程度高的原因之一是其以法律、政策等方式规定了职教教师的培训制度,对参加培养培训的持续性和系统性做了严格的要求。鉴于我国的"双师型"师资培训"项目"多、整体性和系统性不强,加强培养制度建设是当务之急。一方面,可以在结合我国具体实际的基础上,参照发达国家的职教教师培养制度制定一套系统的高职"双师型"教师发展培养规划,从理论知识的掌握到实践技能的习得,从职前培养到职后继续教育乃至到培训时间的需求,例如规定职教教师每年必须参加一次培训,每两年必须顶岗实习一个月等;另一方面,每一位高职专业教师都应根据自身素质水平制定贴近自身实际的培养提升规划,并与院校培养规划相结合,进一步明确职业发展轨迹,增强培养实效,实现高职教师自我实现和职业发展预期的最大满足。

（二）充实培养内容，完善师资培养目标体系

随着我国高等职业教育逐步由规模建设向内涵建设过渡，高职教师也正由单一型、封闭型、专业型向综合型、开放型和复合型转变。无论是社会还是高等职业教育本身，对高职"双师型"教师的素质能力要求都越来越高。在"双师型"教师的培养培训过程中，培养什么、培训什么的问题也随之受到更多关注。德国的"双元制"职业教育是"以实践为导向"，故其职业教师培养坚持理论与实践相结合，突出职业实践能力的综合培养。根据我国高等职业教育的特点和"双师型"教师的基本素质要求，"双师型"教师应接受系统的职业专业理论知识和技能培养，在培养培训内容选择上应包括师范性、职业性、实践性和开发应用性内容。其中，师范性内容即教育教学及师范生技能类课程，强调教育教学素质的培养；职业性内容则是相关职业的专业课程内容，关注职业岗位的专项性；实践性内容是指参加生产、服务等一线工作的实习、见习活动，是在生产现场的工作经验要求；而开发应用性内容更强调创新性思维和发散性思维的培养和训练，以帮助"双师型"教师将专业知识、技能和技术融会贯通，使其相互渗透、转化，奠定开发创新的能力基础。

如今信息爆炸的时代悄然而至，正如福特公司的首席专家罗斯所言，"对你的职业生涯而言，知识就像鲜奶，纸盒子上贴着有效日期。工程技术的有效期大约是 3 年，如果时间到了，你还不更新所有的知识，你的职业生涯很快就会腐掉"。因此，"双师型"教师需要主动把握各种培养培训机会，适时参加岗位实训，及时吸收新的知识、技术，拓宽知识面，强化职业技能水平，以适应职业工作岗位的发展需求。

（三）创新培养模式，完善师资培养支撑体系

苏联教育家马卡连柯指出："教育者的技巧，并不是一门需要天才的艺术，但它是一门需要学习才能掌握的专业。"故而，高等职业院校"双师型"教师必须通过系统培养来扎实专业基础，提高业务能力，实现专业发展。以美国的社区学院为例，它实施教师"弹性多元进修计划"，对职业教育教师展开多样化的培养培训，具体包括研讨会、参观访问、夜校、视导服务、编订课程、专业组织举办会议、休假进修以及出国进修等。相比之下，我国的高职师资培训模式略显单一，必须进一步拓宽渠道、创新模式，为"双师型"教师培养培训提供更多机会，搭建更为广阔的发展平台。结合我国高等职业院校"双师型"专业师资队伍建设的现状，可以尝试实施四大培养工程。

1. 立足专业建设，实施院校培养工程

"双师型"教师的培养是一项长期的系统工程，需要有专门的职前培养渠道，实行专业化培养。譬如，英国的高等职业教育教师首先必须在大学期间通过系统、专门的学习获取相应的职业教育教师资格证书，然后到职业学校参加教学实习，去企业单位一线岗位工作，以获得教学、行业技术、管理技能和经验。实践证明，这些专门培养渠道培养出来的职业教育教师更能胜任职业教育教学工作。

结合我国高等职业教育发展实况，可以尝试在高校开设专门的职业教育师范专业，联合相关企事业单位和高职院校，共同实施以高等学校为主体的高职专业师资职前院校培养

工程。该种培养可实行本科与教育专业硕士连读的方式。在本科阶段的四年中，学生主要学习教育理论、师范技能、职业教育的基本理论知识、教学论，并参加一定的教育实践；其后的专业硕士学习阶段，学生选择具体的专业方向，利用一年半的时间集中学习所选专业的理论知识，并参加企事业单位的顶岗实习，最后半年则前往高职院校进行教学见习和实习。需要强调的是，学生在企事业单位顶岗和高职院校实习两个环节所占学分应等于或高于其在校就读所有课程的总学分，以此突出专业技能和教学技能的重要性。

2. 依托校企合作，实施行业培养工程

面向企业、面向生产是高职教师提高自身"双师"素质的根本出路。德国采取的"双元制"模式就是一元为高职院校、一元为企业；瑞士采取"三元"模式，其中三元分别是政府、高职院校和企业。其共同之处在于都有企业的广泛参与，且这种参与不仅体现在职业院校的学生培养上，更体现在职业教育专业教师的培养和发展上。因此，我国"双师型"教师的培养培训必须建立深层次的校企合作机制，努力形成行业、企业广泛参与的良好师资培养机制。

首先，要自主开发和嫁接企事业单位实践基地。一方面，高等职业院校可以与全国或当地比较知名的企事业单位建立联合机制，在生产一线挂牌，将企事业单位发展成为学校定点实践基地，安排教师分批分专业实训，实现长期合作；另一方面，有条件的高职院校可以仿照医科大学办附属医院的模式，附设相应企业，统一由校方管理，这样不仅可以有计划地安排本校专业教师前往企业实习锻炼，也可以从企业中聘请优秀技术人员担任兼职教师，这样不仅可以有效保证专业教师的实践锻炼机会，还能促进兼职教师队伍的稳定、持续发展。

其次，要建立专业教师顶岗实践制度。教育部在2006年颁发的《关于全面提高高等职业教育教学质量的若干意见》明确指出，要"增加专业教师中具有企业工作经历的教师比例，安排专业教师到企业顶岗实践，积累实际工作经历，提高实践教学能力"。这要求高职专业教师尤其是缺乏职业实践经验的青年教师直接进入职业现场，与实际生产"零距离"接触。高等职业院校可与企业达成长期协议，由企业空余一些工作岗位给高职专业教师，由高职院校有计划性地安排本校相关专业教师轮流顶岗，接受培训。这将真正有助于高职专业教师将理论付诸于实践，在全真的实践环境中切实锻炼并提升技术实践能力，提高"双师"素质。

最后，鼓励和支持"双师型"教师参与企业、科研机构技术开发和专业实训室建设。"双师型"教师除了要有扎实的理论知识、熟练的技术能力，还要有一定的技术开发和推广能力。为此，高职专业教师完全可以尝试参与企事业单位和科研机构的科研开发项目，参与企业的专业实训室建设工作，承揽企业的科研项目，在帮助企业解决实际问题的同时提高自身的科研和技术开发能力，深化校企合作，实现企业、教师与高职院校的同步"三赢"。

3. 锻造特色品牌，实施校本培养工程

校本培训是指在教育行政部门和有关业务部门的规划与指导下，以教师任职学校为基本培训单位,以提高教师教育教学能力为主要目标,把培训与教育教学、科研活动紧密结合起来的一种继续教育形式。它能够最大程度地提高高职院校自身的资源利用率,广泛调动高职专业教师的积极性和主动性,有目的有计划地提升教师素质、提高教学质量。

第一,实行"以老带新、以优带新"制度化。这种方式是多数学校在培养新教师和青年教师时常用的方法,利用本校现有的优秀"双师型"教师指导培训青年教师,开展分类赛课评比等活动,鼓励推动新教师、青年教师快速成长。

第二,提倡因材施教,有针对性地开展专业教师培训。高职院校要遵循教师成长发展规律,根据自身教学资源特点和专业师资队伍发展规划,对本校教师分层分类分阶段进行培训。比如,根据不同的教师群体特点,安排不同系列的"项目"、专题对本校专业教师实施培训等。

第三,鼓励专业教师开发校本课程。校本课程是学校根据本校的教育哲学,通过与外部力量的合作,采用选择、改编、新编教学材料或设计教学活动的方式,并在校内实施以及改变内部评价机制的各种专业活动。专业教师参与到校本课程的开发中,一方面可以促使其发挥自主能动性,努力采取一切教育手段,将职业专业的文化知识和技能传授给学生,另一方面也促使其培养自身教育素质,系统梳理自身知识结构,努力钻研专业理论,并自觉走向生产现场,实施教育实践,参与教育科研,从而不断提高教育教学质量、增强教育教学自信。

4.拓展培训空间,实施跨国培养工程

教育的另一种合作方式是"给教师提供到别国去工作的机会。教师可以到外国进行一些跟上时代的高深研究,从事某项特定的研究项目或钻研某种专门的学科。这种方式可以充实教师的训练,提高他们的能力"。国外的职业技术教育发展历史悠久,无论是其办学体制还是师资培养都走在我国前列,其丰富的经验值得我们学习和借鉴。如德国"双元制"职业教育以严格化的控制来实现高质量教师培养,美国较早制定了职业教育资格认证制度,实行达标教育等。可以说,国际化培养是高职专业师资面向世界的重要途径,是其职业培养平台的一种提升。因此,教育行政部门和高等职业院校可直接派遣专业教师到国外参加培训;可以与国外一些职业大学联系,达成长期的合作项目,定期组织互换教师,"走出去"和"引进来"并驾齐驱;也可以直接与企业联系,参观国外在生产技术上具有代表性和先进性的企事业单位等,形式多样,目的明确。随着这一国际合作空间的开拓,我国高职专业教师将走出国门,真正接触到国外发达国家的职业教育,汲取先进的职业教育理念,掌握世界领先的职业技术、技能,从而有效开阔眼界、开拓思路、拓宽知识面、实现快速发展。

当然,上述四大高职教师培养工程应是一个密不可分的有机整体,相互联系、相辅相成。它们的有效实施共同对高职院校专业教师提升职业素养,跻身"双师"之列,成为"技高"之师发挥积极作用。

（四）狠抓基地建设，完善师资培养网络体系

我国高职院校专业师资队伍整体素质不高、"双师型"教师不足等问题已是不争的事实，根据国家教育部的相关规划要求，高职"双师型"师资队伍的发展任务十分艰巨。虽然各高职院校纷纷利用校内的各种资源为专业教师的发展提供一切可能的条件和机会，但多数学校设备陈旧，难以满足专业教师对高新技术和先进理论的需求。为此，教育部已在全国各省市有条件的地方建立了一系列国家级和省级高职高专师资培养培训基地，承担对现有高职专业教师职前、职后的集中培训。遗憾的是，这些覆盖了30多个省市的培养培训基地并没有成为高职专业教师修炼"内功"的向往之所，国家精心策划与规划的高职师资培训网络也没有得到充分的开发与利用，在提升教师综合素养方面的实际效用不大，颇有隔靴搔痒的意味。要改善这一现状，进一步加强基地建设是必然选择。

首先，基地建设要努力实现社会化发展。要改变目前基地建设以学校为主体的状况，将培养培训的中心逐步转向社会，转向相对应专业的企事业单位，与社会各界形成一定的联系机制，共同把脉高职"双师型"教师的发展现状，找准专业师资培训的突破口，为培训教师提供实践提升的见习和实习机会，从而切实提高高职教师参加基地培训的实效性。

其次，基地建设需要不断推陈出新。要紧密结合高等职业教育和社会职业发展赋予"双师型"教师的新使命、新任务、新要求，尊重受训教师意愿，灵活把握培训内容和培训方式，不断推出符合时代发展需求的、具有吸引力的培训项目，最大程度地满足受训教师自身发展的需求和愿望。

再次，基地建设要始终保持代表性和先进性。基地所拥有的各项生产技术、实训设备都应在全国至少在本地区具有代表性和先进性，专业培训师的聘用也应具有一定的权威性。

最后，基地建设要通力实现网络化。各基地之间要充分利用互联网等先进技术，增加基地间的沟通、培训师生间的交流，形成高职"双师型"专业师资培养培训网络，使得专业师资培养更具开放性、灵活性。

（五）拓宽经费渠道，完善师资培养保障体系

经费是"双师型"专业师资队伍建设持续快速发展的重要物质基础。培养经费不足已经严重影响"双师型"教师培养培训工作的顺利展开。我们不妨看看澳大利亚的职业教育投资体制，它在以政府拨款为主的前提下，走政府、企业、行业和个人多元化投资主体的路线。目前，TAFE学院的经费来源主要分为四类，即证书课程计划专项经费（占总经费来源的60%左右，其中80%为政府投资，学院个人或用人企业支付20%）、用户选择培训项目（占总经费来源的20%）、培训招标项目（占总经费来源的10%）以及完全商业运作的培训项目（占总经费来源的10%，完全由学院按照市场机制获得）。这样多元化发展投资主体，无疑为职业教育的经费筹集带来了活力。因此，我国除了各级政府在教育经费划拨的过程中充分重视高等职业教育，增加对高职教育的投资，各高等职业院校也可尝试设立专业"双师型"教师培养专项基金。该基金用以支持专业教师参加培训、进修，

鼓励教师考取职业技能资格证书，奖励优秀骨干"双师型"教师，从而保障"双师型"专业师资队伍建设工作顺利开展，避免高职院校以资金紧张为由拖沓专业教师培养培训工作。该基金的资金可以以国家拨款为主，以高职院校为企业提供有偿服务为辅，同时可号召各企事业单位或个人进行捐款等。在对"双师型"专业师资队伍建设的评估中，该项基金的建立和运行情况应纳入考量。

四、以建设教学团队为抓手，优化队伍结构

目前我国高职院校"双师型"专业师资队伍的水平既没有达到教育部规定的双师比例占50%的基本数量要求，也没有充分满足高职教育发展的质量要求。因此，教育行政部门和高等职业院校要刻不容缓地制定政策、采取措施、优化队伍结构，促进"双师型"专业师资队伍建设。

（一）依托教学团队，建设人才梯队

构建高效、有序的"双师型"专业教学团队是学校建设的战略性基础工程，对现阶段高职专业教师自我完善提高、师资队伍结构优化具有重要意义。一般来说，专业教学团队主要有以下四个特征：

其一，团队师资来源多元。它包括优秀"双师型"骨干教师、高职专业教师、兼职教师、高等院校毕业后到校任教的新教师等，且共通之处在于他们都在努力使自己符合"双师型"教师标准。

其二，团队成员构成互补。他们各有特长，既有专业理论扎实的专任教师，又有实践经验丰富的兼职教师，还有具有较强创新意识的青年教师等，这样的优势整合与互补，尤其在承接某些项目时，有助于一部分骨干型教师脱颖而出，有助于积极引导团队青年教师增强自我发展意识，引导他们在学历提高、上岗培训、业务水平提高等方面用"新信息、新理论、新知识、新技术、新技能、新方法"充实自己、塑造自己、锻炼自己。

其三，团队整体目标一致。提升团队的整体工作效率和教学水平，培养适应社会经济发展需要的一线应用型人才，这一共同愿景的确立将激发团队成员自我发展、自我提升的积极性，凝聚团队的向心力。

其四，团队发展持续和谐。团队加强理论学习探讨，提升实践技能，能较快地形成传、帮、带的学习风气，发挥老教师、骨干教师的指导性作用，使中青年教师在更新知识、拓展技能、提升教学能力等方面具有更突出的职业特征和专业特色，从而打造一支可持续发展的"双师型"专业教学梯队。

因此，各高职院校可根据学校专业师资的现实状况，将建立"双师型"专业教学团队纳入"双师型"专业师资队伍建设规划，酌情制定相关的团队建设与管理办法，广泛调动专业教师的积极性和主动性，以加快建设和发展"双师型"教师人才梯队。

当然，建设"双师型"专业教学团队并不是一蹴而就的，也少有前人成功的典范得以借鉴，需要高职院校不断探索与实践，进而使之逐步走上规范化、制度化和科学化的发展

轨道，以适应高等职业教育的快速发展和现实需求。

（二）发展兼职队伍，广开师资才源

兼职教师是高职"双师型"专业师资队伍的重要组成部分，是沟通教育与职业、学校与企业的重要渠道。数据资料显示，英国的职业教育师资中，兼职教师占63%，澳大利亚TAFE机构中兼职教师占比达到了2/3。发达国家的经验告诉我们，加快兼职教师队伍建设是我国高职院校专业师资队伍建设"广开才源"的重要途径。

1. 依托校企合作，创建人才储备

企事业单位是"双师"素质教师的"藏龙卧虎"之地。要改善当前我国高职院校专业师资队伍兼职教师比例少、质量不高的现状，必须要"走出去，引进来"，依托企事业单位，主动创建高职院校兼职教师的人才储备库。

首先，政府部门应出台相关扶持性政策。一方面，可落实一定的专项资金或编制，用于兼职教师的课时报酬及队伍发展，以吸引社会人才投身高等职业教育事业；另一方面，明确企事业单位向高职院校提供兼职教师的责任和义务，鼓励并帮助社会各行业的优秀人才去高职院校任职。

其次，高等职业院校要广开门路，广纳贤才。要改变师资来源以高校毕业生为主的传统做法，以1/3～2/3的比例要求聘请兼职教师，实施吸纳社会、行业优秀人才的优惠政策；要建立外聘教师信息网，扩大兼职教师的选择范围，择优录取；要根据院校的实际情况，设立特聘教授岗位，将企事业单位的技术权威人士引入学校的专业师资队伍中，实现专业师资队伍知识技术与经济发展同步甚至超前，并以此不断激发专业教师自觉提升业务水平的热情和动力。当然，一旦兼职教师任教，就要保证具有相对的稳定性，以减少教师之间、师生之间的磨合期，确保高等职业教育的教育质量。

2. 健全管理机制，强化岗位管理

严格把关高职院校兼职师资队伍的管理是充分发挥兼职教师作用、提升教育教学质量的重要保证。以澳大利亚的TAFE机构为例，其兼职教师均来自企业生产、服务行业的一线，必须具有本科以上学历，受过相关行业的教育专业培训。他们受聘后与学院签订短期工作合同，且合同期内必须全天在学校工作。如此严格的管理制度值得我们借鉴。

第一，在选聘上，强调兼职教师的高质量。兼职教师应有本科以上学历，有丰富的一线实践经验。他们必须参加教师岗位培训的学习，经考核合格获得执教资格后方能任教。

第二，在管理上，注重严把关、重考核。学校要淡化兼职教师的"身份"管理，强化岗位管理，建立起合理的用人机制和科学的分配制度。即使难以如澳大利亚的兼职教师那样全天在学校工作，也不能将兼职教师视同临时的兼课教师，院校应当对他们的工作时间、工作内容都有所规范，而且对他们的教育教学工作定期进行考核评议。

第三，在使用上，突出体现人文关怀。高等职业院校的领导要加强与兼职教师的沟通交流，尊重和重视兼职教师从事教学工作的各种想法，真诚相待，人性管理，凝聚兼职教师队伍的向心力，调动兼职教师的积极性和主动性，使兼职教师主动为教学工作服务，为

提高教学质量努力，为高职教育的发展出谋划策。

（三）规范师资流动，推进持续发展

关乎高等职业院校"双师型"教师的流动，在合理范围内的，有利于人尽其才、才尽其用，有利于专业师资队伍整体素质的提高、活力和生命力的增强；不合理的，则造成人才流失，高职也沦为个人职业发展的跳板，不利于"双师型"专业师资队伍的持续、健康发展。不少学者对当前高职院校留不住人的现象作了诸多分析，大多认为经济收入低是教师流动的主要原因。实际上，研究资料表明，教师将"受人尊重，工作、学习、生活较为自主"和"追求较高的社会地位"作为首选，"追求高收入"仅居第三位，其最关注的还是自身的心理环境和成长环境。因此，规范"双师型"专业教师流动要从以下四个方面着手。

首先，引入现代教师管理制度。一方面，将社会竞争机制纳入教师管理，在"双师型"教师的录用、晋升、评价等各个环节坚持公平、公开、民主，体现"优胜劣汰"的理念；另一方面，规范完善"双师型"教师的交流、辞职、辞退制度，促进教师队伍的新陈代谢，保持教师队伍持续发展的生命力。

其次，以社会激励机制为动力，强化高职教师的考核、竞争、奖惩、薪酬等制度，提高"双师型"教师的社会地位，增强"双师型"教师岗位的吸引力。

再次，完善教师的劳动力市场，加强政府对教师劳动力市场的宏观调控，健全劳动力市场的运行和服务体系，改善当前教师流动的无序状态，为"双师型"专业师资队伍建设搭建稳定和谐的发展平台。

最后，启动地区教育合作项目，以骨干高职院校为中心，打破地区、行业界限，实行同类学校或同类专业联合办学，优化专业师资配置，实现资源共享，促进改善"双师型"教师地域分布不平衡的状况。

总之，高职院校"双师型"专业师资队伍建设是一项长期、复杂的社会系统工程。这要求我们以辩证的眼光看待它，一方面，我们不能把"双师型"专业师资队伍建设过分理想化、简单化，而要正视队伍建设存在的不足；另一方面，我们也要认识到"双师型"专业师资队伍建设的独特性和可行性，从而看到队伍建设的希望所在。

第七章 "双高计划"下高职院校师资队伍建设

第一节 "双高计划"下高职院校师资队伍建设存在的问题及成因

"双高计划"是中国特色高水平高职学校和专业建设计划的简称。"双高计划"是国务院为建设一批引领改革、支撑发展、中国特色、世界水平的高等职业学校和骨干专业（群）的重大决策建设工程，亦是推进中国教育现代化的重要决策。"双高计划"旨在打造技术技能人才培养高地和技术技能创新服务平台；引领职业教育服务国家战略、融入区域发展、促进产业升级。"双高计划"的任务是"一加强、四打造、五提升"，打造高水平双师队伍就是其任务之一。

一、"双高计划"下高职院校师资队伍建设存在的问题

"双高计划"下高职院校师资队伍建设的关键在于高水平"双师型"队伍的建设。高水平"双师型"队伍的建设需要耦合师资质量、师资结构、师资管理效度、师资培训等多个要素。结合江西 X 学院的师资队伍建设的调查分析，总结众多学者相关的研究资料，发现"双高计划"下高职院校的高水平"双师型"队伍建设在这几个方面存在问题：师资质量、师资培训、师资管理。

首先，师资质量方面的问题。从江西 X 学院师资质量方面的调查数据发现，学校教师为提升自身的双师素质，入企业实践以加强实践技能时遇到了各种困难，教师们普遍反映的问题为"难以联系到对口企业（45.2%）""在企业难以找到指导师傅（17.5%）""企业实践效果差（22%）"。教师们遇到的这个问题涉及高职院校的产教融合平台建设情况，产教融合平台的建设关系到高职院校"双师型"师资队伍的质量，这个问题反映出"双师型"教师建设与产教融合的匹配性不强。

产教融合与"双师型"教师建设的匹配性不强，具体表现如下：

一是产教融合的范围不够广，"双师型"教师入企业实践受到各种限制。企业追求的是"小而精"的经济利益，把经济效益放在第一位，与高职院校教师追求的"产学研创"有一定的冲突。因此，当教师入企业进行社会实践时，接触的大多是"皮毛"岗位。

二是产教融合不够深入，"双师型"教师在产教融合企业的创新工作受到影响，入企

业接触不到企业的核心技术或者技能，创新没法展开。

三是产教融合的三大参与者——政府、高职院校、行业企业未能积极地参与进来，没能好好配合。政府经常性缺位，高职院校因为校内治理不力和校外脱离市场而内忧外患，行业企业以盈利为主，保护专利。"双师型"队伍建设在这种环境下举步维艰。

其次，师资培训方面的问题。从江西X学院师资培训方面的调查数据可以发现，江西X学院的师资培训形式化，培训内容较单一。教师的培训系统与"双师型"教师建设的协调性不到位。一方面，教师培训系统不够成熟，高职院校内的教师专业发展中心建立的时间较短，且各高职院校对其的重视度不够，教师专业发展中心各项配置不齐全。另一方面，关于"双师型"教师的标准，各高职院校有自己的标准，国家层面的"双师型"教师标准还未公布。因而存在协调不到位的问题。

最后，师资管理方面的问题。从江西X学院师资队伍建设的调查发现，江西X学院在师资管理方面——考核和评价上存在问题。51.2%的教师认为学校的考核与评价重科研轻教学，35.3%的教师认为重理论轻实践，论资排辈的问题也占到了32.5%。这说明江西X学院的管理制度不够与时俱进，"双师型"教师作为高职师资质量的关键，教师的考核与评价机制需要更新。教师评价制度与"双师型"教师建设的契合不够。一方面，高职院校的评价制度未能跟上"双师型"教师在学校的主体地位；另一方面，"双师型"教师的认定方面比较模糊，还不清楚具体的认定方案，也就是教师评价制度与"双师型"教师的建设契合不够。

现在看来，"双高计划"下的高职师资队伍建设存在的问题依然是师资质量、师资培训、师资管理、师资结构等方面，只是随着高职院校的发展，在大问题下面衍生出了各个阶段的具体问题。目前，高职院校师资队伍的质量是最需要提上去的，这关系到"双高计划"实施的效度。

二、制约高职院校师资队伍建设的制度因素

（一）教师资格制度与选聘机制不完善

教师资格制度是各种类型教育认定教师具有何种任教资格的制度。中小学有相应的资格认定标准、参考用书和流程。而高职教育是同时具有高等教育性质和职教性的高等教育，其教师资格的认定标准、认定流程沿用的是高等教育的资格认定标准，体现不了高职教育的职业性特点。高职教师资格仅根据四个基本条件来认定，是不科学的，不能体现高职教师实践技能方面的能力。高职院校倡导的"双师型"教师标准，是一个很契合高职教育特点的标准，但是对于"双师型"标准，每个学校的规定都不同，这也造成了"双师型"的标准多种多样，认证标准不一致，实施起来很有难度。

"双师型"教师队伍的壮大不能缺少统一的"双师型"认定标准。然而直至今日，国家尚未出台正式的文件或条文来界定"双师型"教师的内涵和标准，因而并未出现统一规范的"双师型"教师认定规范。这就使得高职院校在招聘教师时，没有统一的招聘标准，

缺乏相应的制度和法律支持，高职教师无法根据体现其职业特色的教师资格制度进行认证，造成了高职教师资格制度的形式化，高职院校招聘的教师质量和素质各异。

（二）高职教师的选聘机制不完善

目前，我国高职院校的选聘机制略有不同，但都强调了高学历、有工作经验。高职教师的选聘方式不合理，存在不规范操作，集中体现在聘请兼职教师上，对兼职教师的资格审查不够严格，导致不合规范的教师进入师资队伍，留下教学事故的隐患。看重应聘教师的专业能力而忽视其教学能力，不能达到预设的教学效果。招聘退休的年老教师，只考虑到其教学和技术能力而忽视教学模式能否为学生接受，难以形成专兼任教师的优势互补。

（三）教师培养培训机制存冲突

高职院校是高教性与职教性兼备的教育场所。高职教师的来源不仅有高校毕业生，也有企业人才，还有其他高校的兼职教师。对来源途径不同的教师进行培训，应该因材施教，以求最大程度地提高培训效果，然而高职学校的培训标准缺位，导致高职学校的实际做法就是眉毛胡子一把抓，课堂注重培训理论知识。

高职院校教师的培养培训机制存在冲突。目前来看，中国高职教师的来源多是高学历高校毕业生，理论知识普遍较为丰富，是具备基础理论知识的学者。而高职师资的培训则是面向实践与实际教育。培养所学和培训所习是全新的东西，对于新教师来说，一时难以适应，需要较长的时间进行角色转换和适应。在校学习培训的是技能的理论知识，下企业接触的是技能理论知识的直接应用，转换的跳跃性很大。高职院校的职业标准是要求具有高学历、高水平、丰富实践经验，而在实际的教师考察过程中，以学术论文的发表、课题研究的多少作为评价考核的标准，体现高职教师职业性的实践教学能力却不进行考核。这都是高职教师培养培训机制存矛盾、不健全的表现。

（四）教师资源配置机制不合理

教师资源配置是指教师在不同方面的分配使用，进行教师配置也就是建立团队架构。师资队伍的年龄、结构、职称、专兼职教师情况都与教师资源配置合理与否密切相关。在现阶段的教师组织机构方面，存在突出问题的是兼职教师的相关情况。关于兼职教师的聘用，现阶段没有相关的平台与学校对接潜在或者说可用兼职教师的信息，这里的兼职教师既指企业的技能人才，也指其他高校的教师。对接平台的缺乏，使得兼职教师招聘渠道不通畅。关于兼职教师的培养考核，其标准也参照专职教师的标准，专职教师与兼职教师所擅长的领域本就不同，却用同样的标准进行衡量，久而久之，对于兼职教师的考核评价就变得形式化。兼职教师的教学水平好与坏并没有相应的考核评价，因而，兼职教师对在哪个学校任教难以产生忠诚感，经常性的是以报酬高低为任教的向导。"公平理论"指出，员工对自身薪酬水平的满意程度会影响其工作积极性，而满意度取决于自身工作收入的情况及其对自身收入同他人收入和历史收入之间的对比。教师的职后教育激励机制，对于提高教师积极性和激发潜能具有重要的作用。然而现阶段高职教育的教师职后教育激励机制欠缺。

首先是高职教师的薪资待遇过低，难以解决住的大事情。住房的价格远远高于高职教师的薪资水平，这使得高职教师不得不转向薪资更高的学校或者换工作，因而高职教师职后教育的激励机制应该相应地保障高职教师住的需求，唯有如此，高职教师才能安心工作，在教学领域和科研领域铆劲，师资队伍的稳定性才更有保障，高职院校的发展才能稳步向好。

其次是对于激发教师潜能的教育教学环境，多数高职院校对于高职教师需要的实验设备等硬件的投入不够，缺东少西的现状阻碍了高职教师潜能的积极发挥。

最后是教师激励机制或者评职称的标准，与高职学校办学的总体标准——高教学能力和实践能力有出入。目前高职院校的晋升机制也有不合理之处，"重学术""唯论文"趋向强烈，易造成教师忽视学生实践能力的培养。

对于在教学能力与实践能力方面表现突出的教师并未给予应有的关注，而是对搞科研、发论文给予奖励，如此下去，教师都以科研、课题为主，高职院校学生的未来出路交给谁呢？高职院校的职业性特点又该怎么体现呢？这要求制定出新教师职后教育激励机制，在高职院校办学标准的引导下，促进高职师资队伍的稳定建设，激发高职教师的潜能，促进高职教育的发展。

三、制约高职院校师资队伍建设的经济因素

（一）经济发展欠发达

经济的发展与教育教学的发展有相互促进的作用，经济越发达的地区，其高职院校进行"双高计划"的建设越容易展开，实施起来越容易落实到位。仔细观察国际和国内的教育发展，一般经济发达地区的教育水平更高，培养出的人才也更能适应社会需要，人才转而促进教育的发展，二者相互促进，实现共赢。中国高职院校的发展也符合这种规律，在经济发达地区的高职院校本身就具备造血功能，而在经济欠发达地区的高职院校则对政府和社会投入的资金、其他渠道获得的赞助金较为依赖，有点像靠输血续命，其对经济社会的促进作用也不如发达地区强。

经济发展水平不高，人才就不愿意前往，"人往高处走"深刻地阐明了这个道理。人才不愿意前往，但是当地的高职院校学生还是那么多，对教师的需求只增不减，优秀的师资嫌薪水过低，不来应聘，导致教师队伍难以增量提质。这就造成了经济欠发达地区的师资水平一般，远比不上经济发达地区，其对高职院校的可持续发展极其不利，会使得优秀院校越来越优秀，不够优秀的院校越来越差。

（二）师资建设高薪竞聘严重

开展高校师资队伍建设，较高的薪资和物质条件是基本条件，尤其是在当下，丰厚的薪资和优质的物质条件，成了引进优秀师资的必需条件。各高校你争我抢优秀人才的过程，催生了薪资和物质条件的虚高。多数高职院校的造血功能不强，依靠财政补贴，本就捉襟见肘的经费分散到教育教学的各个方面，如此虚高的薪酬给高职院校带来更重的担

子，不利于教育事业的发展。另外，高薪优酬从校外引进人才，会使已经招聘在校的教师产生不公平感，工作积极性受到打击，不利于师资队伍的发展。蝴蝶效应的结果就是影响人才培养质量，进而影响"双高计划"的开展。

（三）职后培训资金投入不足

高职师资职后培训资金投入不足，师资队伍稳定性差，不利于"双高计划"的有序展开。通过对最近5年《中国教育经费统计年鉴》资料收集和分析，发现全国高等本科学校的教育经费总额平均每年约8728.37亿元，全国高等职业院校经费总额平均每年约1408.76亿元，高等本科院校经费总额约相当于全国高等职业教育总额的6.2倍。目前，高职院校办学经费面临来源单一的情况，主要依靠地方政府的财政拨款，学杂费、社会捐赠以及其他收入的占比都很小。鉴于高职教育的高教性和职教性，职业教育在日常教学中需要培训平台和实践设备进行实践技能培训，职后培训需要国家、省级政府、地方政府、社会加强对教育经费的投入。

然而，当前教育经费的划拨存在滞后性，或者说教育经费投入不够多，优先享有教育经费的是本就享有国家或者地方政府政策支持的院校，而那些本就不够优秀的高职院校得到的经费更少，只能维持正常运转，大刀阔斧的改革只有在相关政府的资金到位后才能开始。高职教育经费的短缺，使得多数高职院校的发展举步维艰。高职院校的可持续化发展，依赖于一支数量充足、结构合理、水平较高的双师型教师队伍，然而教师队伍的建设也需要资金的维持，否则，教师的流失率会升高，师资队伍不稳定，高职院校的办学质量就难以把控。因而，师资队伍的职后培训资金投入应予以满足。

四、制约高职院校师资队伍建设的文化因素

（一）精神文化不够丰富

丰富的精神文化可以为高职师资队伍建设提供精神动力。"双高计划"中师资队伍建设目标之一是建设"四有"标准师资队伍。"四有"标准属于精神文化层面，习近平主席强调了"双高计划"师资队伍的精神建设，从侧面反映出师资队伍建设在精神文化上有欠缺，因而把精神文化放在师资建设目标的首位。这里所说的精神文化是指学校精神文化，多数高职院校的学校精神文化不够丰富。比如，校风积极向上与否，教风严谨与否，育人理念兢兢业业与否，道德规范高尚与否，自我提升意识强烈与否，职业成就感存在与否，职业归属感强烈与否，都与"高职计划"师资队伍建设的成败密切相关。"双高计划"高职师资队伍的建设需要丰富的精神文化助力。

（二）物质文化不够丰厚

丰厚的物质文化可以为"双高计划"高职师资队伍建设提供必要的物质支持。物质文化是高职师资队伍建设的基础条件，师资队伍的建设都是以物质条件为依托落实到位的。高职教育所需要的培养培训平台有赖于物质文化，物质文化中的地理环境、各项教学措施、图书资料、学校建筑等，都为师资队伍的建设提供物质支持。当前高职院校位于经济

发达地区，决定了高职院校用于教育教学、师资队伍经费的多少。若高职院校的各项物质文化不丰厚，不利于高职师资培训、实践、教学的展开，不利于"双高计划"师资队伍的建设。

（三）制度文化不够完善

制度文化不完善对于"双高计划"高职师资队伍的发展有阻碍作用。无论是高职师资队伍建设存在的师资队伍结构欠佳、师资队伍质量待提升，还是师资队伍管理效度待提高、师资队伍培训不够先进等问题，通过完善制度文化，辅助其他手段，都能得到快速解决。

第二节 "双高计划"下高职师资队伍建设的优化对策

一、政府层面对策

（一）健全准入机制，把好质量关

高职院校必须健全高职师资准入机制，对师资进行系统化、持续性、针对性的培养，新教师的培养时间不少于两年。

1. 统一招聘标准

高职教师的招聘标准一直以来都模棱两可，这使得招聘的教师质量良莠不齐。要把好高职师资的质量关，首要的是明确规定高职师资的准入标准。各个高职学校有不同的特色，但高职院校的专业有很多是重复设置的，即使有不同的专业，也可以为各专业单独设置标准，只有制定统一、规范、明确的准入标准，才能在教师招聘时确保招来的人才满足高职院校的人才需求。招聘标准的切实可行，需要多元化的标准制定者来保障。制定者主要是高职学校教师、企业专家和职教领域的专家等。唯有多方智囊共同制定，招聘标准才更具科学性和实用性。

招聘标准的有效实施，必须依靠外力的保障。考虑到当前的教师招聘存在不同方面的问题，所以应借助第三方公平公正的处理。第三方教育评定组织应由我国的职成司直接管理，由我国职业教育人才信息管理中枢、产业技能培训组织、各高职学校协调管理，并协调行业专家、学界专家、资深的"双师型"教师共同参加。第三方评定机构的设立，可以减少裙带关系作祟，教师招聘更加透明公开，招来的人才质量大有保障。

2. 构建"过程导向"的教师资格认定机制

当前，我国的职教师资格认证依然沿袭高等教育的认证方式，难以体现高职教育的特点，故应调整资格认证的过程，由以往资格认证的结果导向转变为过程导向的认证方式。在获取了教师资格证后，教师还要定期进行教师资格能力的审查，与传统的教师资格定期审查不同的是：职教师资审查需要做检测，过关后可以继续持有资格证，或者根据实践经验的积累，换一个更高层次的资格证书，如果审查检测未过关，那么将进入培训机构进行培训，直至审查通过，这种方式有利于保持教师学习教育教学专业知识的积极性，同时也能提高教师的专业能力。

（二）加大经费投入，把好保障关

在"双高计划"高职师资队伍培养过程中，足够的资金是推动工作顺利开展的重要基础，也是保证其高效实施的关键，因此，政府必须拓宽资金的来源途径，建立多元化资金保障机制。政府部门制定配套的政策措施，明确规定高校和企业应该承负的社会责任，同时政府也要制定相应的鼓励优惠政策，给予参与高职师资培训的企业相应的税费优惠政策和政府融资补贴，多方协作帮助高职院校克服资金来源途经狭窄、地区分布不均衡等问题。政府在加大财政投入的同时，也应该准许企业、行业、事业单位、私人共同办学，尤其要充分调动企业开办职业教育的积极性。用法律条文来明确企业的责任与义务，同时政府也可以对一切出资职业教育培训的主体给予税收优惠，以便建立多渠道办学的机制。

（三）健全教师发展评价机制，把好评价关

机制完善不是目的，通过机制的不断完善来持续提升教师的教育教学能力和综合素质才是目的所在。教师发展机制的完善应该遵循可行性原则，教师发展评价机制的实施原则是公平、公正和公开。

对于高职教师的发展评价，其评价的标准应该规范，评价的主体应该多元，评价的对象应该客观。教师发展评价的标准应该与时俱进，并且能够充分反映高职教育的特性。也就是说，高职教师的发展评价要充分考虑高职教师在学术领域的贡献，以及在教学环节的实践、动手能力的贡献，唯有如此，才能发挥教师发展评价机制促进教师发展的作用。考虑到高职院校的教师，有的是行政坐班老师，有的是专任教师，还有的是兼任行政岗和教师岗的教师，工作任务不一样，对他们使用的评价指标也不一样，应该分门别类地确定合适的评价指标，这样才能使他们都最大程度地公平参评。评价的指标可以分为教育教学、专业理论知识、专业实践操作能力、职业道德水平等方面，对这些指标的运用应该从高职院校教师岗位的实际情况出发。评委应该多元化，而不仅仅是校领导做评委，参评对象和第三方人员都应该出现在参评现场。为了客观、公平起见，参与评价的应该是第三方组织，由第三方组织进行第一次评价，然后由相关院系的领导与教师进行第二次检查，这样能极大地保证教师发展评价的公平。

二、社会层面对策

（一）构建多元教师培养和培训机构

构建多元教师培养、培训机构，即教师接受培养、进行培训的主体较多元。高职师资的培养培训主体可以是专门设立的培养高职师资的师范院校，其办学主体可以是政府机构，也可以是行业、企业和私人，该类型的师范院校，根据目前高职院校师资紧缺的专业，结合高职师资队伍建设经验，再加上"双高计划"师资队伍建设的新要求，综合教育界的

专家、行业内的大师、企业界的名匠意见，制定出专业课程标准和专业实践操作标准，建设"双师型"素质教师。

在师范类学校开展学科专业知识和教学专业知识教育的教师，既要掌握学科理论知识，也要掌握高职教育教学相关的知识。教师在师范类院校学习相应的专业理论知识与教学专业知识，并且在毕业前通过相关资格证考试，拥有该类型教师资格证方可进入相关高职院校从教。

社会领域里的行业与企业开展教师培训，是"双师型"师资培训的一种必然方式，教师们在师范院校的培养以相应的学科基础知识与教育专业知识为主，也辅助性地学习技术技能的理论性知识，具体的实践操作要通过去行业、企业实操，提高动手能力。当然，行业与企业也可以委托社会培训机构，对教师进行职前、职中、职后的培训。由行业内的大师名匠担任导师，进行技术技能的传授，攻克实际操作中遇到的难题，使得实践操作技能被大多数教师掌握，提高高职教师的综合素质。行业、企业培训招收的学员范围广泛，可以是刚毕业的师范类院校的大学生，也可以是工作多年的高职院校教师，充分利用学校、社会的力量，既能补充知识，又能冲刺拔高。

组建教师专业化综合培养体系。教师专业化，要从教师专业化委培对象、教师专业化方向、教师专业化能力这三方面展开。教师专业化委培对象是学校和培训机构、行业及企业。高职院校教师专业化方向是高教性与职教性，教师专业化方向是朝着这两个方面发展。教师专业化能力是专业知识的学习能力和实践技能的运用能力。只有在这三方面都做到位，教师专业化的综合培养体系才能发挥应有的作用。

（二）强化校企共育

高素质双师队伍的建设，需要充分发挥产教融合、校企共育、工学结合的育人机制。高职院校具有高教性和职教性，其人才培养要求具有丰富的专业知识和高超的技术技能。人才培养的目标与社会、行业、企业紧密联系，培养的人才可以与社会上的岗位需求无缝衔接，提高人才适配性。高职院校的教师培养的人才需要契合社会需求，它对任教教师的素养要求与普通高等教育教师的要求有很大的不同，高职院校教师接受培训学习的专业知识更独特，任教教师的综合素质要求兼具高教性和职教性，即培养大国工匠的教师必须兼顾专业知识与实践技能。

校企共育的机制，应在高职院校深入开展，强调在学校场域和企业场域进行教师培养。在学校场域提高教师教育教学的专业知识与能力，在企业场域则强调培养教师的动手实践操作的能力。校企共育的机制，有利于提高高职院校"双师型"教师的教学能力；有利于企业降低用人成本；有利于拓宽教师的来源路径，提高高职教师"双师型"综合素质。

"双师型"教师的培养，应该继续保持双元育人的模式，发挥校企合作的优势，不断突破校企合作的困境，充分利用校内资源和企业内部资源，不断整合资源，促进资源的合理配置，促进教师在双元模式下快速高质成长，不断优化高职师资结构，提高高职师资质量，提升高职管理效度，完善高职师资培训体系。

三、学校层面对策

（一）加强师德师风建设

教师的道德规范，影响着学校的育人水平。高职院校师德师风的建设要以"四有"好老师为导向。"四有"好老师为导向下的教师道德建设，注重教师的德馨远扬，于潜移默化之中影响莘莘学子。学生品行的好坏与教师关系密切，若要培育出道德品行高尚的学生，教师必须先具有高尚的品德。习近平总书记提出的"有理想信念、有道德情操、有扎实学识、有仁爱之心"的四有好老师指引着教师向师德更加高尚的自己靠拢，优秀的教师们在政治上很过关，政治素养很高，政治立场很坚定；在教书的业务能力上很过关，教学水准高；在育人的业务能力上很过关，教育学生深入人心。师德师风的建设可以从以下几个方面着手：

一是强化教师职业道德，弘扬教师高尚的道德，塑造教师美好的社会形象；二是创新师德教育机制，在教学实践中进一步积累经验，逐步确立切实可行的师德制度；三是创立师德典型，通过榜样的力量，达到潜移默化提高师德的目的。"双高计划"的"四有"好老师标准所需要的好老师不是天生的，是在教学实践中锻炼成长出来的。因此，应该不断地完善师德教育，健全师德考核，加强师德监督。

（二）创建教师专业发展平台

高职院校要积极打造教师专业发展平台。列入"双高计划"项目的高职院校应该更加重视教师的专业发展，除了在社会的行业企业内进行培训外，更应该好好把握在校园内的教师培养。高职院校应该在校园内建立教师专业发展平台，这有利于教师在职业生涯的各个阶段都有明确的目标和任务，对自己的目标、任务有清晰的判断之后，教师的日常教育教学和自身学习有更准确的方向，教师在职业生涯发展中会更加专业化。搭建教师专业发展平台，要注重教师队伍的知识和技能的全面发展，主要表现在高职院校教师自身的专业理论水平，以及教育教学技术的高低。教师这些能力的专业化发展，需要教师有一定的研究能力，并不仅仅是钻研学术和做课题，更应该多总结教育教学方法，以及与课程适配的教学方式。在教师专业发展平台上，教师之间可以互相交流，教师与大师名匠也能交流意见和思想，教师之间的相互交流有利于教学方法的提高，大师名匠与教师的交流有利于提升教师的动手实践能力，有利于教师和大师名匠思想交流碰撞出创新的火花，为教师专业发展提供可能、添加助推的动力。教师、大师名匠的交流，能为日常教学出现的难题提供解决办法，更为日常生产中出现的难题提供理论上的解决策略。

（三）建立新型薪酬激励机制

薪酬激励机制，既包括金钱上和物质福利上的外在激励，还包括培训、沟通、管理、工作环境等间接的软性内在薪酬。其设置可以从如下几方面着手：

首先是薪酬制度的分门别类。高职院校里的教师和行政人员薪酬需要分门别类，这两种对象的工资应该相互独立，按各自的标准制定薪酬制度。但是要把握一个原则，那就是教师，尤其是"双师型"的教师，应该享受更高的薪酬福利待遇，这样才能在高职院校形成一种尊重"双师型"人才的氛围，才能通过环境影响教师，提高高职院校教师参加培训的积极性，不断督促自己提高自身素质，向高水平"双师型"教师发展。行政人员的薪酬制定，则与行政人员的管理水平及论文科研的成果挂钩。高职院校的行政人员相对任课教师来说，平常可利用的时间更多，可以把时间充分利用起来，为学校的管理层和科研做贡献，其薪酬标准可以参照同等级别的教师薪酬标准进行制定。

其次是宽带薪酬制度。以一个固定的工资作为起点，然后根据绩效、奖金不断增加砝码，也就是形成 1+Y（Y 代表教学强度、教学效果、奖金等）的新型工资模式，强调多劳多酬，与传统的以教龄、职称占主导的薪酬计算模式不一样，这种 1+Y 的新型薪酬计算模式，有利于调动高职教师的工作热情，提高高职教师的教学水平，激发高职教师的活力。

再次是采取短期和长期的激励政策。短期的就是以基本工资加上各种奖金、绩效等。长期的就是利用学校的经费给教师额外增加福利，提升教师的幸福感，增强其对学校的黏性，有利于打造一支稳定的教师团队。

最后是制定薪酬激励机制的内外联动。薪酬物质上的奖励是外在的条件支持，而对教师的培养培训、沟通、管理、工作环境等，是内在的软性支持。在教师的培训上，加大对教师技术技能的培训，以促使教师在技术技能上得到更切实的提升，这样有助于增强教师的自信心。在与教师的沟通交流上，多给教师以情感上的关注，多与教师交流，多向教师了解教育教学中的实际状况，了解教师的需要，给教师适当的关怀。在教师的管理上，以人为本，彰显人文关怀，多构建人性化的管理机制。在教师的工作环境上，宜营造自然舒适的校园环境，形成使人奋发向上的良好校风。这样内外相结合，能发挥薪酬激励机制的最大作用。

四、教师自身层面对策

（一）践行终身学习理念

践行终身受用的学习形式——终身学习。完善科学有效的教师队伍建设长效机制，紧跟中国教育教学改革步伐，不断优化教师队伍，全面提高教师的职业教育素养、专业理论水平与技能教学能力。高职院校的教师，直接面向社会企业的用人需要培养人才，企业行业在经济市场的带动下，所发生的变化日新月异，所需要的技术不断迭代更新，作为集理论知识与实践技能技术于一体的职教教师，他们最应该做的，就是敏锐地洞察企业行业的生产需要，不断更新自己的知识与技能储备，虽然不能强制要求教师的知识与技能先于企业行业的需要出现，但是对于企业行业出现的问题，教师经过一定时间消化后，能够提出解决问题的应对策略，并且将这种新知识、新技能传授给学生，唯有如此，培养出的学生才能适应社会的需要。高职教师的综合素质高低，并不是看一段时间的水平，而是看整个教学生涯中持续不断地变化着的动态素质。要在动态素质上保持优势，不被社会淘汰，践行终身学习是高职教师的为师原则。

（二）适应"互联网＋教育"模式

在这个信息社会，大数据发展迅速，各行各业都依托网络平台进行改革升级，新兴事物的出现，总是契合社会发展的需要才发展壮大的。教育也应该拥抱发明，借助巨人的力量，督促自身的升级换代。线下的教师培训受到时间、距离的约束，加上学校教育教学任务繁多，教师的自我提升鲜有空闲时间开展。借助"互联网＋教育"的出现，教师在工作之余，凭借互联网提供的便利，走到哪里学到哪里，且有更多可选对象进行学习，使得学习内容多样化。教师的终身教育也可以借助"互联网＋教育"，在自己想学的任何时间进行。

"互联网＋教育"是适应时代变化而产生的新型学习手段，教师们应该积极适应。适应变化，就需要教师们充分发挥主观能动性，树立终身学习理念，不断完善自我。

第八章 "1+X"证书制度下高职院校教师队伍建设

第一节 "1+X"证书制度下高职院校师资队伍建设的困境

教育发展需要一支政治素质过硬、业务能力精湛、育人水平高超的高素质教师队伍，高职教育内涵式发展，更需要高素质、专业化、创新型高职教师队伍予以保障。在高职教育教师队伍建设方面，我们一直在不断完善，并不断坚持教师队伍的多样化发展，经过多年的努力，高职教师队伍建设不断完善，无论在数量、综合素养还是能力结构等方面均取得了显著的成效。但同时我们也看到，高职教师队伍建设仍然存在很多问题。"1+X"证书制度自2019年开始试点以来，由于是一个从未有过的新课题和新领域，真正了解和实际运行中存在很多的不确定性和困难。即便如此，我们仍然可以欣慰地看到，很多学校在两年多的时间里，在"1+X"证书推行和实施的过程中，克服了诸多前所未有的困难和挑战，也相继开展了几批次的证书考核工作。从我们开展的问卷调查和实地访谈结果可以看出，"1+X"证书实施过程中，各高职院校的师资队伍建设有一些问题亟待解决。

一、政策与制度缺位

（一）考评激励机制不完善，教师专业发展内生动力不足

自"1+X"证书制度实施以来，国家陆续颁布了一系列政策和相关文件，在教育经费和教学设备等方面向"1+X"证书制度进行倾斜并给予政策扶持。如2019年9月，《职教师资12条》从教师数量、教学团队、教师培养等方面对"双师型"教师队伍建设做出规划，辐射带动各地各校"双师型"教师队伍建设；2021年8月，《财政部关于实施职业院校教师素质提高计划（2021—2025年）的通知》启动"十四五"职业院校教师素质提高计划，提出加强职业院校教师培训工作，培养高质量职业院校教师队伍。这些政策文件的出台，本应为"1+X"证书制度的落地与实施提供有力的政策支持和保障。但其是看似如火如荼的背后，其实并没有针对性很强的条款对教师队伍建设提出明确要求，尤其是"1+X"证书制度对"双师型"队伍需求更加迫切，无论从数量、质量到结构都有较高要求。但目前从国家层面到地方政府层面，对"1+X"证书制度参与的教师队伍的素质和能力要求等均缺乏明确的规定。同时，地方教育主管部门及学校也未能从法律的高度对职业院校教师队

伍的准入与退出、培养与激励等做出硬性规定。因此，在推行与实施过程中，教师队伍建设的各个环节无章可循，对政策的解读和把控不准，相应的监督和惩戒措施不到位，这导致各地方政府和高职院校在政策推行过程中避重就轻，师资队伍的培养与培训等均面临诸多问题与困境，教师队伍建设质量提升缓慢，教师的权益得不到落实。

对于每一所高职院校而言，学校教育改革"牵一发而动全身"，教师作为联结学生和学校的重要桥梁，对改革成功以及达到预期目标都起着重要而不可或缺的作用。高职教育作为一种跨界教育和一种类型教育，其本质属性决定了高职教师队伍建设具有独特性。因此，形成适应高职教师队伍管理的逻辑尤为重要。高职师资管理包括高职教师的选择、筛选、稳定、引力和激励机制，只有这些机制按照合理方式相互配合，教师队伍才能不断优化，教师的创造力才能不断被激发。教师的考评与激励对教师工作行为有重要的导向作用，科学的考评、合理的激励制度是实现教师可持续发展的重要手段。从调查数据来看，目前在"1+X"证书制度运行中，高职院校师资的管理方式并未发生相应改变，仍沿袭传统教师管理制度和管理方式，这与"1+X"证书制度对于教师的素质和能力要求的适配性不高，也严重落后于"1+X"证书制度的发展要求，教师队伍改革步伐和节奏缓慢，在教师培训和考评激励制度上表现得尤为明显。

除此之外，目前，各高职院校在推行"1+X"证书制度过程中，有部分学校针对教师的激励与保障制度的建立尚未完善，这对教师参与的积极性和"1+X"证书制度的推行都有较大的负面影响。制定合理有效的物质奖励与精神激励、完善的激励保障制度，对提升教师工作成就感与幸福感具有重要引导作用，教师职业成就感提升才能提高教师工作积极性，最终激发教师教学活力，促进教师工作能力提升。调查数据显示，"1+X"证书制度实施后，面对突增的教学和管理任务，教师在考核评价方面未能将其所做的工作纳入考核指标体系中。参与的教师表示，虽然他们做了很多额外的任务量很大的工作，但在评价考核中并无优势可言，全"靠爱发电"。在薪资和评奖评优方面，仍旧沿袭传统的"科研至上"的评价方式，职称、论文、科研成果等仍然是主要的考核指标，考核方式过于单一和不合理。因此，很多教师表示，投入与回报不均衡，大大影响了参与"1+X"证书制度的教师的工作热情，直接影响了教学效果，进而对"1+X"证书的推行进度产生不良影响。在访谈中我们了解到目前只有一所院校出台了《"1+X"证书试点管理办法》，预计将在下一学年实行，这个文件从组织架构上对教师考评和激励等方面做出了相关的规定。这一办法从制定到真正实施，距离他们学校第一批开设"1+X"证书已有2年之久，这种我们期望看到的为"1+X"证书制度改革和修订的管理办法，对于很多学校而言只是不知何时可以实现的愿望。在访谈中一位与培训评价组织联系密切且积极为学校争取话语权的教师直言不讳："学校目前'1+X'证书参与教师建立的激励制度不到位，不只是我们学校，其他学校也存在这样的问题。激励因素有两个，一个是心理激励，另一个是物质激励，我们在推行过程中，克服了很多意想不到的困难，但目前不仅没有物质激励，连所谓的心理激励也没有。"

（二）培训制度不健全，培训模式单一，教师参与感不强

"1+X"证书制度作为一个新生事物，势必会给高职院校的教育教学带来前所未有的挑战，也会使师资队伍产生重大的变化。而打造一支结构合理，业务能力强，综合素养高，又能将"1+X"证书制度的理论与实践进行有机融合的高素质师资队伍，则是职业院校推行和实施"1+X"证书制度的首要任务。对于教师而言，如何让他们接受针对性强、适配度高的专业培训，从而能够适应新的环境和要求下的教学，则显得尤为关键。

教师培训是提高教师队伍综合素质的重要保障，培训的有效进行，离不开职业院校对教师培训的总体规划与思考，也离不开教师积极的培训态度，更离不开培训评价组织对教师高质量的培训实施。职业院校教师的培训和进修是一项长期、系统的工程，需要将"1+X"证书相关的教师培训纳入教师整体培养计划中。笔者在调查中发现，高职院校普遍存在针对"1+X"证书的教师培训缺乏系统性、整体性和规划性的问题，没有形成规范化、系统化的教师培训制度。在访谈中，部分教师直言，无论是三方组织开展的培训还是学校安排的培训，都没有好的培训计划，很多培训比较随机，导致培训常常与自己的教学相冲突。这种冲突主要体现在两个方面：一方面是教学时间和培训时间冲突；另一方面是繁重的教学任务让他们无法抽身出来参加专门的专业培训。

"1+X"证书制度下，教师培训制度不健全，培训模式单一，因此，教师的参与感不强。在访谈中可见，一些学校未将"1+X"证书制度对教师参与三方组织和企业所开展的培训纳入学校整个教师培养培育的计划中，这是目前高职院校普遍存在的问题。即使部分院校对"1+X"证书制度的教师培训做了计划，但也存在培训模式单一、培训内容的针对性不强、相关内容的连贯性不高、培训效果不明显等问题，未能真正从"1+X"证书制度实施的视角，设置行之有效、贴合度较高的、针对"1+X"证书制度、满足教师整体的专业需求和职业发展的培训内容。另外，培训机会与培训资源不均也是造成教师专业化发展受限的重要原因。

培训机会不均等，也是导致教师参与感不强的主要原因。现有的"1+X"教师培训名额相对有限，绝大部分高职院校只有1至2个名额，培训对象最终都是选择有丰富教学经验的专业带头人或负责人，很多中青年教师往往得不到这种培训机会；而培训费用高、培训信息和渠道不畅，也是很多高职院校对"1+X"教师培训望而却步的重要原因。而被选派参与培训的教师对其他教师进行再次培训，易使培训效果大打折扣，培训资源无法做到人人共享，这种培训机会不均造成了教师参与感不强，教师的专业发展受限，从学校层面看，对师资队伍素质整体提升产生较大影响。

二、教师压力突增，职业获得感降低

（一）书证融通困难，教师专业教学压力较大

X证书不是推翻原有教学内容，也不是将原有教学变为职业技能培训，而是探索如何将X证书内容与现有教学内容有效衔接。在这一变化过程中，"1+X"证书制度下教师角

色也要发生转变——教师必须成为复合技能的引领者、课堂变革的导向者、学生技能建构的促进者和育训资源的研发者。因此，教师既要吸纳新理念、新知识、新技能，又要自我内化、融会贯通，并运用于实践教学。教师必须在短时期内完成"设计学习成果项目—研制质量评判标准—确定核心模块的课程体系重构，这种重构必然要付出更多的心血，同时要兼顾日常的教学和管理任务，很多教师表示压力倍增。而根据学校的教学计划安排，学生的专业技能培训在中高年级进行，并且高职学生要在毕业前进行半年到一年的实习。所以，取得 X 证书的理想年级一般是二年级，但是由于证书的筛选申报到最后落实时间长达半年甚至更久，X 证书所需要的知识和技能点无法很好地融入专业课程设置中。为了完成试点工作任务，获得较高通过率，很多职业院校普遍采用教考分离的方式对学生进行培训。在考试前一到一个半月的时间，针对 X 证书的考核内容进行高强度的综合训练，这需要教师和学生额外付出很多课余时间。于学生而言，这种额外的学习成为很多人的负担，考证的内在动力不强；于教师而言，这种额外的教学带来非常大的工作压力。书证难融通而呈现的学历教育和职业技能教育脱节，像完全无法融合的"两张皮"严重打乱了系统的教学计划，学生无法进行知识的深化与吸收，还占用教师大量的时间，给教师带来巨大的压力。教师的教学、管理和对接工作等使得教师的工作量激增，压力变大，教师职业成就感降低，个别还会出现职业倦怠，外显表现则是对于工作存在应付心理，敷衍了事、浮于表面，把推行 X 证书当作"一项政治任务"。这种不良现象在很多受访的教师中都有谈及，也是当前很多职院校教师队伍真实存在的现状，其实就是"躺平心理"，制度不完善带来不合理的工作压力，加之付出得不到相应的回报，那就躺平吧。

（二）多元主体利益分配不均，教师缺乏话语权

任何一个利益相关者的强势或者完全利己主义都会导致"1+X"证书制度的推行出现困难。"1+X"证书制度的规划、开发与实施是一项系统工程，涉及政府、培训评价组织、职业院校、行业企业和学习者五个利益主体之间的博弈与合作。政府是政策的制定者和宏观决策者，如何协调其中的利益，是政府需要慎重考虑并妥善处理的问题。培训评价组织是企业参与培训评价的新尝试，他们大多是为了提高自己的企业知名度，得到更多的政策利益；为了组织培训和出售设备，直接赚取金钱利益；为了参与学校办学，开拓自己的商业版图等。职业院校作为试点运行的载体，负责技能等级证书的落实，其目标是教书育人。对于高职院校而言，"1+X"证书制度的推行结果被作为"双高"建设和教学实施评估的重要方面，学校搭乘"1+X"证书制度的"东风"，可以培养更多高质量技术技能型人才、推进"三教"改革、加强专业建设、提升职业教育的社会地位等。说到底，职业院校与企业和培训评价组织在根本诉求上存在巨大分歧，企业和培训评价组织追求的本质是利益价值。职业教育作为一种类型教育，其教育目的强调的是社会效益，其本质是公益价值。利益价值与公益价值在根本诉求上存在的矛盾，使得各方都想在合作过程中争取更大的话语权。教师队伍作为学校的一个组成部分，代表着学校，连接着学生，在开展"1+X"试点运行过程中起着非常重要的作用。"1+X"证书制度更多地强调企业的实际生产和技能需

求,从一定程度上说,企业和培训评价组织占据了很大的主导权,与各院校合作过程中主动性并不是太高。在访谈中,某院校会计专业负责人谈到这一问题时说到:"我们几乎没有话语权。……而且我们面对的基本都是我们专业领域中非常有影响力、非常知名的企业,对这些企业来讲,这只是他们业务范畴中的一部分,他们占据着绝对的主动权和话语权。我们参与的院校在合作中,基本是看企业的脸色行事,几乎所有的安排都是被迫接受。在交流过程中,像QQ群、微信群,基本上由他们完全操控。在相关事情的表达上,他们的语气往往是非常强硬的。在与他们沟通过程中,会有来自全国各地不同职业院校教师提问,通常企业方态度高傲自大,对于很多院校教师提问的问题,也没有人回复,而更多的时候是他们在发布你要执行的东西。"

教师需要面对"1+X"证书制度刚开始试点的忙乱无序,在繁重的教学之外额外承担很多工作任务。教学任务、管理任务、培训压力、科研任务将他们压得喘不过气。既要上好课,又要完成证书推行中的各项工作,很多"1+X"教师加班到深夜已经成为常态,对教师的体力和精力都是一个非常大的挑战,教师们怨言颇多。

"我们去年就一个字——忙。因为我们第一次开设'1+X'课程根本没有任何经验,与原有课程衔接不上,全部利用自己的业余时间,下班后或晚上在机房对学生进行专业指导和教学,并全程盯着学生去做练习,而且一做就是一两个月,这种工作压力和工作强度可想而知,对于我本人是非常难的。时间短、任务急,对于很多教师来说,真的难以应付。"

另一位院校会计专业的专任教师谈到:"我们专业'1+X'的考试使用环境与以往完全不同,考试之前,因为评价机构没有派相关教师指导和帮助我们操作这个平台,所以我们学院几个负责教师全部是利用自己的下班时间测试每一台电脑环境,确保学生考试时不出现意外情况,我们学院去年4个X证书都是这样,所以工作量和工作压力之大可想而知,在推进过程中真的是困难重重。"

(三)培训主体间存在利益冲突,培训效果不佳

培训主体有利益分歧,培训成本高,教师参与培训满意度不高。"1+X"证书制度是调动社会力量参与职业教育办学的一种制度创新,参与主体多元化,如何协调好各主体间的利益冲突,则是影响制度实施和运行的主要因素。培训评价组织作为负责职业培训与评价的第三方机构,其承载着X证书及其标准的建设任务,在"1+X"证书制度的实施中占据重要地位。这些培训评价活动往往是由一些实力较强的行业企业来组织,负责职业技能的培训与评价。然而,培训评价组织与职业院校之间存在利益诉求冲突,培训评价组织具有明显的盈利性,其目的是追求高收益和高利润,这与职业院校的所承担的公益性教育目的的存在利益分歧。

教育部办公厅发布的《关于持续招募职业教育培训评价组织的公告》(教职所〔2019〕101号)明确要求,申报培训评价组织要"坚持把社会效益放在首位,不以营利为唯一目的"。但在面对教育公益性和企业营利性的矛盾时,培训评价组织大都选择了营利性,主要表现在收取教师的培训费用较昂贵且培训过于频繁。加之,目前国家教育主管

理部门对于评价组织的监督和管理机制尚不完善，不同的培训评价组织提供的服务质量参差不齐，其中不乏很多先前没有培训经验的培训机构为了"1+X"证书制度而临时开设或委托其他机构设立培训组织，高职院校无法依据相关标准对培训评价组织进行好坏甄别或普适性调研，造成在具体开设过程中困难重重，问题层出不穷。而在这种合作中，往往吃亏的是职业院校，但他们又没有对口部门可以反映，只能是哑巴吃黄连——有苦说不出。国家的"放管服"政策给了培训评价组织很大的自主权，同时，评价组织在制定成本核算时，不考虑地区经济和消费水平等差异，将教师培训费用定得较高，比如某高职一位X证书专业负责人说，他们每次的教师培训费用为五六千元，加上住宿、交通等费用，将近万元，这种较昂贵的教师培训成本的投入，对于学校而言是很困难的。

在访谈中有教师表示："虽然学校担负了高额的培训费用，却没有预期高质量的培训效果，培训似乎流于形式，培训也未能呈现出证书所涉及的最前沿的专业理论知识和技能要求。很多教师直言对培训的满意度并不是特别高，甚至有的教师直言，这真是既浪费钱又浪费时间而做的一件不值得的'无聊'事情，因为投入与产出完全不对等。"

（四）培训质量不高，培训内容的时效性和针对性不强

培训评价组织所开展的"1+X"证书的培训，缺乏综合考虑和统筹合理安排，证书标准规范不完备，其自身的培训水平也不高，培训教师大多也不是业内的权威，很多都是临时从相关职业院校的专业教师中挑选的，专业水准和专业能力不均，无法达到同领域里专家学者的高水平，导致这种所谓的培训往往流于形式。其"醉翁之意不在酒"，主要目的是盈利和获取高额的培训费用，并间接推销企业自己的软硬件产品、实训设备等。同时，培训方式陈旧单一，不能与时俱进，大多采用传统培训形式——以讲座、理论授课为主，培训内容不能时时反映行业的领先技术，技能培训也存在应付了事现象，很难与证书标准完全对标。花费较昂贵培训费用而教师却无法真正学习和接触到行业的最新理论与操作技能；制度化的操作与实践性教学培训较少，X证书的培训与日常教学培训结合也不紧密，甚至出现学考分离的现象，将培训变成一种类似于考核前的考证培训。简言之，不参与培训，学生考证的通过率就要听天由命。这样的培训对教师专业素质的提升效果甚微，教师的知识体系无法得到及时有效的更新，也无法真正接触到自己专业领域中最前沿、最领先的技术。培训中的实操技能仍然严重落后于产业实际需求，反映到实际教学过程中，大大影响教学实施的有效性，教学效果无法保障，学生的技能水平也无法得到实质性的提高，无法真正满足"1+X"证书制度下的教学实施和考试培训要求，极大违背了"1+X"证书制度实施的初衷。

三、"1+X"证书制度下高职院校师资队伍建设困境的成因分析

（一）政府层面

1.政府政策指导不到位，顶层设计缺乏统筹规划

教师队伍的高质量发展需要多方面条件予以保障，其中政策和法律支持是基础。一方

面,"1+X"教师队伍建设需要政策法规的指导。世界上职业教育发达的国家,对职教师资队伍建设有专门的法律章程,如德国的巴伐利亚自由州制定的《教师培训法》规定职业教育教师有权利和义务参加培训,并将在职培训和教师的任务工作量挂钩。近几年国务院颁布的有关高职院校教师队伍建设的政策不少,但是这些政策主要散见于各种有关职业教育和师资工作文件中,至今尚未从法律的层面对教师资格认定、教师培养与培训、教师管理和教师激励政策等做出明确规定。由于现有的政策内容不详细,制度不成体系,造成各地区、各院校对政策的理解不同,在实施中避重就轻,导致实施路径往往与理论研究中的观点存在偏差,收效甚微。另一方面,"1+X"证书制度下教师队伍建设需要从法律高度对企业参与校企合作做出规定。校企合作在高职专业教师培养中占据重要地位,目前,政府下达的指导性文件仅仅是"鼓励"或"支持"企业参与产教融合,校企共同育人,但对于校企合作参与和约束机制、合作模式等方面并未做出详细规定。因此,在实际运行中校企合作较松散,并没有真正收到实质性的效果,职业院校虽有大量的具有较强专业学科背景的高学历科研人才,但他们的实践技能却很薄弱,双师型教师数量不足,能力和水平达不到,教师职业发展后劲不足。缺乏实质性的法律或奖惩措施来规定和约束企业参与校企合作的形式和方式,无法从根本上解决校企合作利益机制中存在的问题,无法从根本上激发企业参与校企合作的积极性,从而无法实现校企"双向奔赴"。

2. 政策运行与保障体系不健全,监督机制不到位

"没有监督的政策相当于没有政策",这充分说明监督机制在制度运行中具有重要地位。落实监督机制是保障"1+X"证书制度落实的必然要求,全面系统的保障监督机制是职教师资组织与运行的重要基础与关键环节。监督机制的有效运行还需要配套的保障措施,双管其下,才能真正保证政策的落实与平稳运行。从国家到地方,从地方到学校,目前我国尚未建立一套完善的、行之有效的师资队伍建设制度保障与资金保障体系。高素质"双师型"教师的引进、教师的培养与培训、教师的管理与激励等都需要大量的经费支撑,但现有经费投入不足,很难调动企业、学校、教师的积极性。一方面,对经费使用监督落实不到位,包括教师的绩效工资、企业的培训费用和学生的培训费用等。另一方面,对培训评价组织的监督不到位,导致培训评价组织在执行过程中标准不一,质量参差不齐。培训评价组织往往利益至上,只为了收取高额的培训费用,但对于培训效果缺乏有效监督,并且监管主体缺乏动力,导致实际培训流于形式,变成培训评价组织获利的手段,无法保证教师实际需要的培训效果。同时,培训在某种意义上占用大量教育经费,这种"花架子"不实用的培训,不但浪费大量金钱,而且大大浪费教师的时间,教师们反映他们参与培训就是浪费时间和培训经费,但为了考证又必须参加,实际上开展了很多无效的工作,降低了教师的工作效率,这也是职业院校和高职教师对培训评价组织信任度较低的最主要原因。

(二)学校层面

1. 学校重视度不够,投入不足,配套措施不到位

一个新制度、新证书的推行离不开教育系统各要素的相互配合,如果各要素相互配合

得好并且现有条件与新制度的推行契合度高，则制度的衔接就会比较顺畅，证书的推行也会更顺利。"1+X"证书制度实施后需要各高职院校在选择相关技能等级证书，确定参与试点的专业后，统筹自己所在院校或地区的专业群资源，深入研究职业技能等级标准与有关教学标准，将证书培训内容及要求有机融入专业人才培养方案，优化课程设置和教学内容，加强专业教学团队建设，加大资金投入。同时，需要了解学生取证的需求，在培训评价组织支持下，组织开展专门培训。

"1+X"证书制度试点时间较短，在实践上还存在很多欠缺和不完善的地方，在理论研究上也存在不足与空白，高职院校在实施过程中都是在摸索和试探，且无成功经验可借鉴，难免会出现各种问题。加之长期以来我国教育发展对国家的管理机制有一定的依赖性，很多高职院校的内驱力和创新能力不足，在各级政府将"1+X"证书制度的推进工作作为院校考核的重要指标后，各高职院校在还没来得及认真评估自己学校是否具有专业优势、有较成熟的条件开设相关 X 证书的试点，对宏观层面政策和相关制度的解读还未完全厘清，在这种情况下便开始一窝蜂地展开试点工作，这必然会带来非常大的隐患。比如，有些学校在没有很好评估自身学校现实能力和条件的基础上，忽略了考证所需要的实训设备及实训条件、教师资源、资金投入与教学和课程的整体规划等现实因素，更有部分学校错把 X 证书的培训直接植入正常的教学任务中，导致出现一系列教学问题，甚至有教师反映这种不合理的植入和嫁接，导致人才培养方案和教学完全服务于"1+X"证书，出现很多嫁接不畅的问题。

2. 学校教师管理制度不完善，高素质教师数量短缺，教师认同感低

根据高校人力资本管理理论，人才引进是人力资源开发的重要途径。高职院校教师来源主要有职业技术师范院校毕业生、普通高等院校毕业生、有专业知识和技能背景的企事业单位人员等。随着高职院校的扩招和国家对师生比要求做出硬性规定，我国职业院校对师资尤其是综合素养高的师资的需求量非常大，专门为国家培养职教师资的职业技术师范院校培养的师资远远无法满足职业院校教师队伍建设的需求，需要扩大师资来源。对于高职院校而言，更需要引荐有多年企业经验的技术技能型人才，担任实训课指导教师。因此，企业中具备丰富实践经验的能工巧匠，是职业院校急需的人才。但是目前从人才引进的流程来看，相关管理制度不健全，管理渠道不畅通，学历和专业教学门槛使得这些人才很难加入教师队伍。高职院校为了满足办学要求不得不继续招聘学术型教师加入高职教师队伍中，而学术型教师虽数量相对较多、引进较容易，但其实践经验不足，入职后还需要花费时间和成本进行技能培训，成为合格的"双师型"教师才可从事正常的教学。这不仅需要教师投入很大的时间成本，而且需要学校增加经济成本。因此，这种矛盾和冲突正是当下很多职业院校面临的难以解决的主要问题。师资短缺急需大量合格教师，而拥有充足实践经验的企业人员因为学历或教育背景达不到招聘门槛的要求，能达到招聘门槛要求的人才却难以符合高职院校对"双师型"教师队伍建设的要求，这一现实矛盾造成高职院校教师队伍结构失调，师资问题一直得不到有效解决。

教师培训是促进教师个体不断成长、加强教师队伍专业化建设的重要渠道。对高职院校来说，教师队伍的实践能力培训，是"1+X"证书制度下教师队伍建设的必由之路。从调研结果来看：

其一，受制于办学经费的限制，各高职院校大多将资金用于教学基础设施建设中，以期尽快达到申请"1+X"证书的硬件条件，用于教师队伍建设的费用比例相对较低。

其二，参与"1+X"证书制度试点教师队伍的培养培训制度不健全，对师资培养缺乏长远规划，没有行之有效的管理和规定，学校有关教师培训的基础设施跟不上，没有固定的教师实训基地，教师培养缺乏系统性和规划性，对不同层次教师培训的时间、内容、形式等没有做系统规划，具有盲目性和随意性，不仅使培训效果达不到预期，也容易出现培训机会不均等。部分经验丰富、职称较高的骨干教师有机会却不愿参加培训，而教龄较短的年轻教师想要参加培训却没有机会。

其三，培训手段单一、培训效果不佳。"1+X"证书实施以来，教师培训的方式大多以专业理论讲授为主，培训手段陈旧单一，利用信息技术、云手段等多元化培训手段不够。因此，职教师资培训应加强培训基地硬件和内涵建设，走专业化道路，不断更新培训内容，探索新的培训方式，加强校企合作，注重企业实践，强化信息技术应用培训，提高教师培训工作的科学化、规范化、专门化，完善职教师资培养培训体系。

教师评价和激励制度。良好的教师评价和激励制度是激发教师工作潜在价值的重要手段，是促进教师专业发展与提高教学效能的重要措施，对促进职教师资可持续发展具有重要意义。《职业院校全面开展职业培训促进就业创业行动计划》要求，根据教师工作量增加情况，适当核增X证书培训的工作量，并将其纳入职业院校绩效工资总量中统筹考虑、合理确定承担X证书考核培训任务的教师薪酬，向承担培训任务的教师倾斜，建立健全能够激发和调动教师主动参与积极性的激励机制。"1+X"证书制度下教师评价区别于普通教师，对参与"1+X"证书制度试点的教师的评价更注重教师的专业实践能力和教学能力的有效性，因此，"1+X"证书制度下的教师评价制度应该有别于其他教师。激励手段主要有物质激励与精神激励。物质激励是期望自己的付出能够得到相应的物质回报，包括奖金、津贴等福利待遇。精神激励是期望自己的辛苦付出能够被看见并得到精神的鼓励，包括尊重、职称晋升、荣誉激励等。目前高职院校对参与"1+X"证书的教师、专业课教师、基础课教师等采用同一套评价标准，教师工作的区分度大大降低。在"1+X"试点过程中，"1+X"教师在短时间内要学习相应的教学知识，重新架构自己的知识体系和教学体系，重新调整自己的教学方式方法和课程结构，并且比其他类型教师承担了更多的工作任务，学生管理、教师培训、沟通协调等占用了教师非常多的时间，如此密集的工作任务，本应获得与之匹配的报酬，但由于评价体系的滞后性和不灵活性，参与"1+X"证书试点的教师只能凭借一腔教学热情和对学生的热爱来"燃烧自己"。然而，教师的热情是有限度的，公平性是延续教师工作积极性的重要因素，现有的高职评价和激励制度违背了教师评价的初衷，极大地抑制了参与"1+X"证书运行的教师的教学积极性。于教师而言，长期不能达到自己预期的职业目标和期望会产生职业倦怠情绪，严重的会直接影响教学效果；于学生而言，教师的职业道德、职业精神和职业态度也会直接影响学习的积极性，教师的职业倦怠也会让学生的学习效果大打折扣；于学校而言，师生这种不良的情绪变化，势必会影响教学和人才培养质量。

3. 专项教育经费投入不足，证书实施与目标有偏差

教育经费投入是高校体系建设和高质量发展的重要基础和必要保障。在我国教育系统中，教育经费主要依赖财政拨款，一般分为省、市、县三级政府。根据教育部、国家统计局、财政部发布的全国教育经费执行情况，以 2020 年为例，国家财政性教育经费为 42908.15 亿元，全国教育经费总投入为 53033.87 亿元，财政性经费约占教育经费总投入的 80.9%。其中，2020 年高职高专教育经费总投入为 2758 亿元，比 2019 增加 356 亿元。高职高专教育经费仅占全国高等教育经费占总投入的 19.7%。教育部公布的全国高等学校名单中，全国高等学校共计 3005 所，其中高职高专院校共计 1468 所，占高等院校总数的 48.9%。从以上数据可以看出，国家对职业教育的投入在稳步增加，但是高职院校在实际运行过程中仍然存在大量资金缺口，高职高专院校的生均教育经费投入远远低于其他高等教育投入。高职高专院校存在大量实训实践的技能课，需要投入大量资金用于设备投入和教学基地建设等，而高职高专的教育经费增幅远远无法满足高职高专经费缺口。在访谈中问及"1+X"教师队伍建设过程中最大的问题时结果有些出乎意料，几乎所有受访教师都给出了统一答案——经费。为什么会出现这样的问题呢？我们以其中一所职业院校为例，该职业院校经费主要由政府拨款和学校自筹资金组成，其中政府拨款占了绝大多数，学校经费相对稳定。学校开设的某一个"1+X"证书对设备的要求和投入非常大，为了满足"1+X"考证需求，学校需要采购大量的设备为学生提供实践环节的训练，但是一台考证训练的专业设备贵则百万元，便宜的也要几十万元，要想完全满足考证的教学和实训的需求，至少需要投入百万元甚至千万元。这笔昂贵的花费对于一所职业院校来说是根本不敢想象的天价费用，是很多学校不可能实现的。在采访一所学校的教务负责人时，也是该校"1+X"证书主管工作的负责人时，他说：在学校经费总量和其他支出相对固定的情况下，学校只能将"双高"建设经费用作"1+X"建设经费。在"1+X"建设经费中，学生报名培训费用是无法压缩的，证书考核需要培训设备的投入，目前高职院校在培训设备上主要有两种方式，一是投入相对较少的设备高职院校自主采买，二是较为昂贵的设备高职院校采取向企业租借的方式来满足学生日常培训需求，即使向企业租赁设备，也需要投入一定的租赁资金。在这种情况下，本就不多的教师培训经费变得更加捉襟见肘，因此对于同样培训比较贵的师资培训，高职院校通常只选派最低比例的教师参与"1+X"教师培训。经费的严重不足，以及价格昂贵的培训设备和培训费用，都让学校的经费投入背上很大的压力和负担，严重影响了教师参与培训的积极性，对于教师专业素养提升的影响也很大，对于打造高质量教师队伍极为不利。

（三）社会层面

1. 高职教育吸引力不足，教师引进困难

纵观我国职业教育的发展历程不难看出，由于职业教育在教育历史发展中的社会地位和吸引力不突出，受传统教育思想的影响，职业教育的发展基本是在夹缝中求生存，一直被边缘化，人们对于职业教育的认可度较低，也存在很大偏见，认为职业院校的生源是被普通教育分流后筛选剩下的。社会、用人单位及家长这种对职业教育的根深蒂固的偏见，导致高素质的技能型人才不愿意进入职业教育体系中。虽然 2019 年职业教育被正式确认为与普通教育同等重要的类型教育，但是人们思想的转变不是一蹴而就的，仍然需要一段时间去转变和适应。加之，高职教育没有从根本上摆脱"学位本位"的观念束缚，教学内容、教学计划等大多还是参照普通本科教育，虽然在实训环节有些差别，但其人才培养质量一直不尽如人意，与现代生产、管理和服务第一线所需的高素质技能型劳动者的实际差别较大，职业教育特色还不够鲜明。高职教师地位也得不到社会的认可，职业教育比高等教育的社会地位低的错位观念，影响了高职院校教师的职业认同感。

2. X 证书社会认可度低，教师职业成就感低

证书是企业筛选毕业生的客观条件，技能等级证书自实施以来，政府在各种政策上的引导力度不够，如人才引进、就业落户等，X 证书都没有被列为加分项。许多用人单位对技能等级证书的认可程度与政府对这一证书在人才落户、技能补贴等方面的政策息息相关，而且很多中小企业只认人社部盖章的证书，现在政府缺乏相关政策，所以企业对"1+X"证书制度抱持观望的态度，导致毕业生在就业工作时面临大企业因为学历进不去而中小企业不认可 X 证书的两难境地。企业的不认可导致学生对证书的含金量也持怀疑态度，对证书的认可度相对较低，考证的积极性不高，有些学生考证是因为教师强制要求全部参与，而非自己意愿，参加考证还要额外学习相关的专业知识和技能训练，所以学生学习的动力不大。教学是师生相互影响的过程，证书的认可度低，学生的消极态度也会直接影响教师教学的积极性，尤其很多教师本身承担的考证教学就是正常教学外增加的额外工作量，需占用大量自己的业余时间，同时还有学校对考证通过率要求的压力，导致很多教师对于考证的积极性不高，也不愿意参与考证的教学，极大降低了教师的职业获得感和幸福感。当这种矛盾无法有效化解时，"1+X"证书制度便成为一个被架空的制度，只能停留在政策层面，没有真正达到其预期目标，发挥其应有的书证融通的作用。

（四）教师层面

1. 教师专业发展主动性不足，内生动力缺乏

不依赖任何外部驱动的独立性是教师自主发展的本性，是教师作为一个人的本质体现。职业信念不坚定，专业发展内驱力不足，对教师专业发展认知度不够。职业信念指引着个人职业行为，影响个人精神面貌。随着高职教育内涵和外延的不断丰富，对教师专业化和信息化的要求越来越高，教师不再是传统意义上简单的传道授业解惑的角色，而是兼顾学习者和教育者双重身份的人。但是教师本身对于专业发展的认知度并不高，没有意识到自身专业发展能让自己具备更强的职业能力，在现代社会中更加具有竞争力。大部分教师在进入教学岗位后的专业提升只是一味地仰仗学校偶尔安排的教师培训或者进修，缺乏自主寻求学习机会的自觉性和积极性。尤其是面对技术更新速度的飞快变革，生产领域中先进技术更迭的快速推进，职业院校的教师应密切关注行业企业中最前沿技术的发展态势，主动学习，定期参与行业企业开展的相关专业知识和技能的培训。大多数教师在职业开始阶段自主学习时间被各种培训和教学挤占，当职业进入稳步发展期后，未察觉自己的职业基础欠缺，则会遇到专业发展的"瓶颈"，长此以往则进入自主发展意识缺失的困境无法自拔。作为专业教师，对于专业发展现状与趋势缺乏了解，对于行业动态缺乏关注，对自身的教学是极为不利的，将会陷入职业倦怠与不思进取的恶性循环中。X证书具有很强的时效性，更加注重学生职业技能的发展，行业与科学技术的发展受到经济政策和技术进步发展的影响非常大，这对教师提出了新的期许，要求专业教师紧跟时代潮流和行业发展规律，终身学习，做好自身的知识更新。但是部分教师认为自身职业稳定性强，因此在思想上懈怠，不愿主动更新知识，专业知识结构更新迟滞，"吃老本"现象严重。

2.工作任务与压力激增，职业倦怠现象凸显

第一，2019年，"1+X"证书制度开始实施时，各院校各专业的人才培养方案和教学计划已经申报备案完成，X证书的相关技能标准和考核点随后才出来，并且很多专业中X证书的考核与课程教学内容衔接方面存在很大的不同，造成专业教学计划未能很好地涵盖技能等级证书要求的相关内容和技能点，对于学校而言，教学计划已经制订，而X证书新增的内容无法与现有的教学计划进行有效融合，因此，很多学校只能无奈地在原有教学计划之外利用课余时间对学生进行考证所需的相关知识的培训，这给师生双方都带来很多压力和负担。对于教师而言，面对全新的专业考核方式与手段，为了既不耽误原有的教学计划，又不耽误学生的考试培训，要在短时间内进行知识的重新构建和完善，在原有的教学计划和资源的基础上进行教学内容的调整、补充和更新，很多时候还要对学生进行额外的培训与辅导，不仅占用了教师下班后的学习和生活时间，而且大大增加了教师的工作量。

第二，"1+X"证书实施以来，原有的企业与学校对接变成企业与各专业院系教师对接，而现有的对接团队没有成立专门的工作对接小组，所以这些任务全部落在了各院系原有的专业教师头上，由他们负责与企业沟通，进行证书的选择与筛选、申报与落实。在此期间，需要准备与书写大量材料，由于没有经验，与企业沟通不顺畅，需要他们在基础的教学管理工作之外拿出更多的额外时间来做这些繁多的工作。

第二节 高职院校"1+X"证书制度下教师队伍优化策略

教师队伍是发展职业教育的第一资源，是支撑新时代国家职业教育改革的关键力量。"1+X"证书制度对实现2035中长期目标以及2050远景目标具有重要的基础性作用，加

强"1+X"教师队伍建设是加快推进职业教育现代化的基础性工作。

一、政府统筹规划，协调多元主体形成政策合力

（一）统筹兼顾，强化政策引导与利益联结

加强组织领导，将推动现代职业教育高质量发展摆在更加突出的位置，做好规划统筹与综合协调工作，将职业教育工作纳入政府履职和地方经济社会发展的考核中。倡导职业教育多方参与，结合国家资历框架，制定切实可行的、能够指导地方政府和职业院校实际操作的方案。

第一，加快修订职业教育法和职业教育各项规章制度，适时对各地高校落实"1+X"教师队伍建设情况进行跟踪督查，从法律的高度对各利益主体必须承担的义务进行界定，这是保障职业教育顺畅发展的前提。通过立法规定，寻找各方利益契合点与合作增长点，将企业的功利性与学校的公益性进行跨界整合，使各方成为休戚与共的命运共同体。

第二，明确各级政府在改革中的角色定位和主要职责。政府要发挥统筹职业教育和人力资源开发指挥棒的作用，将产教融合列入社会经济发展整体规划中，用"金融＋财政＋土地＋信用"等组合激励、引导企业积极参与校企合作。

第三，为了不偏离职业教育发展的初衷，以"1+X"证书制度为契机，邀请企业技术专家进行技术指导，加入"1+X"证书制度培训队伍中，通过不同方式组织对"1+X"证书制度的解读，厘清"1"与"X"的关系，找准改革发力点，纠正在"1+X"师资建设过程中的错误认知，在"1+X"证书制度背景下实现专业教学与证书培训的融合，避免等级标准与人才标准的简单拼接，将两者放在同等发展位置上，真正实现两者的相辅相成。

第四，完善的管理体系是做好证书培训和考核工作、提升证书含金量的重要保证。建立"决策层＋统筹层＋实施层"三层管理推进机制，各地做好试点院校"1+X"证书实施方案的指导工作，引导培训评价组织做好整体设计工作，完善证书培训考核、安全保密等管理制度，通过分区域建立考核管理机构和证书培训机构、强化人员配置管理等方式，提升自身的服务水平，为试点院校提供及时高效的指导和帮助，保证各项试点工作有据可依、有章可循，提升证书考核工作的标准化、规范化水平。

第五，保证各高职院校自主权，因地制宜选择证书。注重各地区、各院校在落实政策过程中的特殊性和自主性，引导各高职院校做好调研，基于对地方或市场对人才需求的调查，寻找市场对劳动力素质的要求，遵循专业与X证书契合的原则，将社会发展、"1+X"证书制度与高职教学相结合，构建新型人才教学模式。基于对培训评价组织的充分调研，选择与区域经济发展及本专业发展特色相符合的证书，了解"1+X"证书制度的主要优点和实际应用形式，避免选择市场认可度低、学生考证意愿低的证书。

（二）优化发展环境，增强"1+X"证书制度下师资队伍活力

优化资金投入，完善"1+X"证书制度下师资队伍建设的资金管理标准。资金问题是职业院校发展中面临的第一大问题，教师队伍建设最亟待解决的问题也是资金问题。首

先，健全以政府投入为主、多渠道筹集职业教育经费的体制，充分调动社会和民间力量参与教师队伍建设。政府要将"1+X"教师队伍建设作为教育投入的重点予以优先保障，进一步加大对"1+X"证书制度下教师队伍建设的投入，使投入增长满足新制度对于教师队伍建设经费的需要。其次，提高资金使用效率，鼓励各院校（群）结合实际，适时提高"1+X"证书制度实施的拨款标准，优先支持教师队伍建设最薄弱、最紧迫的领域，重点用于按规定提高教师待遇保障、提升教师专业素质能力。要鼓励各院校和企业因地制宜，完善"1+X"证书制度下师资队伍建设的资金管理标准。

规范培训市场，建立完善的评价组织遴选和监管机制，加强对培训评价组织的培育和监管。地方教育部门应建立相应的研究机构，并组建"1+X"证书制度试点的专家队伍，鼓励第三方机构参与评估，对评价组织进行监督、评估和指导，确保职业教育评估的客观、真实。教育部门要依托现代化技术手段，对高职院校教师的培训工作进行全程管理。成立职业院校教师培训专家工作组，定期组织质量监督和检查，建立完善的信息反馈机制。规范培训流程，提高培训质量。做到培训管理规范化，提高整体规范性，培养出一批与所获证书和职业技能岗位技能要求相匹配的教师与学生。利用大数据等加强项目督察指导，实行动态调整机制。

二、完善职业教育督导评估体系建设

完善质量保障体系是职业教育发展的第一要素，"1+X"证书制度下教师队伍质量是"1+X"证书制度发展的条件保障。政府要指导各地各校按照实际制定、落实相关制度办法，强化部门协同，规范教师队伍建设流程，加强教师队伍培养监管，推进教师队伍高质量发展。加强督导评估，做好职业学校办学能力评估和高等职业学校适应社会需求能力评估，将"1+X"证书制度下高等职业院校教师队伍建设情况纳入职业院校办学水平评估指标。

（一）学校协同配合，加强内部治理推进政策落地

1. 选优配强，打造高质量"双师"团队

《职教20条》提出要"探索组建高水平、结构化教师教学创新团队，教师分工协作进行模块化教学"。选拔什么样的教师进入教师队伍，关系到教师队伍整体的水平。高职院校要完善教师招聘、专业技术职务评聘和绩效考核标准，强化专业教学和实践要求。利用"1+X"证书制度下这一契机，加快制定人才引进办法，拓宽教师聘任渠道，完善准入机制，聘请有较高学术成就和丰富企业实践经历的高技能人才、能工巧匠来扩充兼职教师队伍，保证教师来源多元化。邀请已有的企业一线兼职教师参与专业教学活动、课程标准制定、指导专业教学改革等活动，真正实现专兼职教师混合搭配、混合教学，从而真正建设一支能准确把握"1+X"证书制度内涵和理念，精准掌握"X"证书职业技能等级标准和专业教学标准，适应"X"证书发展需求，业务技能过硬、充满活力的"双师型"教师队伍。

2. 协调团队建设理念，打造师德高尚、技艺精湛的教学团队

清晰的团队建设理念是取得良好团队效果的前提。协调好"课证融合"制度下师资课程团队建设理念，有利于发挥教师教学创新团队在实施"1+X"证书制度试点中的示范引领作用，激发每位教师的潜力。各高职院校要有意识地支持教师获取并分享"1+X"证书制度下各类相关知识，支持教师参与"1+X"证书的研究和实践，鼓励教师结合 X 证书和专业特点进行创新教学，实现"1+X"证书制度下教育理念的拓展和优化。当然，在团队建设中，要充分利用相关资源提高教师的专业技能，如利用大数据监测教学过程，进行资源共享，实现信息技术与教育教学的融合创新，真正打造一支高素质高水平的教学团队；要利用行业技能竞赛，盘活现有教师资源，全面提升教师开展教学、培训和评价的能力，增强教学团队的改革创新意识和凝聚力，最终推动职业院校教学模式革新，推动我国职业教育国际化。加强思想政治和师风师德培训，弘扬大国工匠精神，用中国特色社会主义思想铸魂育人价值观引导技能培训和能力培养，大力弘扬职业精神、工匠精神、劳模精神。

3. 做好"1+X"证书制度下教师培养工作，打造可持续发展的教师队伍

科学统筹规划教师培训，保障教师培训的系统性和科学性。教师是教学改革中最活跃、最有潜能的因素。高职院校应对接"1+X"证书制度试点和行动导向的模块化教学改革，精准分析不同发展阶段、不同类型教师专业发展需求，对教师团队的培训内容进行分类定制，有计划、有步骤地进行种子教师培训，探索满足职业技能培训要求的教师分级培训模式，制定教师精准培训机制。同时，要积极与国外职业教育院校开展交流合作，制订境外培训计划，递进式提升教师理论水准、业务能力和管理能力。

创新教师培训形式，搭建信息化共享平台，实现线上与线下混合的教师培养方式，为教师创造真实的线上实践环境。信息化是推动职业教育高质量发展的核心要素，线上线下的混合学习模式将是未来职业教育的新模式。信息平台强化了职业信息的集成度和开放性，为"1+X"证书制度的成功推行奠定了强有力的基础。职业教育的培训基地技术含量高、专业性强、成本投入大、开发周期长，利用虚拟仿真实训系统，综合采取线上线下混合研修的形式突破了培训时间和空间的限制。高职院校要积极推动和落实"全真全岗全程"的线上实训平台和数据信息平台的建设，为教师量身打造培训方案，建立满足职业技能培训要求的教师分级培训模式，全面提升教师培训效率，促进信息技术与教学培训融合创新发展。

4. 健全"1+X"证书制度监督和管理机制，提高内部治理效能

健全多元考核评价标准，健全教师激励制度。合理的考评机制能够激发教师自我提升的主动性和积极性、促进教师团队高质量发展。"1+X"证书制度实施后，教学方式方法，包括教学内容、教学方法、教学手段以及教学评价在内的各项改革，对教学质量提出更高的要求，要求在教学中实行"课证融合"的针对性培养，在实践实训中构建系统的培养培训体系。一是要结合"1+X"特点，加强高职院校的评价考核体系建设，制定多元主体参与评价的评审标准。《职教师资 12 条》明确指出要"建立职业院校、行业企业、培训评价组织多元参与的双师型教师评价考核体系",鼓励职业院校、行业企业、教师、学生、政府及其他利益相关者多元主体共同参与考核过程,及时反馈考核结果。二是利用多种手段实现考评标准多元化。我国高职院校至今尚未建立一套系统而完整的教育评价体系,长期以来"一元"评价标准消磨了职业教育的特色。职业院校要结合社会需求、职业标准、专业特点,重点突出"1+X"证书制度特点,多种方式、多个维度对教师进行多方面考核,并据此按照教改项目分级设置各项权重,保证考核的规范性、科学性、有效性,从而进一步明确对"1+X"教师发展方向的要求,提高"1+X"教师在工作中的积极性和创造性。

5. 搭建多方联动机制,合理配置教师资源

"1+X"证书制度也对教师教学提出了新的需求与挑战。为了进一步提高"1+X"证书制度的执行效率、内聚度和一致度,要搭建"1+X"证书制度平台,促进教师专业水平的提高,建立多方联动机制,有效推动师资队伍建设。各高职院校要抓住"1+X"这一有利契机,发挥主动性,加强与政府、企业和其他院校的联系,搭建教师发展平台,包括校企合作平台和专业院校交流平台。在校校联合中,实现信息互通、交流共享,提高教师资源利用效率。在产校联合中,让教师接触到新技术、新材料、新工艺和新方法,真正打造一支技艺精湛、专兼结合、"1+X"证书制度所需的高素质教师队伍。在与政府的联合中,实施青年教师"3+Y"成长工程,打造培养青年教师的"蓄水池";实施"大师名师"领航工程,激发资深教师发展的内生动力。

(二)教师主动参与,提升教师职业素养达成制度运行的预期目标

1. 树立终身学习观念,唤醒自我发展意识

教师要明确"1+X"证书制度改革中教师的专业职责与能力要求。按照自身专业发展规划有意识地学习教师培训理论知识和培训评价技能,掌握学科教学能力、教育趋势把握能力、组织管理能力,提升科研能力、信息技术运用能力、创新能力、反思与自我发展能力。"1+X"证书制度实施后,专业交叉学习成为教师专业发展的一个必然要求。专业教师重构个人知识结构势在必行,首先要梳理自身知识结构,吸纳所教专业对应职业技能等级鉴定标准中的内容和要求,筛选少量必需理论知识,挖掘更多实践性、探索性以及方法性知识与技能以及各种实践项目,以重构、扩充自身知识体系。保证学习的持续性,进行全方位学习和终身学习,在自主学习过程中充实自己,以实际工作流程为导向,有目的有条理地掌握新技能,拓宽教育视角。

2. 以学促教,深入一线开展实践研究,加强自身的专业拓展学习

教师专业发展基于深入一线开展实践研究。教师专业知识的建构是一个动态过程,不能仅依靠理论知识,必须深入行业企业进行实践,在实践中丰富自己的经验,建构培训理论知识体系与实践应用体系。"1+X"证书的拥有者,要注重实践性知识与技能的积累,可以通过参与企业真实项目实践,将理论知识与实践技能进行深度融合,将技能鉴定标准与项目深度融合。理解技能等级标准,将相关的技能点、知识点与日常的教学和实训活动联系起来,要将学生的培训与日常的教学技能提升结合起来,将技能等级鉴定日常化、常

态化。

3. 加强自身师德建设，坚定职业理想

认真学习领会习近平新时代中国特色社会主义思想，树立正确观念，自主地约束自己，不断完善自己的基础知识和专业理论。在教育教学过程中，严于律己，精益求精，做"大国工匠"精神的表率，真正为国家培养高素质的社会主义建设者和接班人。要深入学习"1+X"证书制度中的新思想、新理念，充分认识"1+X"证书制度在学生职业能力培养中的重要性，增强参加"X"证书相关培训的积极性，掌握证书考核的操作要点，创新教学模式和方法。职业教育不能普教化，也不能技能化，要训育结合。在培养学生的全过程中，应始终将"知识、能力、素质"作为培养目标，在教育教学过程中要处理好理论教学的基础性、实践教学的应用性、素质驾驭的渗透性三者的关系，提高课堂质量。把职业技能等级证书所体现的先进标准融入人才培养方案，要意识到"1+X"证书制度将在相当长的时间内在职业教育领域中是一项重要制度，教师只有努力寻求与制度的契合点，主动提升技能证书培训能力，成为证书培训师资，才能使自己顺应职业教育改革发展，才能真正做到"让学生在拥有学历的同时拥有一项技能"。

近几年，职业教育逐渐进入大众视野，社会对职业教育的关注度逐步提升，这对于职业教育来说是一个实现高质量发展的良好契机。职业教育从国家层面上被关注，意味着职业教育有望成为与普通教育并行的为社会提供高质量人才的类型教育。在这种大环境下，高职教育作为职业教育中最高等级的教育形式，要发挥表率作用，促进高职教育真正的高质量发展，促进高职教育毕业生真正为社会所需，有扎扎实实的本领，轻松应对实际生产与管理等领域的发展。基于此目的，教师队伍建设作为人才培养质量的基石，必须得到重视，这也是习近平总书记一直强调的教育之本。"1+X"证书制度是新形势下高职教育正式以新的身份回归大众视野的一次重要制度改革，在这一探索过程中不免存在一些初始思路不清、无处着手的困境，但随着"1+X"证书制度试点工作的开展，一些潜在的问题会逐渐显露出来，并不断得到有效解决。

第九章　校企合作深度融合背景下高职院校师资队伍建设

第一节　校企合作深度融合理论与高职院校师资队伍建设

当前，中国处于经济转型升级的关键时期，职业教育面临能否适应这一新形势的变化，培养出更多满足产业转型升级需要的高端技术技能型专门人才的重要挑战。而作为高职院校的教师，首先应该全面、深入地了解当前新形势下高职教育人才培养的目标和特点，在校企合作深度融合的人才培养模式中所处的地位和角色，以及校企合作深度融合办学下对自身的要求。

一、高职教育人才培养特点

高职院校的一切教育教学活动都是为了实现高职教育这一人才培养目标，包括选择什么样的人才培养模式，制定怎样的课程体系，如何组织教学内容，如何制定人才培养标准。因此，高职院校教师应准确认识和定位高职教育人才培养目标。

尽管在不同时期对高职教育人才培养目标的具体表述可能有所不同，但我们认为，高职教育人才培养目标具有的一些特点是相同的。

（一）人才培养层次的高级性

我国高等教育包含高等职业技术教育，高职教育是面向普通高中毕业生或中专、技校毕业生招生的，高职生与本科生在生源上属于同一层次，因此都具有一定的理论基础和个人素质。但高职教育以工科为主，学校侧重通过实际操作训练培养学生掌握某一门专门技术，学生的动手实践能力往往强于普通高等教育培养的学生。而对于高职教育和中职教育来说，无论是知识面、基础理论知识还是技术难度，高职教育都要比中职教育更宽、更深。

（二）人才培养规格的职业性

区别于普通本科教育，职业教育始终坚持"以服务为宗旨、以就业为导向"的办学方针，为社会源源不断提供高素质劳动者和技术技能型人才，这是职业教育的生命线所在。职业院校紧密围绕市场，建立专业动态调整机制，及时开设市场最需要的专业，使培养出的学生在毕业后马上能到企业承担某岗位的工作，充分体现出职业教育人才培养的职业性特点。

（三）人才培养类型的技术性

高职教育培养的学生应该既具有某专业的基本理论知识，又熟练掌握该专业专门技术，同时具有一定的组织能力，区别于培训机构培养的掌握单纯技能的人。尤其是现代产业转型升级对高技能人才的需求，使得职业院校在人才培养过程中必须兼顾技术、知识、能力和态度，从某种意义上说培养出的学生已经是复合型人才，高职教育培养的学生综合素质能力得到极大提高。

（四）人才培养过程的复杂性

高职教育在人才培养过程中，除了提供必要的课堂理论讲授外，更重要的是让学生在学校实验实训室中"做中学、学中做"，而且组织学生到校外企业实训和顶岗实习，综合培养学生的职业能力素质。同时，通过聘请大量的企业能工巧匠（兼职教师）到学校上专业课，让学生及时了解并掌握最一线的先进理念和技术，提高动手能力。目前高职教育加强与企业协同育人，通过校企合作，共同制定人才培养方案和课程体系，共同建设校内校外实验实训室等联合培养学生。

二、校企合作深度融合的人才培养模式

校企合作深度融合的人才培养方式，是由高职教育的人才培养目标决定的。2015年国务院颁布的《关于加快发展现代职业教育的决定》明确指出要深化产教融合、校企合作，以加快现代职业教育体系建设。产教融合、校企合作已成为现代职业教育的必然要求。

校企合作最初主要表现为：一是企业和学校一起，针对某个或某些专业，开展人才需求调查，根据调查结果共同制定人才培养方案；二是企业和学校一起，制定课程体系，包括专业课程、专业基础课、专业任选课、公共基础课，还包括在校学习每学期应该开设的具体课程和课程所占学时学分等；三是企业和学校共同建设校内实验实训室和校外实验实训基地；四是企业和学校一起承担教学任务，专业基础课一般由校内专任教师担任，专业课或实践性强的课由企业安排有关人员到校上课，或者学校把学生送到企业去上课；五是企业和学校一起开发编写教材，制定课程考核评价标准等。

目前，经过十几年的发展，校企合作已经不再停留在上述简单的合作关系，而是上升到一个较高层次的合作水平关系，无论合作的广度还是深度，都已经是深度融合的状态，校企合作深度融合包含招生、就业、专业和课程设置、实习实训基地建设、师资队伍建设等方面的深度合作。尤其是发展到今天，很多高职院校已经突破传统管理模式，从学校办学体制机制、学校顶层设计的高度积极探索更进一步的校企深度合作，依托政府、行业、企业和相关科研院所等，构建协同育人平台体系，以提高人才培养质量。

三、校企合作深度融合对师资队伍建设的要求

校企合作深度融合的人才培养模式对当前高职院校师资队伍建设提出了新的要求，特别是对作为学校主体、长期坚守在教学一线的高职教师提出了更高的新要求。

（一）对高职教师的一般要求

1. 良好的职业道德素质

习近平总书记曾到北京师范大学参加师生代表座谈会，提到作为一个好教师应该具备四大标准，"要有道德情操"就是其中一条重要的标准，教师的一言一行无时无刻不在影响学生。但不同于普通中小学教师，加强高职院校教师职业道德素质更重要的是强调高职教师主体的自尊自律。

2. 精深的专业知识

作为高职院校的教师，具有较高的专业知识和技术能力，这是最基本的能力要求。高职教师只有扎实、精通地掌握其所承担的专业课程相关的专业知识，包括专业基础知识、技术科学知识和专业前沿知识，才能真正提高教学水平，培养出更多技术精湛的高职人才。

3. 全面的科学文化知识

虽然高职院校强调培养学生掌握一技之长，但对于学生来讲，基本的综合能力素质是其成长成才的基础，为此，高职院校教师在传授相关专业知识的时候，补充有关的科学文化知识也一样重要，这就要求我们的高职院校教师具备一定的人文、社会科学方面的知识，比如懂一些哲学、政治学基本常识，掌握一定的管理、法学和经济学方面知识，熟悉历史和文学艺术等知识，同时了解基本的生物、化学、物理、地理、天文、地质和数学等方面知识。

4. 深厚的教育理论知识和较强的教育教学设计能力

在当前我国高校招生现行政策中，高职院校学生都是因为在高考中没有考上本科而选择读高职，这些学生基础相对薄弱，高职院校教师面对这样的学生群体时，更要掌握一些教育学和心理学方面知识，采用或制定适合高职学生的教材和授课方式，利用最新的教育教学技术，让学生更容易接受高职教育。另外，高职学生虽然总的基础比较薄弱，学习精力没那么集中，但其他方面可能会比较强，比如活动能力、适应能力。这样高职院校教师需要较强的与学生沟通能力、人际协调能力和组织活动能力，才能满足学生的综合需要。

5. 创新素质

当前，我国市场经济发展越来越规范，越来越成熟，企业之间的竞争越来越大，企业能否在竞争中求得生存和发展，"创新"起着关键性的决定作用。这种新的形势要求我们培养的大学生应该具备创新的素质和能力，因此，培养高职院校学生的创新创业精神和能力，成为目前高职院校的重点工作之一。这种创新的要求和压力，又必然首先转移到作为指导学生的教师身上，所以，高职教师要具备一定的创新素质，包括第一时间接受新鲜事物和信息，及时更新知识、观念，不断提高学生的就业和创业能力。

6. 良好的身心素质

身体是革命的本钱，面对高职学生这一群体，作为高职院校的教师常常要与他们"斗智斗勇"，没有良好的心理素质和身体素质是很难完成好的。高职院校学生的情商往往都比较高，感情比较丰富细腻，这要求作为高职学生导师的教师情感更丰富，意志更坚强，品质更具有个性，对学生才更具有号召力和影响力。

（二）对高职教师的特殊要求

1. 丰富的实践经验和较强的动手能力

高职院校培养的是面向生产、管理、服务一线的高技术人才，应用性和技术性为其主要特征，因此要求高职院校的教师要熟练掌握其所在专业的技能，具备较强的动手能力和较丰富的实践经验。作为高职院校，则应该通过改革校内体制机制建设，制定完善各种激励政策，安排教师定期或不定期到企业挂职锻炼，使教师进一步熟悉生产、管理和服务现场，丰富实践经验，从而在课堂上更好地指导学生。

2. 较强的专业教学任务转移能力

高职教育提供给学生的专业技术、知识是一种应用技术类知识，在当今社会发展迅速、企业技术更新日新月异的环境下，导致高职教育的专业经常为适应快速改变的市场而随时调整变化，专业设置具有较大的灵活性，而且专业的教学内容也会根据企业的具体岗位设置要求和岗位能力需要而不断改变。在此情况下，具有较强的专业教学任务转移能力对当前高职院校教师显得尤为重要，一旦专业被调整或撤销，教师能尽快从旧专业的教学中转移到相近或新开设专业的教学中。

3. 较强的职业课程开发能力

不同于普通本科院校教育，高职教师应该具有娴熟的职业课程开发能力。当市场上出现新的职业岗位或新的技术需求时，高职教师要及时了解并敏锐地抓住这一变化，通过调查研究，进行必要的职业分析和工作岗位分析，得出其知识目标、能力目标和态度目标，并且针对这些目标修订讲义或开发新的教材，使课程教学能及时满足最新的职业岗位目标要求。

4. 较高的社会活动能力和技术推广能力

校企合作深度融合，需要高职院校教师与企业保持频繁、长期且紧密的联系。教师要能够代表学校或所在专业主动走出去与企业建立合作关系，从企业获得对课程教学、专业发展有益的资源，或者进一步取得企业高层、企业技术骨干的支持和帮助，教师就得具有较强的策划、组织、表达和沟通等社会活动能力。另外，高职院校教师要提高服务社会能力和实现个人更大价值，就必须将自己在学校的研究成果，比如某项研究专利、应用技术等，及时传递给社会企业进行市场化，从而转化为现实生产力。而要成功地实现这一转化，毫无疑问，高职教师须具备较高的技术推广和市场营销能力。

5. 较高的就业指导和创业教育的能力

2022届高校毕业生规模达1076万人，同比增加167万人，高职院校学生面临巨大的就业压力。因此，高职教育教师在传授知识、训练学生技能的同时，担负着重要的职业指导和就业指导重任，要帮助学生毕业就能找到适合自身能力的工作。当前，随着大学生就业形势和环境的改变，国家这两年高度重视高职院校的创新创业工作，创新创业已成为毕业生的一条重要选择，这对高职教育提出了新的更高要求，教师自身要具有较强的创业意识和较高的创新能力，才能更好地指导学生创新创业。

（三）对管理人员的要求

能否建成一支适合校企合作办学的师资队伍对高职教育人才培养目标的实现起着关键的前提作用，作为高职院校办学重要组成部分的管理队伍（行政管理人员和行政教辅人员）同样起着不可代替的作用，对他们也提出了一些新的要求。一是管理人员要及时更新思想理念，树立培养学生也是每一个行政管理和教辅人员的事情的理念，同时克服官僚主义思想，积极配合教学系部改革，虚心听取教师的意见，充分肯定教师的主体作用，尊重他们的专业意见，特别是在涉及专业设置、课程教学和实验实训建设等内涵建设方面，尽量避免闭门造车、滥用权力、外行管内行；二是管理人员要不断提高自身能力素质和管理水平，包括学历、职称、业务能力，以提高自身对内和对外的工作水平；三是管理人员要进一步走出去，主动协调企业与学校合作的各种关系，及时协助解决教师在与企业合作中出现的各种困难和问题。

第二节　校企合作深度融合背景下高职院校师资队伍存在问题及实施建设策略的意义和特点

随着党和国家对职业教育的重视，我国各级政府和教育部门进一步加大了对职业教育的支持和投入，对人才培养质量起着关键决定作用的师资队伍条件也得到进一步改善和提高。尽管如此，笔者发现在当前校企合作深度融合办学背景下，高职教育师资队伍建设仍存在一些亟待解决的问题，而在校企合作深度融合办学背景下实施师资队伍建设策略，则有利于高职院校改善师资队伍结构，整体提升师资队伍建设水平。

一、校企合作深度融合背景下高职院校师资队伍建设存在的问题

在我国，尽管各级政府和有关部门尤其是教育、人力资源等部门，已经在一定程度上重视做好校企合作下师资队伍建设，通过教育进修、校内外培训或国外考察培训，提高了职业院校教师的职业能力和管理人员的管理水平。但在当前科学技术发展变化日新月异和校企合作进一步深化融合的情况下，地方政府和有关部门存在的一些问题就突显出来了，比如国家出台的职业教育政策在地方政府没有真正得到贯彻落实，包括办学经费、人员经费、生均拨款、编制、场地等不足，对企业参与学校办学的财政税收优惠政策没有制定出切实可行的具体措施，这些都会影响高职教育教师的职业能力开发和管理人员能力提升。

（一）高职教育教师的教学水平和科研水平有待提高

我国多数高职院校都是从1999年由中专或技校升格而来的，本来中专或技校的教师水平和能力就有很大局限，同时受到传统中专或技校的学风、教风影响，作为大学教师的

高职教师，其教学水平和科研水平长时间停留在较低水平。麦可思调查公司公布的一份数据显示，高职院校教师队伍中，大多数专任教师都是从普通高校毕业后直接到学校任教（占85%左右），这也就意味着担负培养高端技术技能型人才的大多数教师没有在企业工作的实践经验，教学水平仍停留在理论解释层面。当然，高职院校从企业聘请大量的兼职教师到学校上专业课，在一定程度上可以解决校内专任教师实践能力不足的问题，但从长期看，这不利于学校的持续发展。另外，在现实中很多高职教育教师认为科研是普通高校教师应做的事，与职业教育教师无关，其实这是一个误解，高职教育教师一样要不断提高科学研究水平，只不过应侧重于应用型技术研究，通过研究使自己更深入地了解专业最前沿的东西。

（二）高职教育教师专业技术技能水平有待提高

麦可思研究院公布的有关企业用人情况调查显示，多数企业已经逐渐淡化对学生学历的严格要求，企业招聘员工时首先考虑的是学生是否具备某一工作岗位要求的技术技能能力。从企业招聘员工的渠道来看，80%左右的新进员工都是从学校毕业直接过来的，只有不到10%的员工是通过校企合作联合培养招聘过来的，企业对从学校直接招聘的员工工作技能满意度相对较低，其中超过30%的企业对高职院校毕业生技术技能评价为不满意，20%左右的企业评价为满意，只有不到40%的企业评价为很满意。显然，这一评价与高职教育教师的技术技能水平有直接的联系，只有教师的技术技能水平首先得到提升，学生的技术技能水平才能得到提高。

（三）高职教育管理人员队伍管理水平和能力尚待进一步提高

总体上看，高职院校由于历史原因，从中专或技校留下来的一大批管理人员学历层次较低，管理水平能力有较大的局限，已经不满足作为高等教育重要组成部分的高职教育发展需要，这制约了高职教育校企合作的进一步发展，影响了高职教育高技能人才的培养。

总的来说，我国职业教育经过十几年发展，政府投入在师资队伍建设方面的人力、物力、财力都得到运用，高职教育师资队伍整体结构和水平都得到了显著提高，但教师的双师素质水平能力仍需进一步加强，高层次拔尖人才和专业领军人才（专业带头人）急需进一步培养和引进，各项人事制度、管理制度、激励制度仍需进一步完善。

二、校企合作深度融合背景下高职院校师资队伍建设存在的问题

校企合作深度融合背景下高职院校师资队伍建设存在的问题，主要包括政府、高职院校和企业三方面。

（一）政府方面问题

1.政府宏观调控与监督不完善

一方面，职业教育先进国家支持职业教育的发展通常先从建章立制出发，通过制定完善的法律法规和政策，对全国的职业教育发展进行全面统筹、调控和监督。比如双元制职业教育发达的德国，政府先后制定了《职业教育法》《职业教育促进法》《手工业法》《企

业基本法》《青少年劳动保护法》《实训教师资格条例》《考试条例》等。又如学徒制职业教育发达的英国，通过制定切实可行的企业参与办学扶持政策、税收优惠政策、用工补贴政策等，充分利用税收、行政等措施鼓励和帮助企业深入参与职业教育，共同培养高职教育师资，共同培养学生。而我国在相当长的一段时间，政府大力发展高等教育的中心和重心放在普通本科院校，没有及早出台有关支持高等职业教育发展的法律、法规和政策，相应的配套政策措施也不完善，而具体的支持企业参与学校办学的财税优惠政策和用工鼓励政策至今尚未出台，这在相当程度上影响和制约了校企合作的进一步发展。

另一方面，正由于政府缺乏对高职教育办学主体的法律和制度监督，导致高职教育没有在规范中得到发展壮大，各种不同类型、不同层次的高职院校千篇一律，不顾学校所属行业、所处地区发展需要，盲目地参照其他发展较快的高职院校，设置类似的专业，采用类似的人才培养模式，不断扩招学生，而师资队伍建设滞后，采用的还是老一套的本科教育"满堂灌"模式，不利于高职人才的培养。

2. 政府高职教育经费拨款和人员编制不足

政府对高职教育的经费拨款和人员编制不足，影响高职院校师资队伍建设。根据高职教育的职业教育属性，投入日常教育方面的费用比较高，比如需建设较多的实验实训场，购买大量的实验实训设备，有些高端仪器设备甚至成百万上千万元，从企业聘请大量的能工巧匠到学校担任兼职教师，指导学生实训，送学生到企业顶岗实习等，相比普通本科教育人才培养成本更高，但投入高职教育的经费却比本科教育少很多。至2022年，经济发达的广东已实现生均拨款的高职院校不到10所，即使已实现生均拨款的院校，其拨款水平也仅仅是本科院校的一半左右（普通本科教育1.2万元每生，高职教育0.5万元每生）。可想而知，经费严重不足，学校仅能维持日常教学运营，根本拿不出更多的经费去进一步培养学校的师资队伍。而高职院校的人员编制也严重不足，高职院校不得不长期聘请一定数量的编外人员来学校工作，这部分人员因为没有编制，不享受财政工资，待遇明显比编内教师少很多，甚至少一半左右，这极大影响了他们的教育教学积极性。同时编制不足，学校为了节省办学成本，不顾教学质量，专业教学也合班上课，教师工作量偏大，教师也根本没有多余的时间去企业挂职锻炼和开展技术研究开发，形成一个不良的循环，最终影响学校人才培养质量的提高。

（二）高职院校方面问题

1. 高职院校师资队伍建设投入不足

在我国，由于高职院校建设历史普遍较短，又恰逢国家普及高等教育和大力发展职业教育，高职院校发展速度过快，各方面都资源紧张。作为学校来说，不得不将有限的资源优先投入建设办学基础设施、实验室和购买必要的硬件设备上，而在软性的师资队伍建设方面则能省就省，在很大程度上影响了高职教育教师能力的提升，从而降低了教学质量。

2. "关起门"办学的思想仍一定程度存在

多数高职院校都是在1999年从中专或技校升格而来的，习惯了以前中专时代的办学模式和套路，学校关起门来办学，从专业和课程体系设置、教学和实训计划，到学制学时、师资培养等，都很少主动找企业参与，忽略了教师与企业技术人才的关系，把高职办成了"升级版中专"或"微型本科"，影响了教师主体的积极性，企业也没有更多机会参与到学校办学中。

3. "双师型"教师数量不多素质不高

几乎所有的高职院校都开展了校内"双师型"教师的认定，但不同的高职院校"双师型"教师认定的标准宽严不一。在一定程度上，多数高职院校迫于上级教育主管部门的考核评估指标压力，不得不降低双师型教师认定的标准，甚至到了没标准的地步，只要是上专业课的教师或校内兼职上专业课的管理人员，统统以文件的形式确认为"双师型"教师。这样虽然数量上达到了要求，但其实更不利于教师队伍技术能力的提高。严格来说，只有具有中级以上职业技术资格，并取得教师资格，获得中级以上教师系列职称，且专门从事职业教育教学工作的人员，才能认定为"双师型"教师。

4. 兼职教师数量不够素质不高

长期以来，由于国家对职业教育总体投入不够，再加上高职院校校内人事分配改革缓慢，高素质兼职教师队伍一直没法建立起来。高职院校不可能通过挤压学院教师课时，降低教师待遇，将腾出来的课时和课酬聘请兼职教师来上，而学校又没办法拿出另外的经费专门用于聘请企业能工巧匠担任兼职教师，因此即使教育主管部门反复强调专兼教师要达到1∶1，但高职院校无法实现。即使聘请来兼职教师，当前高职院校也缺乏对兼职教师教育教学能力的培训，任其发挥，造成兼职教师虽懂技术但不懂如何更好地把技术传授给学生。

（三）企业方面问题

在我国，由于体制等各种原因，导致校企合作教育中企业的积极性一直很难得到发挥和提高，校企合作培养教师往往是学校的一厢情愿和单相思。企业以追求利润为主要目的，而教育则完全是公益的事情。很多企业不愿意真正花时间和精力去培养学校教师，认为这是一种额外负担，企业只希望教师将专利或应用型技术转让给他们，或希望教师到企业来指导生产、协助开展技术研发。但从企业长期发展来看，企业要适应当前产业转型升级，就得参与到学校办学中，利用已有的资源参与教师培养培训，并通过校企联合培养出企业真正需要的学生。

三、校企合作深度融合背景下实施高职院校师资队伍建设策略的意义和特点

（一）校企合作深度融合背景下实施高职院校师资队伍建设策略的意义

通过校企合作，实施师资队伍建设策略，以达到调整优化师资队伍结构和整体提升师资队伍建设水平的目的。一是通过实施建设策略，在系统统筹解决问题的思想指导下，通过机制建设，先由学院层面做好师资队伍建设顶层设计，多管齐下，统筹做好学校教师队

伍、管理队伍和兼职教师队伍建设，实现整体提升师资队伍建设水平的目的；二是通过实施建设策略，进行行动创新，有机地将学院教学团队、技术研发应用团队、社会服务培训团队和服务保障管理团队组织起来，在满足学院人才培养需求的前提下，结合教师个人兴趣发展和技术能力水平，更好地实现教师和管理人员的个人价值，达到学院和教职员工的共赢；三是通过实施建设策略，建设校企合作师资共享平台，发挥企业文化引领作用，促进学校教职员工与企业人员的紧密交流沟通，在学校受益的同时无疑也提升了企业的形象，促进了企业的创新，最终达到双赢。

（二）校企合作深度融合背景下实施高职院校师资队伍建设策略的特点

在校企合作深度融合办学背景下探讨师资队伍建设策略，要求我们具有系统考虑问题的思想，其具有系统解决、双向互动、多渠道性、多方适应、以学生就业为导向等特点。

1. 系统解决特点

高职院校校企合作办学过程中，还存在很多必须不断完善和改正的地方，在此基础上实施师资队伍建设策略，应该树立系统解决问题的思想，要求我们在开展师资队伍建设时，既要考虑到校内教师建设，又要考虑到校外兼职教师建设，除了重视做好专任教师团队建设，还得兼顾做好基础课教师团队和管理人员队伍建设，它们之间是相互影响、相互促进的关系。

2. 学校与企业双向互动

通过校企合作，加强高职院校教师和企业技术人员的沟通交流，使得教师积累实践工作经验和锻炼提高技术能力水平，同样，企业的人员也可以通过与学校教师交流合作，不断丰富和提高自身理论水平。另外，校企合作还可以促使双方人才互派互兼，有利于人才的双向流动，从而形成紧密的校企合作关系。

3. 来源的多渠道性

不可否认，目前高职院校教师来源单一，多数教师都是直接从其他普通高校毕业过来，有部分实验指导教师是留校下来的，这导致高职院校教师整体技术水平和实践能力不高。通过校企合作，高职院校可以聘请企业管理、生产和服务一线的技术管理人员来学院上专业课或指导学生实训，甚至可以从企业中引进一些能工巧匠来学校，拓宽高职院校教师来源，提高教学质量。

4. 以学生就业为导向

高职院校要根据企业需要，根据企业具体岗位要求，以学生就业为导向来进行专业、教学课程体系和教学内容设置，最终再确定需要什么样的教师来上课和指导学生实训。通过这种方式确定的教师才是符合专业课和实训课教学要求的，也只有这样，学校培养出来的学生才能最终实现无缝就业和高质量就业。

第三节　校企合作深度融合背景下高职院校师资队伍的建设策略个案分析

本节以广东水利电力职业技术学院（以下简称水职院）为个案分析，探讨在当前校企合作深度融合背景下，水职院通过"机制建设策略、系统统筹建设策略、校企合作师资共享平台建设策略、行动创新建设策略和企业文化引领建设策略"等全面建设师资队伍、取得了显著成效。

水职院隶属广东省水利厅，于1999年7月经教育部批准，由技校升格为广东水利电力职业技术学院，学院以培养水利电力类人才为主。学院由广州天河校区和从化校区组成，占地面积1100亩，目前在校生有12785人，2011年通过第一批全国水利职业教育示范院校验收，2012年通过广东省第一批省级示范性高等职业院校验收，2014年以优秀等级通过国家骨干高等职业院校验收，入选2014年度50所全国毕业生就业典型高校。

近几年，水职院将师资队伍建设作为学院主要中心工作，始终将其摆在首位，2009至2014年总共投入师资队伍建设经费2300多万元，切实加强了人才队伍建设。经过建设，到2014年年底，水职院有专任教师528人，37.7%的专任教师具有高级职称，教师总数的90.2%具有"双师"素质资格，教师总数的83%具有硕士及以上学位。从行业企业聘请一批能工巧匠和工程技术人员担任兼职教师，建成有800多名兼职教师的资源库，兼职教师和专任教师分别占一半，重点建设专业兼职教师数甚至占一半以上。学院教师担任全国和广东省各类专业理事会和教职委的副会长和理事28人，广东省水利工程评标专家、广州市建设工程系统专家库专家78人。

一、机制建设策略

校企合作深度融合背景下提升高职院校师资队伍建设水平，关键是要先通过机制建设策略，建设符合学校实际、切实可行的管理机制、评价和激励机制、经费保障机制，最终形成学校师资队伍建设的长效保障机制。

（一）管理机制

水职院在实施师资队伍建设策略过程中，非常重视建章立制，通过制度建设保障师资队伍建设取得应有的成效，并形成长效建设机制。首先，为实现学院与水利行业100多个企业的师资共建共享，以及利用水利行业企业先进的实验实训室和科研院所培养学院教师，水职院推动广东省水利厅在2012年面向全省颁布了《关于进一步推进我省水利职业教育发展的意见》（粤水人事〔2012〕115号），在2013年颁布了《广东省水利厅工程师评审指标（修订）》，为学院师资队伍建设提供了良好的政策环境。然后，学院根据实际，制定了各种专门的师资队伍建设制度和措施,整体提升了学院师资队伍建设水平和能力。

从水职院近年制定的有关师资队伍建设制度可以看出,在师资队伍建设过程中共制定了30个相关的管理制度,有力地保障了学院师资队伍的规范建设。如学院根据新形势不断完善教师队伍管理机制,制定《拟聘教师管理办法》《学院教师准入制度》等。学院不断完善教师岗位聘任制度,按"职业人"的岗位要求,招聘具备双师素质的新教师,进一步完善《"双师"素质教师认定与管理办法》。学院加强对兼职教师的管理,进一步制定和完善《学院外聘兼职教师资格认定及聘任管理办法》《学院外聘企业专业带头人聘任及管理办法》等。

(二)引进、培养、评价和激励机制

为了使学院师资队伍建设的相关计划和制度得到贯彻落实,采用戴明循环管理(PDCA,即计划、执行、检查、调整)以保障建设目标的实现。实行绩效考核,对教师实行关键业绩(KPI)考核,对教学团队和行政部门实行目标考核。

学院不断完善"双师型"教师队伍引进培养评价激励机制,如完善《柔性引进紧缺人才的有关规定》《学院教师下企业锻炼考核办法》《教职员工参与社会服务的工作量核定及酬金管理办法》《教学质量监控评价办法》《学院教研、科研奖励办法》《学院企业兼职教师教学系列专业技术职称评聘办法》等。学院专任教师在职称晋升和聘任上,要求必须具备企业经历;行业企业工程技术人员引进来校后,在专业技术职称晋升上必须承担学院教学及实践教学任务;学院每年拿出一定的专门经费,对在产、学、研方面取得突出成绩的教师,以及为企业提供技术服务和培训服务取得优秀成绩的教师,给予较大的奖励,以鼓励支持教师不断提高自身教研水平和为企业科技服务的能力。

(三)经费保障机制

师资队伍建设要想取得突出的成效,必须有上级主管部门的大力支持,特别是经费上有较大的投入。广东省水利厅作为水职院的主管单位,明确提出"要将水职院办学作为水利工程建设的重要组成部分,做大做强,学院需要什么,就支持什么",为学院师资队伍建设提供了最好的政策环境。省水利厅全力支持学院师资队伍建设和改革,切实履行职责,明确自2010年至2020年,每年都从省水利厅专项资金中安排300万元用于水职院师资队伍专项建设经费。从2009年至今已经投入师资队伍建设方面的专项配套资金达2300多万元。同时,通过水利厅牵头组建的"广东省水利电力行业校企合作办学理事会",充分调动下属115个企业参与学院师资队伍建设的积极性,提供了一大笔可观的经费。学院通过中央财政支持、广东省水利厅投入、学院自筹等筹措了足够的经费,同时制定《师资队伍建设专项资金使用办法》,保障资金专款专用,帮助学院全面提升师资队伍建设水平和能力。

二、系统统筹建设策略

水职院在积极探索校企合作深度融合办学背景下师资队伍建设过程中,注重统筹兼

顾、明确目标、突出重点，运用系统考虑问题的方法，加强学院顶层设计，统筹考虑学院师资队伍建设，除把重点放在专业专任教师队伍和兼职教师队伍身上外，还下大力气建设优化了公共基础课队伍和管理人员队伍，使学院师资队伍建设得到全面提升。

一是提高认识，强化学院全体教职员工校企合作现代教育观。要推动校企深度合作，必须首先转变学院上下观念。学院邀请国内有关高职教育专家学者到学校举办各种类型的讲座，强化教职员工的现代校企合作教育观，比如开展高职教育校企合作理念讲座、高职教育人才培养模式改革讲座、高职教育专业和课程建设讲座、高职教育教师胜任力讲座、高职教育教师教育教学能力提升讲座等。学院领导在每学期教职员工大会和有关会议场合上，也注意强调校企合作是当前学院教育教学人才培养模式改革的重点，全院上下形成校企合作办学的良好氛围。

二是坚持学院教师"上挂下派"和兼职教师入校两手抓，两手都要硬。学院除了积极邀请各有关行业企业能工巧匠到学院担任兼职教师外，还积极创造条件主动安排更多的教师有机会到学院合作单位挂职锻炼，或派到有关企业一线从事具体的生产、管理或服务工作，以提高教师的实践动手能力和取得丰富的实践经验。同时，学院注重做好教师"上挂下派"宣传工作，打消有关教师担心下去企业锻炼后，学院原有的位置或地位被人顶替之类的顾虑。对下企业锻炼的教师，学院专门拿出资金进行补贴，确保他们下企业锻炼期间的待遇不低于在学校获得的待遇，甚至更多。这极大激发了广大专业教学教师下企业锻炼的积极性。

三是在注重抓双师型素质教师建设的同时，也重视学院基础课教师和管理人员的培训。对于同在一所高职院校工作的教职员工来说，相互间的影响应该是直接且深刻的，水职院非常注意教职员工间的这种相互影响，在花大力气做好"双师型"素质教师建设的同时，仍安排一定的资金用于学院基础课教师和管理人员培训，包括安排基础课教师和管理人员一起参加各种类型高职教育讲座，选送一定比例的基础课教师和管理人员到企业挂职锻炼，每次安排教师到新加坡、澳大利亚、新西兰、美国、英国、德国等国家参加职业能力学习培训时，也会安排不低于三分之一的名额给基础课教师和管理人员。通过这种安排，水职院全体教职员工感受到了推动校企合作的好处，也提高了不同群体的职业教育能力，特别是管理人员也培养了校企合作理念。

四是注重统筹好学院专业教学团队、技术研发应用团队、社会服务培训团队、服务保障管理团队这四支团队建设。根据学院不同教师的实际技术水平能力和自身需要，结合学院和系部要求，分别划分到不同的团队中，然后按照不同团队的建设思路、建设方式开展建设，达到分类建设、分别提高的目的。

三、校企合作师资共享平台建设策略

水职院隶属广东省水利厅，属行业办学。省水利厅作为行业主管单位，对水职院建立紧密型的行企校长效合作机制起着不可替代的作用。2012年，由广东省水利厅、广东电网、行业协会与企业、学院三方共同成立"广东省水利电力行业校企合作办学理事会",理事会下设师资协调委员会等7个职能委员会。明确师资协调委员会的主要职责是:协调行业企业人力资源,构筑企业人员和学院师资互动平台;协助理事会制定有关企业人员、兼职教师参与学院工作的制度,协调建立兼职教师库;出台有关参与教学工作的企业人员晋职、评奖的规定;制定学院和合作企业高层技术人员、管理人员"上挂下派"的有关规定等制度文件。同时,明确师资协调委员会主任由行业主管部门省水利厅人事处处长担任,副主任分别由水利电力类行业一龙头企业主要领导和学院主管人事领导担任,这在体制上保障了校企合作师资共享平台的功能发挥实现。广东水利电力职业技术学院"行企校"师资共建共享平台框架,该平台主要由"行企校"师资网络数据库构成,三方共建共享,录入学院专任教师与行业企业兼职教师的姓名、年龄、学历、职称、专长、工作经历等关键信息,使"行企校"三方既能根据自身需求在数据库中便捷地找到所需人才,又能在该平台上发布对人才需求的信息。通过该共享平台建设,学校教师水平提高,专业建设能力增强,学院发展能力提升,同时为水利电力行业提供人力资源支撑,为相关企业提供科技支持和社会服务,促进"行企校"发展的良好局面。

四、行动创新建设策略

水职院通过机制建设和校企合作师资共享平台建设,在系统统筹建设学院师资队伍时,十分注重在师资队伍建设过程中进行行动创新,具体包括建设四支队伍和建设四项工程。

(一)建设四支队伍

水职院积极推进"行企校"有机融合,采用培养、引进、聘请等手段,以重点建设专业为龙头,辐射带动其他专业。通过"双师结构教学团队、技术研发应用团队、社会服务培训团队和服务保障管理团队"四支队伍建设策略,实现行业企业与学校人员互兼互聘。

1. 建设双师结构教学团队

高等职业教育的性质决定了高职院校教师必须同时具备理论教学、实践教学的能力,因此,学院依托"行企校"师资共享平台,充分发挥各方人力资源优势,建设具有学院行业办学特色的双师结构教学团队。

(1)优化调整专业教学团队

根据"专兼教师建构架、双师素质为重点、形成梯队促发展"的原则,按照每个专业配备比例合理的专兼结合专业带头人、骨干教师、双师素质教师和兼职教师的要求,根据学院专业发展规划新组建了8个教学团队,优化调整了37个教学团队。其中,27个教学团队高职称、高学历的专任教师比例达80%,具备较丰富企业一线经历的专任教师比例达75%。通过重点建设若干专业在校企合作共建教学团队方面的探索实践,总结经验,立标杆、铸品牌,同步引领、带动其他专业教学团队建设。

(2)设定标准,培养一批教学团队带头人

启动专业带头人、骨干教师培养标准制定工作,根据个人特征差异和发展需求,制订个性化培养计划，逐年落实。通过师德建设活动、"说专业"活动、"课堂典型教学方法示范"竞赛活动、专业培养方案设计竞赛等活动及国内外培训、行企校"上挂下派"、访问学者和技术服务等途径，完成对90名专业带头人（其中企业兼职专业带头人45名）的培养和150名骨干教师的培训任务。

（3）加大力度，造就专业专任教师"双师"化

通过制定教师教学能力标准和"上讲台"准入制度，进一步强化专业专任教师的双师素质。针对学院45个专业的专任教师制订个性化的双师素质培养计划，确保90%以上（重点建设专业要求达95%以上）的专业专任教师同时具备教学能力和职业能力。

（4）专兼合一，充分发挥兼职教师作用

通过"行企校"合作的长效机制，明确水利电力类行业兼职教师参与教学列入其工作单位的工作任务，并作为晋升上一级职称的优先条件，以建立一支相对稳定的兼职教师队伍。①在"校企合作办学理事会"主导下，以广东省水电集团公司等100多家水利电力行业协会的理事单位为基础，根据学院专业建设和教学工作的需要，由校企双方共同聘任专业带头人和兼职教师，同时联合省水利厅和水利行业有关企业建立兼职教师教育教学专项基金，该专项基金主要用于兼职教师日常教学劳务支出，参与教学改革和接受有关教学能力提升培训，以及对兼职教师进行奖励等。②制订年度兼职教师教学能力计划，通过专项培训、教改学术活动、系部与专业教研活动、课堂教学观摩、专兼教师"结对子"等方式，与兼职教师共同申请省级、高职教指委和院级教研教改项目，每年不少于10项。③着力建设"行企校"师资网络数据库中的兼职教师资源库。其主要功能包括：相关企业的人力资源信息、学院兼职教师需求信息、受聘兼职教师基本情况、兼职教师教学管理、兼职教师教学能力培训、兼职教师教学工作评价等。

2. 建设技术研发应用团队

依据学院办学定位，以项目、技术、产品为纽带，不同专业背景、经历的专兼教师动态组合，形成面向水利电力行业、企业及从化地区提供生产性科学研究、新技术开发推广、产业升级服务的技术研发应用团队，深入行业、企业，开展技术研发、推广和科技服务。实施人才互派双聘计划，鼓励服务团队与企业、科研院所相互聘用各类人才，推进学院与"行企"之间人才合理流动和资源共享。

（1）水利行业技术研发应用团队

在"校企合作办学理事会"培训和技术合作委员会的支持下，以水利厅的科技项目和科技推广项目，依托学院"水利电力工程中心"的科技服务中心或工作室，培养和构建掌握水利行业、企业最新技术动态，在广东水利行业有一定影响力的技术研发应用团队。通过建设，形成水电工程技术、水资源与水环境技术、防灾减灾技术方面3支技术研发应用团队，每年申报厅级及以上科研课题9项以上、承接企业技术难题攻关项目5项和进行技术推广服务6项以上，并培养2~3名教师获得水利厅青年科技精英奖。

（2）电力行业技术研发应用团队

根据学院《柔性引进紧缺人才的有关规定》，引进或聘用新能源、机电排灌技术方面的企业专家或高校教师，以电厂设备运行与维护、供用电技术两个重点专业及专业群的专业带头人和骨干教师（含兼职教师）为核心，在全院范围内进行合作。通过建设，形成新能源发电技术、机电排灌技术2支技术研发应用团队，每年参加1项以上厅级科研课题、承接2项以上企业技术项目和进行1项以上技术推广服务。

（3）面向区域技术应用服务团队

落实《珠三角发展规划纲要》关于学校人才培养满足服务区域经济发展的要求，根据区域经济发展和专业领域，组建由专任教师和学生组成的工程监理服务、工程造价咨询服务等10个对外技术应用服务团队，每年开展各类型技术服务18项以上。实现学院和社会相互促进、形成良性循环的格局。

3. 建设社会服务培训团队

依托学院水利水电行业特有工种培训鉴定和电工技师培训基地资格条件，通过师资队伍协调委员会的统筹协调职能，组建行业企业获得考评员、内训师资格的技术骨干、技能专家和学院专任教师构成的培训团队，对水利电力行业一线工人和从化市从业人员、农民工进行继续教育、社区教育、技能培训；对产业升级的在职人员开展岗位技能培训和职业技能鉴定服务。通过建设，形成15个专业领域140名具有职前职后一体化培训能力的职业培训师或考评员构成的社会服务团队，面向职业教育和社会公共服务，保障学院社会服务项目的顺利实施。

4. 建设服务保障管理团队

依托学院"行企校"师资共享平台，建立适应"多学期、分段式"弹性教学模式运行，懂得教学、善于管理、熟悉业务、乐于奉献、结构合理的教学运行、实践教学及学生管理队伍，完善运行机制和监控机制。成立由具备丰富生产一线管理经验的行业企业人员担任负责人的实训中心，在管理个体优化的基础上实现管理群体优化。

（1）教学运行管理队伍

以能力素质建设为核心，以提高教学管理水平为目标，不断优化教学运行管理队伍。通过建设，形成年龄和职称结构合理的教学运行管理队伍，其中，拥有高级职称的占比达到30%以上，中级职称达到60%以上。

建立完善的培训机制。学院人事处将教学运行管理队伍的培训纳入教师培训规划，统筹全院教学运行管理人员的培训工作，制定培训规划、培训内容，创新培训方法，不断提高教学运行管理人员的业务水平和管理水平。

建立科学的考核评价机制。以品德、能力和业绩为要素，制订教学运行管理考核评价办法和评价指标体系，重点对教学运行管理的具体方法、手段、效果进行评价。

（2）实践教学管理队伍

以实践教学组织及过程管理为核心，以熟悉生产实际为原则，通过聘请、引入方式，构建由具备生产一线管理经验的行业企业工程技术人员、具有企业一线经历的专任教师和丰富管理经验的行政管理人员组成的实践教学管理队伍。通过建设，形成年龄和职称结构合理的实践教学管理队伍，其中，以中高级职称为主、初级职称为辅，拥有硕士以上学位的占比达到80%以上，三年以上企业一线经历的人员占比达到70%以上。

（3）学生管理队伍

实行院长和企业主管领导挂帅，学生处处长、系总支书记负责，学生处、团委、辅导员、班主任、企业指导教师落实的工作机制，实现校企双方育人。采取定期走访实训单位、学生辅导员跟班实训、网络随时跟踪、外聘"企业辅导员"参与管理的方式，形成"三导师制"，即班主任（辅导员）、实习指导教师（专业教师）、师父（企业技术员）共同管理学生，提高学生教育管理工作的实效性，使学生在校企身份转换中提高综合素质和职业素养。

（二）建设四项工程

水职院根据学院师资队伍建设实际，实施专任教师双师素质达标工程、兼职教师使用与管理工程、专业教师社会服务能力提升工程、管理队伍能力提升工程四项工程建设。

1. 专任教师双师素质达标工程

坚持因人制宜、专业需要、重点培养、全面提高的原则，通过专任教师上挂下派、教师下企业锻炼考核、教师职前职后一体化教育培训以及教师教学能力准入等形式强化教师双师素质建设。同时，以公开招聘的形式，从行业企业单位引进有实践经验的专业人员，进一步充实专任教师队伍。

制定学院专业带头人"双师"素质培养标准和途径、学院专业专任教师双师素质培养标准和途径。

（1）专业带头人双师素质培养标准和途径

培养标准：①教学能力：教育教学水平达到较高层次；②科研能力：包括教育科研能力、专业与课程的研发能力、专业技能及专业技术领域的应用研究能力；③管理能力：综合运用"计划、组织、指挥、控制和协调"等管理职能，通过资源整合达到专业培养目标；④把握行业和职业发展方向，有丰富的实践经验和管理水平。

培养途径：①到职业教育发展先进国家考察职业教育；②积极参加有关培训和学术交流；③在行业企业中挂职技术负责人；④参加行业高级考评员培训和鉴定；⑤参与新技术、新产品、新工艺和新设备的研发，增强实际动手能力，同时为社会提供相关技术服务。

（2）专业专任教师"双师"素质培养标准和途径

培养标准：①获得中级以上（含中级）职业技术资格证书；②能指导学生顶岗实习和校内校外专业实训；③能独立负责或参与企业实际工程项目，企业反映良好；④能指导校内实训室建设及其内涵建设；⑤发表专业建设和教学改革论文。

培养途径：①参加教育部门组织的有关专业技能培训，赴新加坡、澳大利亚、美国等国家学习职业教育理念与方法；②主持或参与应用技术研究；③通过行业企业"上挂下派"，提高实际工作技术能力，同时考取相应的职业资格证书。

2. 兼职教师使用与管理工程

水职院按专业课学时的一半安排兼职教师教学任务，并按在职专任教师课时酬金单价2倍标准预算，设定兼职教师专项经费，占专业系岗位酬金总额的30%左右，实行"行企校"之间统一结算，专款专用。实施《兼职教师培训管理办法》，加强对兼职教师教育教学能力的培训，从教学过程、教学行为等方面让兼职教师掌握教育教学规律。同时，定期组织观摩课活动，让兼职教师集中听取优秀教师的示范课，掌握基本的教学过程，提高课堂教学的驾驭能力；课外组织兼职教师学习优秀教师的教案、课件，了解基本的备课过程。制定并实施《企业兼职教师教学系列专业技术职称评聘办法》，在兼职教师的使用和管理上进行新的尝试。

同时，制定学院兼职教师教育教学能力培养标准和途径。

培养标准：①熟悉专业人才培养方案的制定，掌握课程与教材开发，熟悉实践教学基地建设等工作；②能指导学生校外顶岗实习和校外实训基地实训。

培养途径：①给兼职教师安排相应的专任教师，一对一沟通学习；②每学期至少组织1次兼职教师参加相关教育教学能力方面的培训或主题讲座；③每学期要组织2次兼职教师去听教学名师（或骨干专任教师）的课；④每学期安排兼职教师讲1次公开课。

3. 专业教师社会服务能力提升工程

以行企校联动办学体制改革为依托，把为行业企业提供技术服务作为专业教师社会服务能力内涵建设重点，通过产、学、研结合模式，加大科技成果转化和推广力度，提高专业教师为地方经济建设和社会发展服务的科技创新能力。

同时，制定学院专业教师研发能力、生产服务能力、培训能力建设途径和措施。

（1）专业教师研发能力建设途径和措施

建设途径：①在学院办学理事会"培训和技术合作委员会"的支持下，积极争取水利厅的科技项目和科技推广项目，校企专业带头人引领，学院专兼教师共同参与；②依托学院"水利电力工程中心"，组建水利工程技术、水资源与水环境技术、防灾减灾技术三个研发中心，给予优惠政策，吸引行业、企业、高校的领军人物带项目到学院，学院的双专业带头人和骨干教师参与。

建设措施：①制定技术研发应用团队管理办法；②各技术研发应用团队制订计划；③组织到相关高校和科研单位进修学习，提高专业水平和科研能力；④参加纵向科研和横向科研课题研究；⑤参加应用技术研究和企业产品开发。

（2）专业教师生产服务能力建设途径和措施

根据学院各专业特点，结合从化当地经济建设和新农村建设，主动与"从化地区科技服务中心"联系，开展生产服务。专业教师生产服务能力建设途径和措施包括：通过培训提升，专业教师到相关高校和企业单位进修学习和锻炼，提高相关专业知识和实践能力；通过项目驱动，专业教师参加和承接企业的生产项目，将专业领域的新知识、新技术、新工艺、新材料、新设备、新标准转化为企业的生产力。

（3）专业教师培训能力建设途径和措施

依托学院水利水电行业技师培训基地，组建行业企业获得考评员、内训师资格的技术骨干、技能专家和学院专任教师构成的培训团队；根据学院各专业特点，结合从化当地经济建设和新农村建设的需要，开展培训项目；制定社会服务型培训团队管理办法，各培训团队制订至少1年的团队发展计划和培训服务计划；根据不同专业特点，组织参加行业和国家劳动保障部门组织的培训师、考评员培训；通过参加和承接企业的培训项目，了解和掌握企业和岗位需求，锻炼培训技能。

4. 管理队伍能力提升工程

学院以"行企校"联动办学体制机制改革为契机，完善人事聘用和分配制度，建立管理人员的学习培训制度和业绩考核制度，引导管理人员更多地深入教学一线，深入教师学生中间，在管理实践中不断提升管理能力。

制定学院教学运行与实践教学管理队伍培养标准和途径、学院学生管理队伍培养标准和途径。

（1）教学运行与实践教学管理队伍培养标准和途径

培养标准：

态度端正，作风正派，办事公正；具有一定的教育管理和专业知识，有较强的管理组织能力；拥有硕士学位的比例达80%以上、中级职称（含中级）以上占比达60%以上。

培养途径：

支持教学管理人员利用业余时间读取本科、硕士或博士学位，学院给予一定比例的学费报销（目前为报销一半）；结合年度考核，专门制定一套考评激励制度用于考核教学管理人员；定期组织各类培训讲座，到其他学校考察交流，出国学习。

（2）学院学生管理队伍培养标准和途径

培养标准：

态度端正，作风正派，办事公正；具有一定的教育学、心理学知识，较强的管理组织能力；拥有硕士学位的比例达90%以上、中级职称（含中级）以上占90%以上。

培养途径：

支持学生管理人员利用业余时间读取本科、硕士或博士学位，学院给予一定比例的学费报销（目前为报销一半）；结合年度考核，专门制定一套考评激励制度用于考核学生管理人员；定期组织各类培训讲座，到其他学校考察交流，出国学习。

水职院通过实施行动创新建设策略，建设"双师"结构教学团队、技术研发应用团队、社会服务培训团队和服务保障管理团队，实施专任教师双师素质达标工程、兼职教师使用与管理工程、专业教师社会服务能力提升工程和管理队伍能力提升工程，较好地适应了校企合作深度融合背景下对高职院校师资队伍提出的新要求，提升了学院师资队伍整体水平能力，最终促进了学院人才培养质量水平的不断提高。

五、企业文化引领建设策略

校企合作深度融合办学背景下高职院校师资队伍建设，还应重视发挥优秀企业文化对教师的引领作用。高等职业院校培养的是生产、建设、管理、服务一线需要的技术技能人才，这要求我们的高职教师不仅要具备一定的专业技能，还要具备与企业文化相适应的价值观、执行力、教育观、职业意识、专业行为等，才能在日常教学中对学生起到言传身教作用，使培养出的学生踏入社会后尽快融入企业建设发展中。下面主要谈谈企业价值观和执行力对高职院校教师的引领作用。

（一）价值观对高职教师的引领作用

价值观是关于对象对主体有用性的一种观念。而企业价值观是指企业及其员工的价值取向，是企业在追求经营成功过程中推崇的基本信念和奉行的目标。纵观世界500强企业，企业核心价值观一般包括"以人为本、客户至上、团队精神、发展创新"等理念，校企合作深度融合，要求高职院校教师同样要有符合企业文化精髓的价值观。比如运用到学校就是以生为本、忠诚敬业。以生为本是指教师要树立以为国家和企业培养技术技能型人才为己任的精神，像企业对待顾客一样关爱和尊重学生，与学生建立一种尊重、平等、公平的关系。忠诚敬业则要求教师要认同学校特有的文化，包括认同长期凝练成的校训，珍爱学校形象和维护学校权益，立足本职教学岗位，走职业化、专业化道路，以最热情和最负责的态度对待教育教学工作。

水职院作为水利类电力类高职院校，参与合作办学的水利类电力类企业一般都为艰苦行业，除了具备企业一般价值观外，作为教师还应具备水利电力行业特有的"忠诚、为民、科学、务实、献身、负责"等文化价值理念。水职院在学校耸立一块大石头，上面雕刻着"上善若水"四个大字，也是借此希望熏陶学院每一位教职员工和学生能像水的品性一样，做事情行云流水，静止如水，泽被万物而不争名利。

（二）企业执行力对高职教师的引领作用

管理学大师彼得·德鲁克认为，管理是关于实践的学问，其本质不在于"知"而在于"行"。2002年美国的拉理·博西迪和拉姆·查兰写了《执行：如何完成任务的学问》一书，提出了执行力这个概念，其核心是把思路、战略、决策、规划与部署付诸实施的能力。简言之，所谓执行力，就是将思想转化为行动、把理想变成现实、把计划变为成果的能力，也就是我们常说的"贯彻落实"的能力。

对于企业来说，企业要在激烈的国际国内市场竞争中立于不败之地，在世界经济的大舞台上生存下来，就得靠军队那种强有力的执行力，去落实企业经营管理各种行为和应对各种潜在风险。同样地，高职院校教师的执行力对推动高职院校师资队伍建设相关政策文件"落地"，对高职院校办学任务的完成和学校的发展有十分重要的影响。一方面，近年来教育部、省相继颁发了多个涉及加强职业院校教师队伍建设方面的政策文件，对规范高职院校办学行为、加强师资队伍常规管理发挥了基础性作用。但在实际工作中，一些院校教师对现行的政策文件落实不到位，仍处于"上动下不动"的状态，少数院校的实际做法与国家职业教育改革精神和政策要求还有较大差距，迫切需要提高执行力，使相关师资队伍建设政策文件有效落地。另一方面，教师承担着教学、科研和社会服务的责任和压力，须破除"做一天和尚撞一天钟、多一事不如少一事、拖拉"等不良风气，树立守时和高效的观念，不断提高完成各项工作的执行力，才能满足当前高职教育对教师自身的高要求，切实承担起培养适应当前新常态下技术技能型人才的重任。

第十章　教育生态学视角下的高职师资队伍建设

第一节　高等职业技术教育的特征与教师应具备的基本要求及其作用

一、高等职业技术教育的特征

（一）培养目标的应用性

高等职业技术教育的目的是解决地方经济和社会发展对生产、管理、服务第一线应用型人才的需求。高等职业技术教育培养目标的应用性体现在两个方面：

一是开设的专业大都是地方经济比较急需的专业，培养人才的类型、规格适应地方经济和社会发展的实际需求。

二是培养目标上强调学生应用知识的技能和解决实际问题的能力。在培养方式上强调理论与实践相结合，强调教学做合一。在培养过程中强调企业的积极参与，要求学院与企业加强联系。

（二）办学主体的地方性

1991年10月，国务院颁布的《关于大力发展职业技术教育的决定》指出，"发展职业技术教育主要责任在地方"。特别是从2000年开始，高等职业技术学院兴建的审批、招生计划、领导和管理等权限也下放给地方政府，办学经费由地方政府筹措，专业设计针对地方经济社会发展的需要。高等职业技术教育结合地方需要，办学针对性强，直接为地方经济发展和社会进步服务。

（三）课程设计的职业性

作为导向就业的教育，高等职业技术教育必须针对一定的职业范围；作为学校教育，它又不同于职业培训，学生必须有较强的适应未来发展的能力。因此，高等职业技术教育的专业设置不是从学科出发，而是从职业岗位的需要出发，根据职业岗位的特点安排教学和课程，培养具有综合职业能力和高素质的直接面向生产、管理、服务第一线的实际工作者。学生在校期间完成上岗前的实际训练，毕业后能顶岗工作。

（四）教学过程的实践性

高等职业技术教育是我国高等教育的重要组成部分，相当于联合国教科文组织颁发的国际教育标准分类中的 level5b。而我国以学科型人才为培养目标的传统普通高等教育，相当于国际教育标准分类中的 level5a 和 level6。高等职业技术教育的课程设置主要是从相应的职业岗位或者相应的技术领域的要求出发，按照这类人员应具备的理论知识、实践技术、专门技能和全面素质来设计的。

以上高等职业技术教育的几大特征决定了在发展高等职业技术教育时必须走与普通高等教育不同的路，因此，在分析高等职业技术教育系统中的教师时也应考虑高等职业技术学院教师的特殊性。

二、高等职业技术学院教师的特殊性

由于高等职业技术教育具有特殊性，高等职业技术学校的教师与普通高等教育教师相比有不同之处。除了要掌握本专业的技术技能外，他们的劳动也有一些特殊性。

（一）劳动的复杂性

第一，教育对象的复杂性。高等职业技术学院的教育对象主要为普通高中毕业生，同时也包括部分中等职业技术学校的毕业生和相当于高中文化程度的从业人员。他们在校期间，既要学习文化知识和专业技能，还要掌握一定的劳动技能和生产技术，参加一定的生产劳动。由于学习的需要，他们接触社会和各种事物比较广泛，需要处理的人际关系也多，与同年龄人相比，他们的思想意识和心理状态更为复杂，在一定程度上表现出成熟较早的特点。

第二，教学内容的复杂性。高等职业技术学院教师既要教学生科学文化知识，又要让学生掌握专业理论，还要使学生在实践中获得技术技能；既要教学生学习书本知识，又要引导学生不断地吸收新科学、新技术，还要对学生进行职业道德的教育。

第三，工作时空的复杂性。高等职业技术学院教师工作的时空范围不只限于课堂和学校，还经常奔走于车间和田野。

（二）工作的创造性

高等职业技术教育的特点之一是地方性。我国各地区经济、发展不平衡，这就要求高等职业技术学院不能按照一个模式来发展。必须根据当地的需要和特点，创造性地探索适合本地区需要的办学模式。高等职业技术教育的生产性很强，而社会生产有时是多样的，这就必然要求高等职业技术学院的教师工作具有较强的创造性。

（三）任务的多变性

首先，随产业结构的调整而不断变化。随着生产力的发展，职业分工的不断变化，产业结构需要不断调整，高等职业技术学院教师的工作必然要随着产业的调整而经常发生变化。

其次，随科技的进步而不断变化。科技进步使新知识、新技术层出不穷。当前，科研成果转化为直接生产力的速度大大加快，一些重大发明转到实际生产的周期越来越短，产品的更新换代相应加快。这就迫使高等职业技术学院教师不断学习，掌握新的科学知识和技术技能，并应用于教学和生产实际。

（四）脑体的综合性

高等职业技术学院的教学工作是一个有机的、相互联系的整体，有时需要通过脑力劳动来完成，有时又要通过体力劳动来完成。这就要求高等职业技术学院的教师必须从学院的整体出发，综合性地思考问题与处理问题，做到相互衔接、相互配合，才能提高整体效益。因此，高等职业技术学院的教师是融脑力劳动和体力劳动于一身的综合型劳动者。

三、高等职业技术学院教师应具备的基本要求

高等职业技术教育的基本特性决定了从事高职教育的教师应具备以下基本要求。

必须具有较高的政治素质和思想觉悟水平，有强烈的事业心，热爱高职教育事业，热爱自己所教的专业，热爱学生，在道德修养等方面严以律己，为人师表。

必须具备探索创新能力。探索创新能力是观察、思维、想象、分析、研究以及创造等多种能力的集中表现，探索创新素质的高低将直接影响教学的效果。为此，高职老师要探索高职教育理论，熟悉职业岗位（群）对人才知识结构、技能结构的要求，能按照职业能力开发出新的教学体系和新的课程内容。

必须具备获取使用信息的能力。知识经济时代是瞬息万变的时代，网络化的普及和知识的革命与更新加剧，获得信息、加工处理和应用是教师的基本功。为此，教师必须及时获取所教专业领域内的新知识、新理论、新材料、新工艺、新技术，并经过选择、加工、提炼、综合后，及时有机地融入教学中，传递给学生，并教育学生逐步形成这种能力。

必须具备专业实践的能力。高等职业教育是以培养学生具备职业能力的教育，必须使学生具有较强的实践技能。为此，教师要具有较强的动手能力和解决生产第一线有关技术方面疑难问题的能力，能在生产现场动手示范，指导学生掌握生产技能，并具有开发新项目和从事科研、技术服务的能力。

必须具备合作共事能力。国际 21 世纪教育委员会提出现代教育要教学生"学会认识、学会做事、学会共同生活、学会生存"。为使学生做到四个"学会"，教师首先应具备合作能力，善于与人合作，善于借鉴和使用同事的知识和专长，以相辅相成。应在协调学校教学、参与学校专业开发、课程开发等方面发挥更为积极更富创造性的作用。

必须具备较强的教学能力。除了具有教育学、心理学方面的基本理论，还要掌握现代化的教学手段，能采用投影、音像、多媒体设备以及计算机辅助教学、仿真模拟等技术，有效地提高教学质量。

四、高等职业技术学院教师的重要作用

随着市场经济的日渐发达，职业教育作为教育与职业的结合点，对劳动者素质的提高

和经济的发展，越来越发挥着重要作用。为了培养促进社会主义建设需要的合格人才，我们必须认真研究在新条件下如何更好地贯彻教育与生产劳动相结合的方针。而在市场经济条件下，如何最大程度地发挥职业教育的经济效益和社会效益，教师发挥着至关重要的作用。笔者以为，在新时期，建设一支具有高尚的师德修养、良好的业务素质、稳定合理的结构、强烈竞争意识的教师队伍，是大力发展职业教育的根本措施。职业学校教师队伍的建设，是新时期发展职业教育的关键问题所在。

振兴民族的希望靠科技，科技的发展靠人才，人才的培养靠教育，教育的关键在教师。在大力弘扬"科教兴国"的今天，高等教育面临大发展的良好机遇，在各校扩建、合并、升格过程中，建设工程项目纷纷上马，进展较快，但师资队伍建设却相对滞后，已成为制约发展的"瓶颈"。尤其是职业技术学院为了上层次、快发展，急需建设一支结构合理、素质优良的教师队伍。但现实状况是教师学历层次较低，科研能力不强；校园学术气氛不浓，与外界学术交流不畅，信息较闭塞；引进高层次教师较困难，优秀教师流失较严重，尤其是落后地区更为突出。加强师资队伍建设已成为新成立的职业技术学院面临的最重要任务。

第二节 教育生态学对高职师资队伍建设的审视

一、教育生态学对高职师资队伍建设的审视

（一）限制因子对高等职业技术学院师资队伍的影响

教育生态学中的"限制因子定律"认为：所谓的"限制因子"就是达到或超过生物耐度的因子。在教育生态学上将自然限制因子扩展到社会因子、精神因子、对于教育生态系统，最主要的因子是能量流和信息流，能量流不足或低于基本需求，会限制教育的数量和质量的发展。当然，限制因子多种多样，要看到它的客观限制性，要重视它、分析它，不断排除非限制因子的作用和影响，教育就会发展得更快更好。

在高职师资队伍建设中，如果教师的数量不足，或者教师的质量不高，或者教学经验丰富、教学水平高的教师都分布在一所学校或一个地区，教师梯队出现"断层"，会影响教育的实施和开展，也会影响高职教育的数量和质量的发展。

（二）耐度定律和最适度法则对高等职业技术学院教师队伍的限制

1911年，谢尔福德提出了"耐度定律"，一个生物能够出现并且能生存下来，必须依赖一种复杂条件的全盘存在。如果要使一种生物消灭或灭绝，只要使其中一因子超过生物的耐度即可。在教育生态系统中，教育发展的数量、规模和速度必须在国民经济承受的范围内，否则即使发展了，还是会退下来。量力而行、尽力而为是符合耐度定律的。教育生态的个体、群体、系统在自身发展到一定阶段时，对周围环境的各种生态因子都有适应范

围的上限和下限，在此范围内主体能够很好地发展，否则将走向反面，这就是教育的最适度法则。

高职教师队伍建设的规模、速度必须建立在高职教育发展承受的范围之内，建立在每位教师所能承受的范围之内，其发展必须有自己适应范围的上限和下限，这样才能充分调动每位教师的积极性和主动性。

（三）教育生态链法则对强化高等职业技术学院教师整体效应的作用

在生态系统里，生物间的营养关系常常不是简单的直线关系，而是复杂的网络，形成生态链。在教育生态系统中，与自然界的生态链不同的是，它不仅有基于能量流传递摄取的关系，还有知识流的富集关系。不仅有横向的关系，更有纵向的，还有纵横交叉的。

高职师资队伍建设并不是独立存在的，而是与自然环境、社会环境息息相关。必须强化教师队伍的整体效应，为高职教师工作创设良好的内外部环境。

（四）花盆效应对提高高等职业技术学院教师的科研创新意识的影响

花盆效应，在生态学上称为局部生境效应。花盆里栽不出万年松，花盆是一个半自然、半人工的小生态环境，在空间上具有局限性，还要人为地为之创造适宜的环境。因此，在花盆内的个体、群体一旦离开此小生态环境就会失去生存能力。父母对孩子娇惯、溺爱，就会使孩子产生生长过程中的花盆效应；同样封闭的、半封闭的教育系统或群体，使学生脱离现实生活，从书本到书本的学习也会使学生产生局部生境效应。这一原理在教育学上一直受重视，但从生态学的角度去分析，就提高了高度，并有可能走向定量化。

高职师资队伍建设和提高不能局限于高职教育内部，而应该"走出去"和"请进来"，提高教师的科研创新意识，从而促进整个队伍的发展。

二、生态环境对高职师资队伍建设的影响

师资队伍建设是一项系统的工程，工程建设又是一个动态的过程。在这个动态的建设过程中，内外部环境因素（包括自然的、社会的、规范的、生理的、心理的）变化，对师资队伍建设起着重要的作用。因此，认识和分析师资队伍建设环境的内涵与特点，并正确处理师资队伍建设与内外部各环境因素的关系，对于加强高等职业技术学院教育师资队伍建设具有十分重要的现实意义。

师资队伍建设环境，从宏观上讲可以分为生态环境和政策（或规范）环境两部分，一个是内在的，一个是外在的，二者相互作用、相互促进，共同影响师资队伍建设。

按照组织管理学的一般原理，任何组织的建设和管理，都离不开组织规范、制度约束和政策激励，而组织规范、制度约束和政策激励又是影响组织效能发挥的主要因素，这些来自社会的、组织的规范就构成了一个师资队伍建设的政策（或规范）环境。制度规范是否公正、合理（特别是关系到教师切身利益的，诸如专业技术职务晋升、专业技术水平的提高以及相关利益的分配等政策规范），奖励政策和激励机制是否到位和具有操作性，不仅影响师资队伍的稳定和教师团体生态情感智力水平，而且不利于整体教学工作的开展。

政策（或规范）环境虽然是师资队伍建设生态环境的外部因素，但作为一个重要条件，其对师资队伍建设的作用不能低估。

按照教育生态学的原理，师资队伍建设是一个生态系统，教师的数量、质量、梯队结构、学缘结构以及团体生态情感智力水平是这个生态系统的主导因子，也构成了师资队伍建设的生态环境。教师数量的不足或过剩、教师质量的不高或教学经验丰富和教学水平较高的教师过于集中、教师梯队出现断层、学缘结构过于单一以及教师团体生态情感智力水平较低（教师间缺乏协作精神、团体凝聚力、团体士气、团体物质和精神价值取向以及良好的人际关系）都会影响教学工作的开展和高素质队伍的建设。师资队伍建设的生态环境实际上就是指对师资队伍建设产生影响和制约的，由教师队伍自身形成的一系列自然、生理和心理的综合因子，对师资队伍建设起着内因的作用。

研究高等职业技术学院师资队伍建设，必须从这些影响因子和制约因素入手。

第三节　构建高职师资队伍建设和谐生态环境

一、摆脱限制因子的束缚，调整师资队伍

为了培养优秀的教师队伍，首先要把好招聘关，宁缺毋滥。在用人上不搞小集团，不搞帮派，而坚持优秀者皆为所用、皆能重用。拓宽"双师型"素质教师队伍的来源渠道。按 1/3 的教师来自学校、1/3 的教师来自社会、1/3 的教师来自企业，构建"双师型"教师队伍。这首先就要打破师资来源以高校毕业生为主的传统观念，政府应出台相应政策，鼓励并帮助社会上各行各业的优秀人才到高职任教，充实教师队伍。

二、遵循耐度定律和最适度法则

充分发挥每位教师的积极性，使高职师资队伍建设达到最优化，同时要遵循最适度原则。

（一）运用经济杠杆和奖罚制度来激发教师的工作积极性和热情

建立教师奖励工资制，以此激发他们的自主性，使其发挥最大的耐度。对奖励工资的考核坚持公平公正的原则，真正做到"多劳多得、优质高酬"。让更多的人看到"有付出就有回报"，让"少得者"从自身寻找不足，挖掘自身的最大耐度。

（二）创造条件，发挥教师的主动性和创造性

学校可以向教师提出挑战性的任务，比如：解决教育教学上的难点，让他们发挥聪明才智去寻找解决方法；让教师在力所能及的范围内承担多样化的工作，满足其智力上的多方面需要；引导教师参与学校各项工作的管理，给他们充分发表自己意见的机会。

三、根据教育生态链法则，强化整体效应，创设良好的内外部环境

（一）加大宣传力度创造良好的内外部环境

我国加入世贸组织后，高等职业教育的任务越来越重，作用越来越突出，它肩负着为生产、建设、管理、服务等第一线培养高等技术应用型人才的使命。这就要求我们与时俱进、开拓创新，明确高等职业教育在整个高等教育中的性质、地位、作用，加大宣传力度，转变人们鄙视高职教育的思想观念，尤其是政府部门，除了加大投入外，还要为高职教育的健康发展创造良好的内外部环境，不断提高全社会对高职教育的认识。

（二）创设和谐的工作环境和舒适的生活环境

首先，要加强高校管理服务意识，努力解决教师的后顾之忧，提高教师的待遇，改善教师的住房条件。

其次，各级领导干部要与教师加强交流，全社会上下形成"尊重知识、尊重人才"的共识，真正树立起"尊师重教"的良好社会风气，为广大教师创设和谐的工作环境和舒适的生活环境。

（三）继续加大对高职教育的扶持力度

政府应进一步给予高职教育一定政策，在资金上大力扶持，使得学校有能力提高教师待遇，设立教师激励基金，重点向一线教师倾斜，提高教师科研及进修经费，鼓励教师尤其是青年教师参加实际生产、管理锻炼、外出进修，以全面提高教师整体素质。

四、避免花盆效应

提高教师的科研创新意识，促进整个队伍的发展。

（一）加强教师之间的国际交流

采取"走出去，请进来"的方法。"走出去"就是有计划地选派教师到国外进修、访问、讲学、搞合作研究，是高职国际化的重要内容。知识是无限的，但每位教师的知识是有限的；知识是无地域界限的，但每位教师的知识是局限在一个狭小的地域内的。因此，只有通过相互交流，才能相互促进、共同提高。近年来，我国的许多高校派出大批的教师到国外访问、进修，大大提高了师资队伍水平。"请进来"就是请国外的专家、教师到中国来讲学，参加学术讨论。有些高校与外国的大学合作办学校、办专业，把外国的教材、教师都引进来，产生了比出国留学还要好的效果。

（二）制定科学的师资培训培养制度

首先，师资培训机构应把促进现有师资由单一型向复合型转变作为工作目标，针对以能力为核心的职业教育模式对师资的总体要求开展有关教育思想、专业知识与技能、方法论与教学法方面的培训。

其次，根据职业教育改革与发展对师资的总体要求，改革培养师资的课程结构及教学模式，突出职业教育特点。

为培养创造型人才，要求教师增强创新意识，提升创新能力，并把创新教育贯穿教书育人全过程。

五、改善高等职业技术学院师资队伍的学缘结构

学缘结构主要是指一所高校全体教师最高学历的毕业学校的构成状态，亦或是来源的构成状态。来源广泛的学缘结构是优化的学缘结构，来源单一的学缘结构是不良的学缘结构。我国高等职业技术学院的学缘结构现状不容乐观。调查统计发现：我国高校专职教师中有近50%的教师是本校毕业的，高等职业技术学院的这一比例更高。从我们对辽宁、江苏、四川、湖南、河南、广东、浙江、河北8省29所高等职业技术学院的5408名教师来源学校情况调查看，单一学缘结构高达67%，有些专业特别是有些教研室甚至达到80%以上。学缘结构明显存在"近亲繁殖"现象。与国内相比，国外高校的学缘结构要合理得多。据不完全统计，高校教师来源于同一学校的最高比例不超过30%，而且越是声望高的学校单一学缘结构越低。如美国哈佛大学的教师中，来源于斯坦福大学的最多，占16.9%；英国剑桥大学的教师中，来源于牛津大学的最多，占10.8%；德国柏林大学的教师中，来源于慕尼黑大学的最多，占11.2%。并且教师来源的学校数至少有30个，最多的是剑桥大学，来自1000多个学校和科研单位。

高等职业技术学院师资队伍学缘结构的单一化，不仅影响教师队伍中多学派、多学术风格之间的交融和交流，造成学术科研气氛沉闷，而且在教学上也会因缺乏直接的切磋而使教学方式、教学方法刻板单调，最终导致教学、科研缺乏创新，学术思想趋于僵化，学科的发展也走向凝固化。而广泛的学缘结构不仅有利于活跃学术气氛，给教学科研注入新的活力，还可汇集各方之长，使教师队伍的整体效能得到充分发挥。

研究发现，高等职业技术学院师资队伍学缘结构单一的原因主要有三方面：

一是社会历史原因。高等职业技术学院多是在原来的中等专业学校或本科院校分校和地方大学的基础上发展起来的，或"戴帽"发展或相对独立、自我发展。特别是改革开放以来，高等职业技术学院的发展可谓突飞猛进。在其快速发展过程中，尤其是恢复高考制度以后，伴随着高等职业技术学院的发展，教师队伍的建设任务日益加重，高校的教师数量明显不足，中青年教师更是紧缺。为解决教师的缺口问题，20世纪80年代初中期，各校不得不通过留取大量毕业生的方式充实教师队伍，以适应学校的自我发展。以致一些学校的教师队伍在学缘结构上除部分老教师外几乎是清一色的留校生。

二是高等职业技术学院在高等教育结构中的位置和教师来源的渠道。高等职业技术学院在高等教育体系中排在研究型、教学型、普通本科院校之后，在多渠道选拔录用人才补充教师队伍上无优势。长期以来，教师来源的渠道除留取本校毕业生外，主要是从其他高校毕业生中选拔录用。20世纪90年代以来，随着对高等职业技术学院师资队伍学历要求的提高，从本校毕业生中选拔录用教师已不存在。尽管许多学校都想选用重点高校的毕业生，但事实上重点高校的毕业生很少有愿意到高等职业技术学院任教。尤其是地域位置较

差的学校，只能从一些普通高校毕业生中选拔录用，而专业教师却只能从少数专业对口的高校毕业生中选拔录用，长此以往，高等职业技术学院专业教师队伍的学缘结构日趋单一，少数教研室的教师几乎全部来源于同一所院校。

三是选拔录用教师中表现出的"师生情结"和"母校情结"（或"院校情结"）。随着教育改革的不断深入和发展，高校办学的自主权日益得到充分体现，选拔录用教师的权力主要在学校。但具体操作中，由于拥有这种自主权的主要是少数决策者和部分专家，因此，他们个人的情绪、爱好就会对教师的选拔录用产生影响。一方面，受传统的"孩子还是自家的好"的观念影响，表现出浓厚的"师生情结"，选拔录用教师时，首选门生弟子；另一方面，决策者和参与考选的专家或因对毕业母校的怀念或因对某一高校的特殊青睐，表现出"母校情结"或"院校情结"，选拔录用教师时，只对少数或某一高校的毕业生感兴趣，从而加剧了师资队伍建设中的"近亲繁殖"。

要改善高等职业技术学院师资队伍学缘结构现状，必须借鉴国外的成功经验，走多元化道路，实现三个转变。

一是由"近亲繁殖"的学缘结构向"远缘杂交优势"的学缘结构转变。在防止师资队伍"近亲繁殖"和学缘结构劣化上，国外一些高校有不少好的经验：在教师任用上，实行公开竞争、严格审查、择优录用、去留自由；限制留校生任助教；留校生如愿意留校任教，必须取得外校高一级学位等。对于同一学科，不仅不能多用留校生，既使是外校录用的毕业生也要多元化。知识经济时代最突出的特点是讲求知识的创新，利用学科间或同一学科的"远缘杂交优势"，不仅可以活跃学校的学术气氛，同时可促进科研水平的提高，有利于师资队伍整体效能的发挥。

二是由被动地接收高校毕业生向主动面向社会公开招聘、引进转变。高等职业技术学院在师资队伍建设中，传统的做法多是从本校或其他高校毕业生中选择，虽然也是择优录用，但大多缺乏实践经验或动手操作能力不强，有职业资格证书的更是寥寥无几。据北京高职教育教学质量检查组对北京14所高职办学点的调查统计：教师中平均只有25.75%的人获得职业资格证书，有实践经验的仅占23.9%。加之接收的毕业生来校后几乎很快走上讲台或带实验，很难达到高等职业技术学院对教师实际能力的要求。实行公开招聘，拓宽选择录用教师的渠道，制定一些特殊政策，吸引外校和社会上有实践经验的科技人才来校任教，一直是国外许多名校的成功做法，不仅弥补了因直接从高校毕业任教实践经验的不足，同时减少了担任助教的时间，有利于师资队伍实践能力的提高。此外，还应建立一种机制，让一些在校无所作为的教师流出去，大浪淘沙。让有作为的留下，无作为的流走，也是改善师资队伍学缘结构的相辅相成的两个方面。

三是由单一的选拔录用教师向录用与聘用兼职、自我培训相结合转变。随着高教改革的不断发展和知识经济时代的到来，现代大学的理念亦在逐步转变，高校的讲坛也不应再是大学教授的专利，社会上的知名人士、科研人员、工程技术人员，以及有特殊专长的人士均可走上大学讲坛。聘用外校或社会上有关人员来校开办讲座或上课，共享社会的教育资源，对于现阶段高等职业技术学院的师资队伍建设而言，不失为最快捷、最有效的途径。充分利用社会教育资源，不仅可以节约部分投资，把有限的经费用在现有教师的培训、进修上，同时，通过社会教育资源的多元参与，还可进一步丰富本校教师的知识来源，吸纳校外新的学术思想，营造学术多元化的氛围，有利于校内的学术繁荣。

第十一章　高职院校教师队伍治理体系现代化建设

第一节　高职院校教师队伍建设与管理的历史考察

一、高职院校教师队伍建设与管理的发展历程

（一）实践层面：我国高等职业教育发展历程的简要回顾

在我国教育史学界，一般把1866年左宗棠奏准并开办的"船政学堂"作为我国工业职业教育的肇始，而高等职业技术教育则发端于清末创设的"高等农工商实业学堂"。1902—1904年，壬寅癸卯学制提出实业教育作为教育的旁系应为国家服务。1922年，"壬戌学制"中将实业教育称为职业教育，并一改传统认为职业教育与普通教育相互补充，将职业教育渗透至普通教育。此时的职业教育除了强调为国家经济发展谋福利外，还要兼顾为个人生活做准备。

改革开放以后，我国开始进行战略调整，提出以经济建设为中心，一时间各行各业对一线高素质专门人才数量提出更高要求，社会发展对应用型人才的强烈呼唤为职业教育的发展提供了重要契机。为了满足经济快速发展，国家提出试建一批见效快且投入成本少的短期职业大学和专科学校。1980年，江苏省开始率先创设了全国第一所走读且学生自费的短期职业大学即金陵职业大学，金陵职业大学的创建成为高等职业教育的开端之举，标志着高等职业教育作为一种特殊的高等教育类型登上了历史舞台。直到1985年，国务院印发《中共中央关于教育体制改革的决定》，"高等职业教育"首次在国家政府文件中出现，该文件提出，"高中毕业生一部分升入普通大学，一部分接受高等职业技术教育"，从政策上明确了高等职业教育的重要地位，保证了高等职业教育的稳步推进，此时的职业院校有120多所，高等职业教育进入了探索初创期。

1996年颁布的《中华人民共和国职业教育法》及1998年颁布的《中华人民共和国高等教育法》从不同角度明确了高等职业教育的类型。首先从职业教育层面指出高等职业教育在本质上属于更高层次的职业教育，其次从高等教育层面指出高等职业教育是一种特殊类型的高等教育，高等教育的办学主体是高等职业院校以及普通高等学校。这两部法令的颁布将高等职业教育的类型以法律的形式明确下来，为21世纪高等职业教育的快速发展

提供了法律依据。与此同时，一些省市制定了支持高等职业教育发展的地方法规，20世纪末在全国掀起了"高等职业教育办学热"。

进入新世纪，经济快速发展对技能人才需求的推动以及政府的大力支持，使高等职业教育进入快速发展期，我国教育行政部门为促进高等职业教育扩大规模，采取一系列改革措施：在2000年年初，教育部颁布《关于加强高职高专教育人才培养工作的意见》，对高职高专教育的人才培养目标及人才培养模式等做了明确规定，这为高职高专院校办学模式及人才培养方案提出了指导意见。与此同时，中央政府及各地方政府纷纷出台各种新举措，如加强实践教学基地建设、"双师型"教师培养、兼职教师队伍建设、高职高专专业建设等，这为高等职业教育的发展创设了开放、自由的大环境，此时公办高职院校以及民办高职院校的数量急剧增加。单从量的层面而言，高等职业教育已经取得显著成效，但反观质的层面，高职院校在教学质量以及毕业生水平上仍存在诸多不足之处。为此，政府出台针对性政策，促进高职教育可持续发展，我国高等职业教育发展开始从"量"的扩张转向"质"的提升。2006年开始，教育部实施"国家示范性高等职业院校建设计划"构建"学校—社会—企业"合作机制，强化高职院校人才培养与市场需求的有效衔接。高等职业教育俨然已成为高等教育的"半壁江山"。

以知识经济与信息科技为核心的时代，需要大力发展现代化的高等职业教育。2010年，教育部发布系列文件提出以"质量、特色、内涵发展"为主题的构建有中国特色、世界水准的现代化高等职业教育体系。2010年发布的《教育规划纲要》对人才培养目标、质量保障体系建设以及师资队伍建设等方面做出具体阐述，进一步强调教育质量对职业教育发展的重要性。2015年《高等职业教育创新发展行动计划（2015—2018年）》明确了高等职业教育发展的任务以及项目，当前"深化内涵建设""构建现代职业教育体系"成为发展的行动指南。2019年之后《深化新时代职业教育"双师型"教师队伍建设改革实施方案》等一系列制度文件的落实，进一步推进"三教"改革，促进构建政府统筹规划、院校与企业行业深度融合的师资队伍建设机制，实现高等职业教育的内涵式发展。据统计，2019年认定优质高职高专院校200所，骨干专业2919个，生产性实训基地1164个，"双师型"教师培养培训基地440个。《国家职业教育改革实施方案》提出，"具备条件的普通本科高校向应用型转变，开展本科层次职业教育试点"，"职业本科"作为职业教育的新鲜事物，仍处于探索期，但"职业本科"是区别于普通本科的一种教育类型，无论在专业设置还是人才培养类型上都应当有自己的特色。截至2020年已有34所学校开展职业本科试点，这将为进一步探索本科职业教育提供有力范本，高职（专科）院校1468所，在校生约1459.55万人。高等职业教育经历了从无到有，从增加数量到提升质量，从发展到内涵式发展，一方面得益于社会发展的需要，另一方面离不开国家的支持引导以及高职院校自身的不竭努力。

（二）政策层面：我国高职院校教师队伍建设与管理的变迁

1.关于高职院校教师队伍建设与管理的政策梳理

对于职业教育教师政策，自改革开放以来就进行了摸索与初建，高等职业教育教师政策则于2000年伴随高等职业教育的大发展而起步。新世纪以来，我国高等职业教育处于从增加数量到提升质量、从发展到内涵式发展的转型期，高职院校教师队伍是高等职业教育转型的重要推动力量。基于此，高等职业教育教师政策开始起步并逐步增加。根据高等职业教育教师政策的内容，将其分为四类：一是综合类政策；二是资格认定与聘任政策；三是培养与培训基地政策；四是薪资与奖励政策。

2.关于高职院校教师队伍建设与管理政策的变迁特征

（1）高职院校教师队伍建设内容由单一走向多元

首先，从师资构成的类型来看，不断扩充教师队伍，原则上不再从应届毕业生中招聘，而是从企业中聘请具有高级技术职称的能工巧匠或者管理者，聘请的教师可以根据自身的需要选择专任教师或者兼职教师，这丰富了高职院校教师类型，改善了师资结构，实现了教学型教师与实践型教师的取长补短、协调进步，专职教师与兼职教师相互融合、互相学习。与此同时，大力推进校企深度合作，搭建教师培养培训基地，协同培养具有双技能的"双师型"教师，实现教师构成类型的多元化。

其次，从教师评价体系来看，就评价内容层面而言，由单一教学评价到教师师德师风、企业挂职锻炼时长、综合素质、科研能力、社会服务能力、实践指导能力、"双师型"教师能力等多元化评价；就评价主体层面而言，由单一学校行政管理人员评价到学校内部的行政管理人员、同行、督导、学生以及学校外部的行业企业、专门评价机构、教育行政管理部门相结合的多元主体评价。

最后，从教师培训方式上看，注重校企深度融合，共同搭建教师培训基地，不再仅关注高职教师的教学技能，更注重培养实践操作技能，熟悉行业发展最新动态，了解行业需求，实现"课堂"与"车间"的双向流动。

（2）高职院校教师队伍建设主体由一元走向多元

高等职业教育成立初期，深受计划经济的影响，国家管理着政治、经济、文化、社会、教育的方方面面，高职院校教师队伍建设的权力自然归国家所有。自从进入21世纪，国家开始重视教师队伍建设主体的多元化。2000年《教育部关于加强高职高专教育人才培养工作的意见》提出：指导地方政府制定高职院校教师队伍建设的相关制度。之后，教育部多次发文督促地方教育行政部门等有关部门结合地方发展实际，制定教师准入、职称评审、编制管理等有利于高职教师发展的配套制度。2014年《现代职业教育体系建设规划（2014—2020）》要求落实职业院校用人自主权，学校可以自主聘请兼职教师，制定反映自身发展情况的"双师型"教师标准。此后，教育部多次发文落实高职院校用人自主权，不断将"双师型"教师标准制定权、教师职称评审权、教师招聘权等下放给学校，以期激发高职院校办学活力。一系列政策文件表明，推动高职院校教师队伍建设与发展，传统的自上而下的行政管理模式已经行不通，教师队伍管理转向教师队伍治理已成为大势所趋。

二、从教师队伍管理走向教师队伍治理的趋势

（一）教师队伍管理走向教师队伍治理的动因

1. 逻辑前提：治理内在的先进性

教师队伍管理走向教师队伍治理的逻辑前提在于治理自身的优越性。从理论上说，治理优于统治，从统治走向治理是人类政治发展的普遍趋势。教师队伍管理与教师队伍治理存在以下几点显著差异：

一是主体不同。教师队伍管理的主体是单一的，主要是以教育行政管理部门为核心的政府权力机关，包括中央政府和地方政府；教师队伍治理的主体是多元的，除了政府还包括办学组织、教师个体以及社会组织等。

二是运行方式不同。教育队伍管理是政府集中管控下的单一管理、行政管理，是强制性的；教育队伍治理是多元民主参与的合作管理、协商管理，运作方式是民主的、包容的。

三是侧重点不同。教师队伍管理侧重于教师队伍建设的方法；教师队伍治理侧重于教师队伍建设的过程。

四是权源不同。教师队伍管理中政府行使的权力就是法律赋予的；教师队伍治理中相关利益者除了行使法律赋予的权力外，还包括非法律性质的契约保障下的权利。教师队伍治理相对于教师队伍管理有显著优势，能更灵活地应对社会发展对教育提出的风险和挑战，前者是对后者的超越，是教师队伍建设走向民主化、法制化的集中体现。教师队伍治理自身具有的先进性是教师队伍管理走向教师队伍治理的逻辑前提。

2. 现实困境：经济高速发展对专门人才的需要与教师队伍建设不完善之间的矛盾

教师队伍管理走向教师队伍治理的现实困境，在于经济快速发展对一线高素质专门人才的需要与教师队伍建设无法满足高职院校人才培养目标之间的矛盾。当前，我国正处于经济快速发展的关键期，人民生活水平大幅度提升，但同时也面临各种风险和挑战。经济的快速发展需要教育提供各行各业专门人才，而教师队伍的质量是衡量人才质量的重要指标。然而，教师队伍领域仍沿用传统的自上而下单一向度的管理体制，由于权力过于集中导致教师队伍发展无法适应经济发展，以"管"为核心的教师队伍管理存在政府宏观调控能力不足、学校办学自主权力不够、教师个体参与缺失等突出问题。面对教师队伍建设不完善与经济快速发展之间的矛盾，教师队伍建设应建立新的调节机制即多元民主参与的教师队伍治理机制，才能培养更多更高质量的社会发展所需人才。

（二）教师队伍管理走向教师队伍治理的约束条件

1. 传统管理观念根深蒂固

观念对实践具有重要的指导意义，"管理"转向"治理"的前提在于思想观念的转变，改变传统"管"字当头的教师队伍建设思维方式。然而现实地看，中华人民共和国成立后，我国长期实行计划经济，经济、政治、文化、教育等各个领域都由政府统一安排，政

府大多采用行政化的命令、指令等进行资源分配与社会管理。"计划教育"下形成了大一统的教育观念,教师的岗位安排、编制分配、职称评审、参与培训等都由政府统一支配。尽管改革开放后开始实行市场经济,但大一统思想在教育领域的影响根深蒂固,政府仍扮演"一竿子插到底"的角色,以各种政策文件形式约束学校办学自主权。故而,教师队伍管理理念转向教师队伍治理理念是一个艰难且漫长的过程。

2. 权力调整纷繁复杂

教师队伍治理权力的合理配置是教师队伍管理转向教师队伍治理的关键因素,而权力合理配置的核心在于决策权、参与权的结构性调整。教师队伍管理转向教师队伍治理意味着更多利益主体拥有决策权力,这就要求改变以往政府单一主体管控教师队伍的局面,将权力适当地下放给其他治理主体。

第二节 高职院校教师队伍治理体系现代化的理论命题

一、教师队伍治理体系现代化的理论内涵

(一)教师队伍治理体系的内涵

教师队伍治理体系是教育治理体系在师资队伍领域的具体表征与体现,是教育治理体系的重要组成部分,把握教育治理体系的核心内涵是探讨教师队伍治理体系的逻辑起点。关于教育治理体系的内涵,学者们从不同的视角提出了不同的观点:

一是从制度论的视角,王松婵、林杰认为高等教育治理体系就是维护、促进与规范高等教育改革发展的一系列制度集合。

二是从系统论的视角,刘冬冬、张新平认为教育治理体系的内涵可以概括为由教育治理主体、教育治理对象、教育治理过程、教育治理方式以及教育治理制度等众多要素构成的完整系统。

三是从工具论的视角,张建认为教育治理体系是规范多元治理主体的权利与义务的一系列制度和流程。表面上虽然学者们从不同视角对教育治理体系有不同的界定,但深究其理,制度性、系统性、工具性都是教育治理体系的一般属性。作为教育治理体系在教师队伍层面的具体表现,教育治理体系与教师队伍治理体系是整体与部分的关系,两者密切相关。

因此,基于教育治理体系内涵并结合教师队伍内在属性,不妨将教师队伍治理体系界定为:在现代化治理理念引领下,由教师队伍治理主体、教师队伍治理内容、教师队伍治理工具、教师队伍治理体制机制等诸多要素构成的完整系统,解决教师队伍建设中的公共问题,以实现教师队伍规范化,最终达到教师队伍"善治"目标。厘清教师队伍治理体系要解决好三个核心问题,即教师队伍治理主体是谁以及各主体间的关系,通过哪些体制机制进行教师队伍治理,教师队伍治理效果如何评估。这也是教师队伍治理的三大基本要

素。其中，教师队伍治理主体是教师队伍治理体系的核心要素，具体指政府、学校、教师个体及社会组织。

（二）教师队伍治理体系现代化的内涵

教师队伍治理体系现代化是教师队伍治理的目标。那么，如何理解教师队伍治理体系现代化？首先要厘清现代化的概念，可以从"现代"和"化"两个词义出发。"现代"具有时间和价值的双重属性，从时间序列上看，"现代"是相对于古代和近代而言的，是由古代到近代再演变到现代的历史的更迭。从价值意蕴上看，"现代"是相对传统而言的，是指现代观念、现代思维、现代生活方式以及现代制度等，是立足传统的创新。"化"有性质发生变化之意，是动态的转化过程。"现代化"是传统向现代转变的过程。教师队伍治理体系现代化是传统"教师队伍管理"向现代"教师队伍治理"转变的过程。

中央编译局原副局长俞可平根据五个标准来衡量国家治理体系是否实现了现代化，即治理制度化规范化、民主化、法治化、效率化以及整体的协调性。笔者认为教师队伍治理体系实现现代化也要符合以下六个标准：

一是治理内容的专业化、标准化，即通过治理实现教师的专业化发展，建设一批世界一流的教师队伍，继而实现"善治"目标。

二是治理思维要民主化、法治化、特色化，即由"一元管理"思维转向"民主共治"思维，"人治"思维转向"法治"思维，"教师队伍普通化"转向"教师队伍特色化"。

三是治理主体要民主化、多元化，即各利益相关主体有权利以协商合作的方式表达自己的诉求，由单一管控转向多元共治，由传统的权力集中管控向现代水平式权利下放转变。

四是治理结构明晰化，即各治理主体之间的权利和义务边界清晰，实现有序分权、协同共治。

五是治理方式信息化、制度化、激励性，即通过信息化手段、激励性措施以及民主性制度保障相关利益者的合法权益，激发其参与治理的热情。

六是各因素之间相互协调，形成完整的系统，教师队伍的治理体系不是诸多毫无关系的元素"捆绑"在一起，而是各要素之间相互作用产生协同效应，使复杂系统有序化。

二、教师队伍治理之于高职院校的特殊内涵分析

（一）高职院校区别于普通高等院校

高职院校作为一种特殊的办学实体，是实现高等职业教育目标的载体，高职院校的特殊性一方面源于自身院校的特色，另一方面源于高等职业教育的特殊性，而后者是决定高职院校的特色化办学的关键因素。高等职业教育具有高等性与职业性的双重属性，在办学层次上是一种职业性较强的高等教育，在办学类型上是高层次的职业教育。高等职业教育与普通高等教育相比有以下几个显著特征：

其一，在本质上，高职教育仍属于职业教育，是一种应用性和实践性较强的教育。

其二，在培养目标上，高职教育主要是为经济发展与企业生产输送各行各业管理者、服务者、经营者、生产者，使学生能迅速投入企业生产、管理等环节。

其三，在培养层次上，高职教育属于高等教育层次，是应用性的高等教育。

其四，在社会认可度上，高等职业教育通常被认为处于高等教育中的末端层次，是"退而求其次"的大学教育，主要因为一方面当前我国高等职业教育体制不够完善，以高职高专为主，所培养的人才质量普遍不高；另一方面我国尚未形成崇尚职业教育的社会氛围，企业作为高职院校毕业人才的主要去向，却存在歧视职业学生之嫌，高专院校培养出来的学生存在就业难的现象。

高等职业教育的应用性决定了人才培养的技能性，而技能型的人才培养目标又对高职院校教师的素质提出了更高的要求。一方面，教师应具有高等教育教师的一般素质，如崇高的师德师风、扎实的专业理论与前沿知识、渊博的科学文化知识、系统的教育基础知识、过硬的教学技能以及创新意识和创新能力；另一方面，要具有职业教师的特殊素质，如丰富的实践操作经验、将最新科技成果开发为课程的能力、技术推广能力以及创业就业指导能力。我国职业教育师资队伍组建从一开始就是一种非职业模式，中等职业教育的师资主要从中学教师中抽调，高等职业教育的师资主要来自普通高校，这种"半路出家"式的组建模式必然导致职业教师队伍具有非专业化和非职业化的特点，这种状况无法满足当前高等职业教育的培养要求。

（二）高职院校教师队伍治理体系的特殊性分析

1. 高职院校教师队伍建设的角度

治理思维维度、治理内容维度、治理主体维度、治理结构维度、治理工具维度以及治理环境维度六个要素要解决的问题，是建设高职院校教师队伍的核心问题。高职院校教师队伍建设与发展需要处理好三个核心问题，即"谁来建设""建设什么""怎么建设"，六个维度刚好分别对这三个问题做出了相应规范。教师队伍治理主体与教师队伍治理结构回答了"谁来建"的问题；教师队伍治理内容回答了"建设什么"的问题；教师队伍治理思维、治理工具以及治理环境回答了"怎么建"的问题。先看"谁来建设"的问题，高职院校教师队伍的建设首先要明确有哪些利益相关主体，谁有权利参与到队伍建设中，当涉及不同的利益主体时，要区分主体之间的权利与义务，谁具有核心决策权、谁具有参与决策权，六维度中的治理主体维度刚好规范了有哪些人或者组织可以参与教师队伍建设决策过程，而治理结构规范了这些人或者组织之间的权力边界。再看"建设什么"的问题，明确高职院校教师队伍建设的主体之后，就要对建设的具体内容进行设计，如师资队伍的数量、师资队伍的质量与结构结构以及师资队伍的相关制度机制等，以便教师队伍建设工作有的放矢地进行。最后看"怎么建"，高职院校教师队伍建设的主体与具体内容都确定之后，就要考虑具体工作该如何进行，任何行动都有理念的指导，因此将治理思维放在具体措施的首要位置，现代化的思维要想落地还得依靠现代化的治理工具，最后一切行动都需要制度与政策环境保驾护航。

2. 治理体系的角度

一方面，治理思维维度、治理内容维度、治理主体维度、治理结构维度、治理工具维度以及治理环境维度六个要素囊括了治理的基本现象。笔者在教师队伍治理体系的内涵中已经指出，要廓清教师队伍治理体系基本内涵需要处理好三个核心问题：一是教师队伍治理主体有哪些以及各主体间的关系，二是通过哪些方式有序进行教师队伍治理，三是教师队伍治理效果如何评估，这也是教师队伍治理的三大基本要素。具体来说，治理的核心在于决策权，治理主体与治理结构现代化，通过明确拥有决策权的主体以及主体间的决策权的大小以及范围，回答"谁来治理"的问题。治理思维主要是匡正现代化的治理逻辑，为"如何治理"提供价值导向。治理工具主要是通过革新现代化的治理手段，为"如何治理"提供技术支持。治理制度主要是通过现代化的制度规范"治理过程"。此三个维度主要解决"如何治理"的问题。"治理效果"的达成需要由治理的政策制度环境来保障。三个问题、六个维度共同构成了教师队伍治理体系现代化的基本框架。

另一方面，治理思维维度、治理内容维度、治理主体维度、治理结构维度、治理工具维度以及治理环境维度六个要素之间是相互联结、相互影响的关系，共同构成互为支撑的高职院校教师队伍治理体系。具体概括如下，治理目标是高职院校开展教师队伍治理的最终目的，是联结其他要素的核心，这是由高职院校的教师队伍建设所需解决的问题决定的，治理内容即教师队伍的质量结构是其主要表征形式与检验指标，对治理主体、治理结构、治理思维以及治理工具的选择具有反向指导作用；治理主体决定治理思维，治理思维只有通过治理主体才能体现在治理目标上，治理思维指导下的治理主体又影响治理具体工具的选择以及治理目标的确定，只有现代化的治理思维才能保证现代化治理活动得以有效落实，治理主体是实现高职院校教师队伍治理体系现代化的关键，治理思维是实现高职院校教师队伍治理体系现代化的逻辑起点；治理结构赋予了治理主体决策权力，同时对治理主体权力的边界做了限制，是实现高职院校教师队伍治理体系现代化的核心；治理主体需要通过治理工具开展治理活动，治理工具是实现高职院校教师队伍治理体系现代化的基本要素，贯穿治理的全过程；治理的政策与制度环境为治理主体开展治理活动提供外力保障，保证治理行为的有序开展。以上六个要素相互协作、相互支撑，共同推动高职院校教师队伍治理体系现代化的实现。

第三节 高职院校教师队伍治理的现状检视

一、治理理念：高职院校教师队伍的治理思维现状

（一）"一元管理"思维主导

高职院校教师队伍治理体系现代化的核心要义在于多主体共同参与教师队伍建设的决策过程，共同行使参与权、决策权与监督权。

（二）"职业教育普通化"思维作梗

教育部早在2006年就明确提出要"强化办学特色，推动高等职业教育持续健康发展"。在高等职业教育不断探索发展过程中，高职院校逐渐达成"特色办校"的共识，高等职业教育与普通本科教育在教育类型上有显著差异，因此，不能一味模仿本科院校办学模式，高职院校要走出一条专属的特色发展之路。"职业教育特色化"的治理理念是指导高职院校特色发展的灵魂，反映了高职院校的价值取向。然而，当前高职院校对特色办学缺乏整体性认识与认同，高等职业教育的特色办学理念并未得到有效贯彻。

1. 职业教育特色化认识不足

缺乏对高职教育高等性与职业性的共性特征整体性的认识与理解。高等职业教育双重属性是区别于其他类型院校的本质特性，培养目标也有所差异，高等职业教育以实用性、技能性为目的，以"必需、够用"为度，以岗位实用为准。故而，高职院校的教师除了具备基本理论知识和专业技能外，还要了解本专业领域的发展前沿并具有实际操作能力。遗憾的是当前高职院校教师队伍管理过多地借鉴普通本科院校的管理经验，将高等职业教育"普通化"对待，如在教师招聘方面，仍以应届毕业生为主，他们虽受过系统化的专业知识学习，但缺乏教学经验以及企业工作经历。另外，从大型企业中招聘一线员工或管理人员的相关制度规定不够完善，兼职教师招聘制度也不健全；在职称评审方面，与普通本科职称评审标准相混淆，强调科研项目与论文的数量、级别，导致职称评审要求与高职教师的岗位要求不统一甚至相背离；在教师培养培训方面，"双师型"教师培训不够特色化，职业教师更加强调教师实践技能，这需要校企深入交流合作，推进校内教师进入企业挂职锻炼，企业内一线员工到校内进行实操性课程讲授，担任学校专任教师或者兼职教师，但当前高职院校校企合作培育教师机制特色化程度仍不足。

2. 职业教育特色化资源挖掘不深

对高等职业院校的独特个性风格缺乏独特性认识与深入挖掘。高等职业教育的高等性、职业性的特殊属性，是每所高职院校的共性，各高职院校正是在这种共性的基础上突出学校的优势，重点发展，形成自己稳定的个性风格。近几年高职院校在特色办学方面取得了显著成效，但仍存在认识上的误区。主要表现为：简单地认为将高等职业教育的特色化等同于高职院校的特色化，将高等职业教育与高等职业院校视为同等范畴。高等职业教育是一种特殊的教育类型，而高等职业院则属于办学实体，是实现高等教育目标的教育机构，具有内在的运行规律。简单地将两者等同容易导致所有高职院校统一按照职业教育办学模式，虽办出了"高职教育特色"，但由于地区差异、经济发展差异、学校教师结构差异、专业差异以及学生结构差异等，每个学校有无法忽略的自身差异性，仅强调职业教育特色化而忽略职业院校特色化，最终会导致学校的特色资源无法有效发挥，也无法根据院校特色建设符合本校特点的教师队伍。

二、治理主体：高职院校教师队伍的治理主体现状

高职院校教师队伍治理主体是高职院校教师队伍治理体系的核心，高职院校教师队伍

治理的主体主要包括以教育行政管理部门为核心的政府、高职院校和教师个体三个部分。高职院校教师队伍治理主体多元化是高职院校教师队伍治理体系现代化的主要标志，教师队伍建设的科学化、规范化需要多元治理主体协同合作推进。然而，从现实看，是以教育管理部门为主体的政府单一行政控制，高职院校的自主权受到政府的各种约束，教师个体和社会组织成为旁观者。

（一）高职院校层面：自主权不足与行政化干预并存

高职院校在高职院校教师队伍治理体系现代化的过程中承担着"外接内治"的职责。一方面，在外部治理层面是政府放权的主要对象，另一方面，在内部治理层面是对教师个体放权的重要主体。然而，在高职院校教师队伍治理中，高职院校外部缺少自主权与内部自身用权不当、行政权力过度干预的问题同时存在。首先，在外部治理层面，高职院校并未真正享有独立事业法人组织应有的各项权利，政府过多的行政干预导致高职院校教师队伍治理的自主权不足。其次，高职院校自身在呼吁放权的同时并没有学会有效用权，政府下放的权力被学校行政人员拦截，致使政府行政管理权力在高职院校内部进一步延伸，教师个体对自我发展、自我管理缺少话语权。在对 A 省高职院校教师的问卷调查中，当问及"您认为高校作为重要治理主体，在推进教师队伍治理体系现代化过程中存在哪些问题"时，27.8%的教师表示学校自主权不够，20.4%的教师表示学校内部相关规章制度不健全。

（二）教师个体层面：治理意识与能力双维"沦陷"

在传统"官本位"思想的影响下，仍有部分教师认为自己是学校教职工，将自己定义为"被管理者"，本职工作是教书育人，管理与治理是行政部门的事务。虽然大部分教师认为应该也愿意参与到教师队伍的治理中，当问及"您认为高职院校教师队伍治理与您之间存在怎样的关系"时，有一半以上的教师表示教师是教师队伍治理的主体，但是实际参与过程中却对相关政策法规知之甚少，对参与治理的途径也了解不多，这表明教师个体参与教师队伍治理维护自身权益的意识较差。当问及"您对参与学校教师队伍治理过程是否满意"时，有一半以上的教师表示"一般或者不满意"。另外，高职院校缺乏教师参与的氛围以及教师参与治理的能力有限也是无法有效发挥教师主体地位的重要影响因素。当前，高职院校教师个体参与教师队伍治理的合法权益得不到有效保障，教师参与治理的氛围、制度、机制不健全，比如教师参与治理的主要方式，即学术委员会以及教职工代表大会等，受行政权力的干预，形同虚设，导致教师对参与治理的现状不满。即使教师有意向参与教师队伍治理且合法权益得到有效保障，但参与决策治理的能力有限，毫无疑问，这会导致"好心办坏事""帮倒忙"的后果。

三、治理结构：高职院校教师队伍的治理权力边界现状

（一）纵向治理主体权力边界："越位""错位""缺位"

1."越位"：管了不该管的事

"越位"在管理内容上是指政府管了不该管的事情，在管理方式上是指政府管得过

细，过于直接。首先，从管理内容上看，推进"放管服"改革是当前教育改革的重要目标，尽管经历了多次改革，仍存在政府管得太多、部分权力不下放的问题，如高职院校在人事管理、教师职称评审、绩效工资分配、教师聘任或解聘权等方面的自主权还不够。其次，从管理方式上看，政府对高职院校教师队伍建设的具体事项干预过多，通过发放政策文件、审批、监督、评比等方式干预高职院校的治理行为。比如，对于学校教师的招聘，政府各部门通过发放行政"红头"文件的方式直接干预学校行为，并且不同部门之间的"指令"存在交叉情况，严重阻碍高职院校用人自主权。对于学校教师发展经费使用，高职院校需要提交审批，由政府决定经费标准，最后受政府监督，限制了高职院校经费使用自主权。

2. "错位"：该管的界限不清

纵向治理主体的"错位"主要指中央与地方政府之间以及上下级政府之间的界限不清、权责不明，一般表现为"越俎代庖"。各级政府之间出现权限范围内与权限范围外的角色偏离，主要角色与次要角色的偏离。中央政府超越职能范围过多干涉地方政府事项，导致地方政府无法发挥地方优势，上级政府超越职能范围过多干涉下级政府的具体事项，导致下级政府失去话语权。其根本原因在于各级政府定位不清，职能范围不明。

3. "缺位"：放了不该放的事

"缺位"是指在高职院校教师队伍治理中，政府职责范围内的工作没管或者没管好，即放了不该放的事情。主要表现在两个方面：

一是保证高职院校教师队伍治理工作有序开展方面，主要体现在政府宏观方向把控、信息服务、制定法律政策、营造全社会尊重职教教师的氛围上。但当前我国政府在教师队伍治理的宏观管理方面存在不足之处，如相关政策制度不够健全，内容笼统不够具体化；对职业教育的重要性宣传力度不够，仍然存在职业教育是"退而求其次"的观念。因此，职业教育教师的社会地位自然低于本科院校教师。

二是在保障高职院校教师队伍治理工作的可持续发展方面，主要体现在专项经费投入上。建设一批高素质高技能的高职院校教师队伍需要投入大量经费，而现实是，职业院校的经费投入远小于本科院校，尤其是地方性职业院校的经费支持更是少得可怜，无法保证高职院校教师队伍治理工作的可持续发展。在对A省四所高职院校的访谈中，当问及"推进高职院校教师队伍治理体系现代化需要重构政府与高校的关系，您觉得在教师队伍建设方面政府应适当下放哪些权力？又将以何种角色参与到教师队伍建设中来？"时，回答者表示"一方面，学校仍缺乏自主建设教师队伍的权力；另一方面，政府对于学校的财政支持远小于本科院校，不同区域间也存在差异"。

（二）横向治理主体权力边界："条块分割""统筹失灵""推诿扯皮"

1. "条块分割"导致"统筹失灵"

高等职业教育领域人权、事权、财权三权"条块分割"，导致教育行政部门"统筹失灵"。高职院校的教师人事权通常由编制部门、人社部门或者组织部门行使，教师财政权力由财政部门行使,只有教师事务权由教育部行使,而教育行政部门才是主管高职院校教师队伍的主要部门,对各高职院校的实际情况也最了解,但这种三权"条块分割"的局面导致教育行政部门无法对高职院校教师队伍建设进行统筹安排,无法综合考量从而实现资源的合理配置。

2. "条块分割"导致"推诿扯皮"

高等职业教育领域人权、事权、财权三权"条块分割",导致各职能部门之间推诿扯皮,管理效能低下。高职院校教师队伍建设涉及多个方面,如教师薪资问题、教师培训问题、教师职称评审问题、教师编制分配问题等,需要多个行政部门划分好职能范围,相互协调、相互沟通,协同推进高职院校教师队伍建设。但由于三权的"条块分割",各部门之间职责不明,互相推卸责任,导致治理效能低下。如职业教育管理过程中存在人事管理部门共同参与管理的局面,且不同部门之间具体的权利和义务边界不明,教育行政部门主管中等、高等职业教育,而人事部门主管技工教育和技师教育,因而在技工以及技师教育工作上存在两个管理部门之间的交叉,这必然导致部门之间越权管理或者推诿扯皮。

四、治理方式:高职院校教师队伍的治理工具现状

(一)信息化治理工具落后

1. 教师队伍治理信息化徘徊于初始阶段

目前,高职院校教师队伍治理信息化仍停留在初始阶段,即以人事基础信息为主的重建设、轻维护的阶段。大部分高职院校信息化管理制度尚未有效完善,再加上受传统工作思维模式的影响,高职院校人事管理工作人员对人工智能、大数据等现代信息技术手段融入教师队伍治理工作缺乏足够的认识与把握,虽开发了官方主页公布教师招聘、培训、职称评审、职务晋升等相关信息,但仍未实现运用专业化设备对教师信息进行动态管理、及时更新、实时反馈、科学决策,导致信息收集滞后,教师队伍治理信息化仍停留在传统的静态信息管理阶段。具体而言,在人事档案的管理与归纳中实现了电子化,但仅提供用户对个人情况的静态查询功能,具体的分析和决策还得依靠人事专员,数据库仅起到储存、查询作用。

2. 职能分散引致"信息孤岛"

由于高职院校缺乏统一的系统规划,在人事管理过程中各职能部门各自为政,信息无法共享,形成一个个"信息孤岛"。高职院校内部教师队伍信息化治理工作以组织人事处为主体,同时涉及教务处、财务处、科研处、校企合作办等多个部门,出于业务的需要,不同的部门具有各自不同的信息管理系统,如人事系统、科研系统、培训系统、教学管理系统等,各系统互不相连,数据信息也很难在系统间实现交流与共享,出现数据冗余或者重复现象,不同部门的工作人员在不同系统录入大量重复性数据,无疑增加了人力资源成本与信息维护成本。相同信息无法同步更新,信息的准确性得不到保证,对后期人事专员的分析和决策产生不利影响。另外,数据的重复、冗余也给教职工带来工作上的负担,继

而对人事管理系统产生排斥心理，再加上本身一些教师对科技手段存在陌生感，繁琐的系统操作更是让其无从着手。

（二）激励性治理工具单一

绩效考核是人力资源管理的一种重要激励手段，能够有效激发员工的活力与创造力，形成员工的自我约束、自我管理和自我发展的长效机制。高职院校建立科学有效的教师考核激励制度，对教师进行客观公正的评价，有利于激发教师的教学、科研、实践成果，创造良好的业绩，从而优化高职院校师资队伍结构。由于我国高等职业教育起步晚，教学管理模式大多模仿本科院校，其绩效考核制度也存在很多弊端，对高职教师而言缺少激励性，无法适应高职教育改革发展需要。具体体现在以下几个方面：

第一，评价范围窄，考核过于量化。高职院校过于强调对教师教学基本功的考察，而忽视对教师学术创新能力与实践指导能力的考核，重视操作性强的指标考察，忽视教学过程中需要质性考察的指标。

第二，考核形式过于单一。我国的教师评价往往采用系领导评估、学术评估、同事评估和专门机构评估的方式。这种校内间的评估方式往往由于"裙带关系"而有失客观公正性。

第三，考核标准过于统一，缺少多元化。高职院校教师绩效考核没有按照教师类型、教师工作年限区别开来，仍采取统一的标准衡量不同的对象，不利于教师多元化发展。

（三）民主决策类治理工具失灵

《高等教育法》规定，教职工代表大会制度是教职工参与管理和监督的基本形式之一。高职院校教师队伍治理体系的现代化也需要建立健全教职工代表大会制度，保障教师参与学校教师队伍的监督和治理。但目前，由于高职院校缺少有效的权力制度机制，作为教师参与学校治理的主要形式之一，教职工代表大会形同虚设的问题屡见不鲜。这种现象严重阻碍教职工代表大会制度在教师队伍治理实践中作用的有效发挥，继而难以实现高职院校教师队伍内部治理主体的多元化。造成其形同虚设的原因主要有三个：一是教职工代表大会普遍受到行政权力的过度干预和控制；二是教职工代表大会自身制度不健全，程序不够规范，具有一定的随意性；三是教职工关注的一些重点、焦点问题未纳入会议议程，挫伤了教职工参与学校治理的积极性，对教职工代表大会失去信任。当问及"参与教师队伍治理的主要途径"时，有39.08%的教师表示通过教职工代表大会间接参与治理，问及"高校作为重要治理主体，在推进教师队伍治理体系现代化过程中存在哪些问题"时，有19.6%的教职工表示教职工参与教师队伍的监督和治理流于形式。

五、治理环境：高职院校教师队伍的内外部环境现状

（一）宏观层面：高职院校教师队伍治理的外部政策环境现状

自高等职业教育发展以来，教师队伍建设就备受关注，为促其发展，政府出台了相应政策，一是涉及高职院校教师队伍总体规划的综合性政策；二是涉及教师的师德师风、任

职资格、编制分配、职务晋升及职称评定的资格与聘任政策；三是涉及高职院校教师培养、在职培训、进修、校企合作培训基地建设的培养培训政策；四是涉及高职院校教师工资、福利待遇、奖励的薪酬与奖励政策，在第三章"关于高职院校教师队伍建设与管理的政策梳理"中有具体论述。但仍面临诸多的问题与挑战。

首先，专门针对高职院校教师队伍建设的政策总量不多，更多偏向普通本科院校教师以及职业教育教师，但高职院校既具有普通本科院校的高等性又具有职业院校的职业性，因此需要专门的针对性政策进行具体分析。例如，缺少教师资格与聘任的政策，关于教师薪酬与奖励方面的政策更是亟须更新和补充，存在重视度不高之嫌。

其次，关于高职院校教师队伍建设的政策内容较笼统且滞后，缺少关于某一方面的具体细节指导，如对于教师的薪酬与奖励需要专门政策明确高职院校教师应享有的薪酬与福利待遇。

（二）微观层面：高职院校教师队伍治理内部制度环境现状

1. 制度制定缺乏规范性、适切性

制度的制定是制度得以发挥法律效应的前提条件。当前高职院校教师队伍治理制度还存在以下问题：一是制度制定的程序不够规范。任何一项制度的制定都需要严格的程序，大学章程以及学校规章制度也不例外，需要经历收集资料、起草、论证、征求意见、审议通过等环节，但目前高职院校内部制度的制定程序还不够规范，有一定的随意性。二是制度制定的内容不够适切。一方面，内容缺少学校特色，针对性不强，过于模仿本科院校制度内容，不适应高职院校教师队伍的特色化建设，另一方面，针对教师队伍建设的制度内容略显笼统，对于教职工深切关注的问题不够具体、明细。三是制定制度的主体不够多元。治理理念下的教师队伍制度应由多元主体协同制定，所有利益相关者都有权力参与制度制定过程，合理表达利益诉求，但当前教师的参与程度不够，参与途径不完善，参与效果不明显。

2. 制度实施缺乏约束性

制度的实施环节是制度得以发挥法律效应的必由之路。制度的制定只是一切行动的第一步，好的制度还需要在实践中得到有效运行。当前我国高职院校存在重制定、轻执行的问题，迫于政府"一校一章程"要求的压力，很多高职院校将制定规章制度当作任务来完成，忽视了规章制度的执行，最终导致制度形同虚设，没有发挥保障及约束作用。

3. "依法治教"氛围尚未形成

"依法治教"的良好氛围是制度得以发挥法律效应的软实力。良好的尊重法律、维护法律、依法办事的氛围需要全校师生共同努力。当前高职院校"依法治教"的良好氛围尚未形成的主要原因在于：

一是学校领导层对制度的重视程度不高。学校章程以及规章制度的制定者普遍将制定制度当作一种任务，未从根本上意识到法律制定的必要性，没能发挥领导层"依法治教"的带头作用。

二是广大师生对制度的认可度不高。一方面，广大师生对学校章程以及规章制度的具体内容了解不深，误认为制度只是象征性的符号；另一方面，广大师生未形成尊重章程、维护章程的理念，没有意识到学校章程以及规章制度对于保障自身权益的价值，认为制度的制定与执行是管理者的责任和义务。

第四节 高职院校教师队伍治理体系现代化的实现路径

一、逻辑起点：匡正高职院校教师队伍的治理思维

（一）树立治理主体间的"共治"理念

多元主体协商"共治"理念强调多元利益相关主体在高职院校教师队伍治理决策过程中协商合作的关系，保证多元治理主体的话语权。长期以来，受"一元管理"思维的影响，高职院校的教师队伍主要采用政府自上而下的集权式行政管理模式，政府"一竿子插到底"的行为导致企业组织、专家教授、专任教师甚至是高职院校难以参与到教师队伍建设的工作中。现代治理理论一直关注"多元治理"，强调治理主体的"去中心化"，从而构建治理"共同体"，以保证多元主体能够充分深入地参与治理。高等职业教育应当由"一元管理"理念转向"多元共治理念"，鼓励内外部利益相关主体有效参与，发挥各主体积极作用，构建高职院校教师队伍多中心协同治理的治理结构。高等职业教育的高等性与职业性的双重属性以及培养目标的应用性决定了高职院校教师队伍治理必须树立"多元共治"的治理思维，形成政府宏观管理，企业组织、高职院校、专任教师、专家学者共同参与的多主体"共治"格局。

（二）树立单类治理主体间的"法治"理念

单类治理主体间的"法治"理念，包括政府层面的制定教育行政法律法规与高职院校层面的建立学校章程。随着现代化建设的全面推进，我国国家治理的逻辑逐步从权力本位向权利本位转变，治理方式从法制转变为法治。树立依法治理理念对于梳理教育行政管理部门与高职院校、社会及高职院校与教师之间的关系具有重要意义。首先，对于政府层面而言，在现代化"法治"理念的指导下，通过制定高职院校教师队伍法律法规对政府、企业组织、高职院校在教师队伍治理中的权利和义务进行合理划分，改变治理主体之间权责不清的局面，为其法律关系与权力边界问题的澄清奠定坚实的法理基础。同时，教育行政管理部门提升综合运用法律的治理能力，严格按照法律规章制度行使行政权力。其次，对于高职院校层面而言，在现代化"法治"理念的指导下，依法制定高职院校章程，在章程之下研制招聘、管理、培训、薪资管理、职称评审等一系列制度，并严格依照章程管理教师队伍，告别高职院校"无章办学"的状态。2019年教育部印发《关于加强教育行政执法工作的意见》提出以法治思维和法治方法抓教育治理，推动教育治理体系与治理能力现代化。高职院校应不断提升法治思维与法治能力，实现教师队伍治理体系的法治化与现

代化。

（三）树立"职业教育特色化"治理理念

"职业教育特色化"治理理念主要包含两个方面：一是高等职业教育特色化，二是高等职业院校特色化。

首先，高等职业教育特色化要充分把握高职教育高等性与职业性的双重属性，在重视普通本科院校教师队伍建设的借鉴启示作用的同时，更要高度体现高职教师的职业性、操作性及应用性特征，将其贯穿于教师招聘、教师引进、教师培训、教师职称评审、教师薪资福利待遇、"双师型"教师评定等各个环节，形成一套与普通本科教育严格区分的、针对高职教育的教师队伍发展机制。

其次，高职院校特色化要求把握高等职业教育共性的同时，根据各个学院的校情形成优于其他院校的独特个性。厘清高等职业教育与高职院校的内涵差异，依照高职院校的运行规律治理教师队伍，有效整合本校特色资源，形成某一方面或者某几方面的特色风格，将其视为自身优势并不断继承发展，根据特色资源打造特色教师，发挥教师某一方面的专长并不断延伸。

二、关键之位：形成高职院校教师队伍的多元治理主体格局

（一）政府层面：深化政府职能转变

1. 角色定位的"转向"

在角色定位上，实现从组织管理型政府向监督服务型政府的转变。《国家中长期教育改革和发展规划纲要（2010—2020年）》指出："政府要转变职能，由对高校的直接行政管理，转变为运用立法、拨款、规划、信息服务、政策指导和必要的行政手段，进行宏观管理。"各级教育行政部门应该改变以往"管"字当头的工作思维逻辑，将服务意识贯穿工作过程。政府对高校的服务既包括为高校提供经费支持、国内外教育信息、学生奖贷资助等直接服务形式，还包括制定规则、维护秩序以及营造公平竞争的外部环境等间接服务。一方面，通过宏观政策把握高职院校教师队伍发展的方向和质量。政策对法律而言更具灵活性、针对性，在高职院校教师队伍政策制定上，政府要在遵循教育相关法律法规的前提下，利用其公共权力，制定促进高职院校教师队伍发展的宏观政策，提高其教师队伍建设的积极性，保证其工作的可依据性。另一方面，通过财政供给保障高职院校教师队伍建设的可持续性。高职院校教师队伍的建设和发展离不开经费的保障，教育行政管理部门要将教师队伍建设看作高等职业教育发展的基础性工程，根据高职院校特色发展需要和教师的需求安排专项经费，保障高职院校教师队伍建设的顺利开展，同时通过完善教师编制管理及提升教师薪资待遇等方式外部驱动教师积极投身于教师队伍建设工作中，实现自我提升、自我管理。

2. 职能权限的"转向"

在职能权限上，实现从政府包揽大权向政府简政放权的转变。我国教育行政管理部门

单向集权管理容易造成权力的滥用与误用，阻碍高职院校自主权的合理使用。教师队伍治理体系现代化强调教育行政部门权力的让渡与分权，改变以往单纯依靠自上而下的行政命令或指令开展教师队伍治理。

首先，中央向地方分权，实现中央与地方的两级管理。"两级管理、三级办学"的理念在1985年《中共中央关于教育体制改革的决定》中就已经提出了，中央根据地方发展实际情况适当下放审批权，充分调动中央与地方的积极性。

其次，政府向高校放权，推动高职院校自主管理。中央政府与地方政府都要向高校分权让渡，实现从政府的"一元管理"向政府、高校、社会、教师个体等的"多元治理"转变。充分彰显高职院校教师队伍治理的主体地位，防止政府管得过多、管得过宽，落实高职院校教师招聘、管理、培训、薪资管理、职称评审等方面的自主权。

（二）高职院校层面：外部自主治理与内部分权共治并存

在外部治理层面，高职院校是政府放权的主要对象，强调院校教师队伍自主治理；在内部治理层面，高职院校要对教师进行"二次"分权，实现院校与教师的分权共治。高职院校在"外接内治"的过程中要做到两点：一是外部自治，二是内部共治。

外部自治是指，对待政府与高校之间的关系上，重构政校关系，坚持政校分离，减少政府对高职院校内部教师队伍治理不必要的行政干预，切实落实高校对教师队伍治理的自主权，使高校拥有独立事业法人组织地位。真正实现政府搭台，高职院校走上舞台中央"表演"。高职院校走上舞台源自于政府向高校分权，但要唱好"这台戏"，仅靠政府分权到高职院校层面还不够，学校可能会拦截政府下放的权力，管理得更加专断。故而，高职院校要对教师"二次"分权，将政府下放的权力进一步下放给教师，实现高职院校内部的分权共治。

内部共治是指，对待高校与教师之间的关系上，质言之，就是对待行政权力与学术权力之间的关系上，坚持民主治理，明确全体教职工的主体地位。高校在呼吁放权的同时，也要学会用权，加强自我约束和自我发展，充分发挥学校的自主性，既要把行政权力关在制度的笼子里，又要把办学自主权关进制度的笼子里。健全教职工代表大会制度、学术委员会制度等民主协商制度，建立决策性、开放性、咨询性以及互动性民主协商机制，扩大教师参与教师队伍的民主管理与决策的范围。健全高职院校教师队伍内部治理结构，充分调动各相关利益主体的积极性，实现各主体之间协商共治。

（三）教师个体层面：强化主体意识与治理能力

1.高职院校教师的客体性职能

高职院校教师是高职院校教师队伍治理的主要客体，教师队伍整体质量和教师个体专业发展是衡量高职院校教师队伍治理成效的重要标准。从教师专业化发展的角度看，需要高职院校教师从自身出发，进行自我建构、自我调整与自我发展。根据个体需要积极参加教育行政部门和学校安排的职业培训，不断提升个人专业化水平和职业化素养，了解行业前沿知识，及时更新专业领域认知，全方位、多层次提升自己，最终成为专家型教师。在学校内部治理过程中合理表达自己的诉求，与行政管理人员建立平等对话协商方式。

2. 高职院校教师的主体性职能

高职院校教师也是高职院校教师队伍治理的重要主体之一，教师队伍治理的科学性、针对性、可操作性离不开教师积极主动的参与。教师应当与行政管理人员同等享有对学校发展问题的决策权，共同负责大学日常事务的规划和决定。教师有效参与教师队伍治理，提高自身治理能力应从两个方面入手，即治理意识、治理能力。所谓治理意识就是要求教师转变思维，主动承接院校让渡的公共权力，从教师队伍管理的客体转化成教师队伍治理的主体，有意识地参与教师队伍问题的讨论，合理、合法、主动地行使自己的参与权、决策权和监督权。所谓治理能力就是要提高教师对教师队伍发展相关事务的决策能力，有效使用决策权力。一方面，通过分权的思路提升教师在教师队伍治理中的话语权，如健全教师代表大会制度，加强学术委员会制度，健全教授委员会制度，改革基层学术组织运行机制等。另一方面，在分权的基础上，通过协商对话的方式有效缓解教师与行政人员之间的文化和价值的冲突。建立理性对话协商机制，促进教师实质性参与教师队伍治理，如决策性协商制度、互动性协商制度等。在决策性协商制度下，教师通过教职工代表大会与学术委员会全面介入新教师的招聘与培训、课程制定与安排、科研计划、职称学位评审、"双师型"教师标准的认定等各种具体学术事务的决策。在互动性协商制度下，教师通过参与行政人员的讨论决策会议，倾听对方观点，就教师合法权益表达自身观点与政策倾向，涉及的事项主要包括校企合作培育教师、教师薪资待遇与编制分配、教师权责的划分等。

三、核心之维：厘清高职院校教师队伍治理的权力边界

（一）纵向治理主体权力边界："让位""固位""守位"

1. "让位"：放下不该管的事

针对政府对高职院校的"越位"，管了不该管的事，笔者提出政府"让位"，放下不该管的事。在政府与高职院校的关系上，政府优势地位明显，落实高职院校对教师队伍治理的自主权，建立新型政校关系，需要从管理内容与管理方式两个方面着手：一是管理内容上，下放高职院校在本校教师招聘引进、教师职称评审、教师薪资待遇、校企合作培训教师以及教师培训经费使用等多个方面的自主权，让教师内部治理权力真正落到高职院校手中。二是管理方式上，政府要转变以往管得过于直接、过于微观的方式，发挥教育行政管理部门的统筹管理权，减少其他部门的不必要行政干预以及各部门间的交叉管理，减少高职院校的工作量。将原来对教师队伍具体事项的直接管理，转为借助政策、计划、指导、行政拨款等间接的宏观管理。政府行使教师队伍建设的监督、指导、规划权，具体操作权交由高职院校行政部门行使，高职院校自主治理，对特色资源进行优化整合，既能体现高等性与职业性的高等职业教育共性，又能突出学院的个性风格，有效激发高职院校教师队伍内部治理活力，推动高职院校教师队伍治理体系现代化。

2. "固位"：管好该管的事

针对中央政府与地方政府之间、上级政府与下级政府之间出现的"固位"，该管的界限不清的问题，笔者提出各级政府"归位"，管好该管的事。首先是中央与地方政府之间的关系，要发挥中央政府即教育部把握高职院校教师队伍发展整体方向的职能，中央政府扮演好"掌舵人"的角色，突出其对高职院校体制改革、教师发展战略规划、教师相关政策制定等宏观管理职能，加强党对高等职业教育工作的全面领导，从顶层设计上改善高职教师福利待遇。在发挥中央政府宏观管理职能的同时，推进中央政府向地方政府"有序放权"，发挥地方政府对区域内高等职业教育教师队伍发展具体事务统筹安排的权力，地方政府根据区域特征治理高职院校教师队伍，突出地方教师特色，保证中央政府与地方政府之间定位清晰，角色明确。其次是上级政府与下级政府之间的关系，发挥上级政府对下级政府的指导作用，同时上级政府要对下级政府有序分权，将教师队伍建设与发展相关具体事项的安排交由下级政府执行，保证各级政府在自身的权限职责范围内行使好权力。

3. "守位"：管好不该放的事

针对政府对高职院校的"缺位"，放了不该放的事，笔者提出政府"守位"，管好该管的事。厘清高职院校教师队伍治理权力边界，一方面是为了约束政府权力，落实高职院校对教师队伍的治理自主权；另一方面是提升以教育行政管理部门为核心的政府的治理能力。高职院校教师队伍治理体系现代化目标的实现需要多元主体的共同努力，而政府是高等职业教育发展的责任主体，自然在教师队伍治理中承担重要责任，发挥服务保障的作用。一是转变政府职能，形成服务型政府，通过信息服务、政策保障、宏观指导等措施保证高职院校教师队伍治理的大方向，如提供信息公开服务，防止各院校出现信息偏差，制定相关法律政策支持保障教师队伍建设。二是为高职院校教师队伍治理活动提供财政支持，政府成立专项经费保障教师队伍建设的可持续发展。

（二）横向治理主体权力边界："确权""分权""限权"

高职院校教师队伍的横向行政权力配置是指政府内部同级行政机关，包括教育行政部门与其他具有教师队伍管理职能的行政部门之间的权力边界划分，即水平性权力划分。目前，我国同级政府间的行政管理部门，如教育管理部门、编制管理部门、人事管理部门、财务管理部门、组织管理部门，在高职院校教师队伍治理方面权限相互交叉、权力边界模糊，教育行政部门对高职院校的教师队伍缺乏统筹管理权，极大地影响了教师队伍治理效能。故而，本级政府要对教育行政部门进行"确权"，教育行政部门与其他行政部门之间进行"分权"，把高职院校教师队伍治理领域的权力还给教育行政部门，赋予其对教师队伍治理的统筹安排权。如各高职院校的教师招聘职称评审及教师编制的分配工作以教育行政部门为主导统筹安排，编制部门与人事部门在其权限内进行监督；教师的培养培训及考核以教育行政部门为核心进行宏观管理，组织部进行合法监督；教师队伍治理经费由教育行政部门负责预算安排，财务部门进行审批管理。将高职院校教师队伍治理的"人权""事权""财权"统一于教育行政管理部门下，构建权责明细、协同治理新格局。

四、保障机制：完善高职院校教师队伍治理的工具选项

（一）完善信息化治理手段：保证治理的科学性

1. 完善教师队伍信息化与数字化管理制度

人事管理信息化作为高职院校教师队伍治理的辅助手段，不能仅停留在静态的人员基础信息收集阶段，可以结合管理系统，依托数据动态分析传达决策信号。人事管理信息化的高质量运转不仅仅体现在信息技术上，同样离不开配套的管理制度。高职院校行政管理人员转变传统工作思维习惯需要配套的制度驱动，通过强有力的制度推动行政管理人员转变工作思路，通过信息化手段提高教师队伍治理水平。高职院校应通过制定人事信息化管理制度或者学校章程，建立有关信息管理设备购买、设备投入使用、数据及时更新、数据统计分析、设备定期维护、业务人员定期培训等的完善的制度体系，合理划分部门权限，调动不同部门、二级学院、教职工个体参与到人事管理信息化工作中，保证数据的真实性、准确性与时效性。将完整、真实、准确的数据整合在一起，通过系统的"数据分析决策导向功能"根据各种需求生成分析数据表，为人事专员做出科学客观的决策提供数据支持。另外，教职工可以通过系统的"服务功能"参与职称评定、申请教师培训、参与"双师型"教师认定等；可以通过系统的"查询功能"查询工资发放明细、教学工作安排、考核成绩等；可以通过系统的"监督功能"监督人员调动安排及缘由、职称晋升人员及评审环节等，保证人事管理信息化的服务性功能的同时保障教师的监督权，使人事管理工作公开、透明。

2. 构建共建共享与互联互通的信息系统

高职院校人事管理工作具有关联性、动态性、复杂性等特征，教师数量多、涉及的模块多、需求多样化、业绩成果具有多元化表现形式，因此，人事管理信息化需要打破各自为政、信息孤岛等现状，充分发挥各部门、教职工个体、二级学院优势，建立各部门共建共享、权责明细、一次生成、多方复用的人事管理系统平台。从教师工作实际和学校发展的角度，可以将人事资料划分为：人员基本信息、教学工作、科研工作、考勤管理、薪资福利待遇、奖惩管理、年度考核、培训学习、职称评定、人事调动十大模块，其构成了人事管理的主体框架。在实际操作中，这十大模块相互影响，如考勤管理、教学工作、职称评定模块会影响薪资福利待遇模块；人员基本信息中的学历情况、教学工作、科研工作模块又会影响职称评定模块等。

根据实际情况，不同模块可以由不同部门负责信息的录入及更新。具体而言，人员基本信息模块包括学历、资格证书、工作经历、专兼职、是否"双师型"等，由教职工根据自身实际情况进行填写、变更并上传附件材料，人事处专员进行审核提交，按年度更新。教学工作模块由教务处专员录入及更新，学院教学秘书及教职工进行核对提交，按学期更新。科研工作模块包括论文、著作、科研项目、课题等，由科研处专员根据教职工科研情况录入并上传附件材料，教职工核对并提交，按年度更新。薪资福利待遇模块主要由财务处根据其他模块综合评定，并发放具体明细供教职工查询，按月度更新。年度考核模块由教职工提交年度工作报告，先由二级学院领导根据教师实际表现情况进行初审并提交初审

意见，然后由人事处根据其他模块情况给予综合评价，最后由人事处组织评审会议并汇总评审意见，按年度更新。培训学习模块、职称评定模块与人事调动模块除了具有"查询功能"外，还具有"服务功能"和"监督功能"，教职工可以根据个人需要进行信息查询、填写申请或者监督管理。

（二）发挥性激励实效：保证治理的民主性

1. 运用多维考核评价方式

对高职院校教师的评价不再只关注操作性强、可量化的指标，而是质性评价与量化评价相结合，通过观察、访谈、检查教学资料等方式，对教师进行系统的综合分析，把握教师的整体发展。首先，将师德师风作为教师考核的首位，做好"三全育人"、师德标兵等师德师风表彰工作，将其与教师绩效、奖励挂钩，对于触犯底线的教师直接撤销教师资格。其次，将教师到企业参与培训融入考核体系，通过访谈院系领导、同事以及企业员工和管理者来获取教师参与培训的表现，结合一些量化指标，如培训时长、培训成果展示等综合判断考核结果。再次，将学生教育引导工作纳入评价体系，如对学生心理健康疏导、就业工作指导、日常生活引导等育人工作，基于此，学生作为重要评价主体，通过自身感受对教师进行打分。最后，教师参与学校治理也应作为一项激励考核项目，对于积极参与学校管理和监督的教师，在教师评选评优中给予适当倾斜，激发教师主人翁意识。

2. 成立第三方考核评价机构

为防止高职院校内部"裙带关系"考核形式的出现，政府可以建立第三方专门的考核机构，对不同地区、不同院校、不同类型的教师建立不同的考核量表，针对教师日常工作情况，给予公正合理的打分，并将每个教师工作中出现的优缺点形成书面说明。其考核结果作为一项重要参考指标与教师的职称评定、工资奖励、岗位晋升挂钩。评教工作结束之后，对于优秀教师要在全校进行宣传，以此为其他教师努力的榜样，对于存在问题的教师，要做到责任到人，教师说明原因并提交整改报告，由系领导审核并督促教师整改，从而达到考核真正目的，提高教师教学水平。

3. 设计多元化评价考核标准

高等职业教育具有特殊性，高职院校的教师也有复杂性，有教学型教师、科研型教师、实践型教师、"双师型"教师、专职教师以及兼职教师，同等类型教师之间又有不同学科、不同工作年限、不同职称甚至不同工作经验，他们的工作侧重点也不同，教师型教师侧重于提升教学技能，专注专业建设工作，"双师型"教师不仅要打磨专业技能，还要到企业挂职锻炼，提升实践指导能力与行业敏锐度。因此，高职院校需要根据人才培养方案以及教师类型修订考核标准，考核的侧重点也要有所区别，比如"双师型"教师考核应侧重于到企业挂职锻炼的时长与表现，减轻其在科研成果和教学方面的压力，激励教师积极参加生产实践，体现"双师"素质要求。通过教师评价考核的多元化推动教师发展的多元化。

（三）强化民主决策的制度约束机制：保证治理的效率性

教职工代表大会是国家法律规定的教师行使学校管理权与监督权的教师权力组织，是落实多元民主的决策方式的重要手段，为保证教师队伍治理的效率性，发挥民主决策的制度约束作用，提出以下几点建议：

首先，强化行政领导者的民主意识。高职院校教职工代表大会的执行主体是教师，但能否真正有效执行的关键在于领导。高职院校的行政领导要意识到教职工代表是学校民主管理的主要组成部分，在学术事务的决策上以及行政事务的协商上要充分发挥教职工代表的作用，通过民主评议活动，让教师群体更多地参与进来，在思想观念上将是否尊重教职工民主权力作为是否实行民主管理的重要评判指标。

其次，规范教代会制度自身建设，保障教职工合法权益。

第一，选举维护全体教师利益，敢讲实话，并具有参政议政能力的教师代表，同时要选择不同年龄、不同职称、不同性别、不同类型的教师，保证教师代表的广泛性。

第二，教职工代表大会要具有严格的程序性，将教职工代表大会具体程序写入学校章程，保证每次会议严格按照章程行使，切不可由领导主观随意决定。对于会议过程及结果要及时通过网络渠道传递给每位教职工，确保会议的公开、透明。

第三，对于会议主题的选取要充分考虑涉及教职工切实利益的事项，如教师编制配置、职称评定、考核评价、薪资福利等政策方案，要及时听取教职工代表的意见和建议，发挥教职工参政议政的作用，共同构建多元民主协商治理的和谐校园。

五、外力协同：优化高职院校教师队伍治理的内外部环境

（一）宏观层面：优化高职院校教师队伍治理的外部政策环境

1. 政策约束主体权力边界

高职院校教师队伍治理体系的核心在于治理主体间的权力边界，通过政策深化教育"管办评分离"改革，厘清政府的"管"、学校的"办"、社会的"评"，重构政府、学校、社会三者之间的关系，从根本上解决各级政府之间、政府与高职院校之间、学校内部各利益主体之间的权力分配及责任分担问题。各职能部门建立相关政策条例，鼓励内外部利益相关者参与学校教师队伍治理，厘清政府管理权、高职院校自主权、社会参与权的权力边界，激发各治理主体的积极性，实现"善治"目标。

2. 政策保障教师专业化发展

高职院校教师队伍治理体系的内容即高职院校的师资队伍，通过不断完善高职教师政策体系保障高职教师的专业化发展。

具体而言，一是将高职教师的师德建设放在首位，严格要求教师的道德规范和标准，将教师平时的师德表现作为教师评价考核的首要考量因素，对于触碰教师道德底线的教师实行"师德一票否决制"，从根源上预防教师师德师范问题。

二是进一步丰富高职院校教师薪资福利方面的政策内容。不同地区、不同学校、不同类型的教师对福利的需求也有所不同，政府应根据教师的差异性设计多元化的教师福利项目，并将其具体化，加强可操作性，如教师的薪资、养老保险、社会保险、子女入学、职

工休假等教师密切关注的福利保障，满足职业教师的物质化需求。

三是政策推动校企合作，培育"双师型"教师。校企合作建立教师培训基地是培育高技能专业人才的重要途径，进一步完善相关政策推进高职院校教师和企业人员的双向流动，强化教师的实际操作能力。对于校企合作的企业适当给予降低税收标准、加大财政支持等优惠政策，提高企业与高职院校合作的积极性，对于到企业挂职锻炼的教师在职称评定、岗位晋升、薪资福利、评选评优时适当给予倾斜，打造校企交流协作共同体。

（二）微观层面：健全高职院校教师队伍治理的内部制度环境

1. 制定高质量的学校章程以及与之匹配的规章制度

高质量的学校章程以及教师队伍规章制度是健全高职院校教师队伍内部治理制度的前提条件。

一是学校章程与教师队伍的规章制度要相互衔接、相互支撑。高职院校要建立符合本校办学理念的大学章程，为教师队伍发展提供支持，但大学章程并不能包含教师队伍建设的所有内容，也需要具体的规章制度与之相衔接，将大学章程中的规定具体化、明确化。作为大学章程的子制度，教师队伍规章制度内容要避免与大学章程内容重复或者冲突，同时要与之相互衔接，保证教师队伍建设内容的完整性。

二是要发挥教师队伍个体在大学章程以及具体规章制度制定中的作用，建设队伍建设的制度涉及每位教师的切身利益，因此要关注教职工的合理诉求，通过教职工代表大会制度、学术委员会制度以及信息公开制度等保证其参与制定过程，维护其合法权益，将教职工关注的问题放在议题中进行讨论，以保证教职工对规章制度具有认同感。

2. 强化学校章程以及规章制度执行的约束力度

加大学校章程以及教师队伍规章制度的实施力度，保证制度的有效运行是健全高职院校教师队伍内部治理制度的必由之路。

一是提高制度实施人员的法治意识和法治能力。制度制定得再好也需要有人将其合理运行下去，学校章程以及规章制度的有效运行受制度实施管理人员的法治意识和法治能力的制约，因此要提高实施人员的法治意识和法治能力，保障制度的有效运行。

二是保证教师对章程以及教师队伍规章制度的有效执行。教师队伍规章制度的核心是教师，因此要保证教师对规章制度的认可度，严格按照规章制度做事，以防制度形同虚设。

三是成立专门推进落实学校章程以及规章制度的机构，由专人负责章程和规章制度的落实工作，及时跟进、及时反馈，保证制度得以有效落实。

3. 营造"依法治教"的制度环境

营造"依法治教"的制度环境是健全高职院校教师队伍内部治理制度的软实力。

一是切实推进章程和规章制度的信息公开制度。及时公开规章制度内容以及重要事项的制定过程，切实保障教师的知情权，为教师参与制定过程提供前提保证，让一切制度在阳光下运行。

二是学校管理人员要带头依法办事、按章办事。学校管理人员首先要带头践行章程，及时公布章程和规章制度的最新进展，以实际行动表示践行学校章程以及规章制度的必要性。

三是加大宣传教育力度，营造全校"依法治教"的氛围。高职院校要建立常态化的法治教育宣传机制，定期开展教育法律法规、学校章程、相关规章制度的教育公开课，鼓励全校师生参与学习，形成全校师生尊重制度、维护制度、践行制度的风尚，将具体规章制度内化于心、外化于行，共同构建学校教师队伍治理的制度体系。

参考文献

[1] 胡忠浩.治理视域下高校辅导员队伍建设发展及路径研究[J].高校辅导员,2020（5）：34-37.

[2] 贺祖斌.推进高等教育治理体系和治理能力现代化建设[J].中国高等教育,2020（8）：41-43.

[3] 杨金土.20世纪我国高职发展历程回顾[J].中国职业技术教育,2017（9）：5-17.

[4] 潘懋元,朱乐平.高等职业教育政策变迁逻辑：历史制度主义视角[J].教育研究,2019,40（3）：117-125.

[5] 盛冰.高等教育的治理：重构政府、高校、社会之间的关系[J].高等教育研究,2003（2）：47-51.

[6] 张建.教育治理体系的现代化：标准、困境及路径[J].教育发展研究,2014,34（9）：27-33.

[7] 付钰.从"教师队伍管理"转向"教师队伍治理"——建构教师队伍治理体系和治理能力现代化[J].教学管理与教育研究,2018（5）：10-14.

[8] 楚江亭.分权、共治：基础教育治理现代化的现实路径——基于对有关教育局及学校360度管理诊断的分析[J].武汉科技大学学报（社会科学版）,2021,23（2）：222-227.

[9] 瞿振元.建设中国特色高等教育治理体系推进治理能力现代化[J].中国高教研究,2014（1）：1-4.

[10] 张伟.美国大学教师参与共同治理合法性危机探析[J].清华大学教育研究,2017,38（2）：36-42.

[11] 林杏花.国外高职"双师型"教师队伍建设的经验及启示[J].黑龙江高教研究,2011（3）：59-61.

[12] 楼世洲.高职院校师资队伍建设的现状分析与对策思考[J].中国职业技术教育,2003（20）：29-31.

[13] 王琪,任君庆.高职院校教师专业发展研究[M].杭州：浙江大学出版社,2019.

[14] 蒋春洋.制度分析视角下我国高等职业教育发展研究[D].长春：东北师范大学,2013.

[15] 牟燕萌.高职院校"双师型"教师队伍现状及建设研究[D].济南：山东师范大学,2006.

[16] 孙曙光．治理理论视阈下我国公立大学内部制度研究 [D]．长春：吉林大学，2017．

[17] 龙献忠．从统治到治理——治理理论视野中的政府与大学关系研究 [D]．武汉：华中科技大学，2005．

[18] 李树陈．国家治理体系现代化视角下的职业教育政策研究 [D]．北京：中共中央党校，2016．

[19] 蒋庆荣．协同治理视角下中国高等职业教育治理模式研究 [D]．长春：吉林大学，2018．

[20] 左彦鹏．高职院校"双师型"教师专业素质研究 [D]．大连：辽宁师范大学，2016．

[21] 白智童．英国高等职业院校教师培养对我国高职"双师型"教师培养的启示 [D]．长春：东北师范大学，2008．

[22] 冯多．高职院校师资队伍建设问题研究 [D]．大连：大连理工大学，2001．

[23] 马燕．高职院校师资队伍建设研究 [D]．北京：中国地质大学（北京），2009．

[24] 刘卿．高职院校教师绩效考核体系及其应用系统设计 [D]．济南：山东大学，2010．

[25] 郭文富．现代治理视角的高等职业教育质量保障研究 [D]．上海：上海师范大学，2018．

[26] 蒋庆荣．协同治理视角下中国高等职业教育治理模式研究 [D]．长春：吉林大学，2018．

[27] 郑梦真．治理与放权：高职院校教师职称制度研究 [D]．郑州：河南大学，2020．

[28] 魏叶美．教师参与学校治理研究 [D]．上海：华东师范大学，2018．

[29] 朱朝艳．从"管理"到"治理"——高校治理体系的构建 [D]．沈阳：沈阳师范大学，2016．

[30] 任春晓．教师参与大学内部治理模式研究 [D]．沈阳：东北大学，2012．

[31] 李华忠．行政化与自主权——我国高校管理中的政校关系研究 [D]．武汉：华中师范大学，2011．

[32] 王勇明．中国高校教师激励机制实证研究 [D]．南京：南京农业大学，2007．

[33] 朱德友．高校教师激励机制研究 [D]．武汉：武汉大学，2010．